一个中国书生的编年史

来新夏学术纪事本末

上卷

刘刚 李冬君 寇德印 著

海南出版社
·海口·

图书在版编目（CIP）数据

一个中国书生的编年史：来新夏学术纪事本末：全两卷 / 刘刚，李冬君，寇德印著 . -- 海口：海南出版社，2024. 10. -- ISBN 978-7-5730-1841-0

Ⅰ．K825.41

中国国家版本馆 CIP 数据核字第 20248WB525 号

一个中国书生的编年史：来新夏学术纪事本末
YIGE ZHONGGUO SHUSHENG DE BIANNIANSHI: LAIXINXIA XUESHU JISHI BENMO

作　　者：	刘　刚　李冬君　寇德印
选题策划：	彭明哲
责任编辑：	熊　果　张　雪
装帧设计：	观止堂＿未氓
责任印制：	杨　程
印刷装订：	炫彩（天津）印刷有限责任公司
读者服务：	唐雪飞
出版发行：	海南出版社
总社地址：	海口市金盘开发区建设三横路 2 号
邮　　编：	570216
北京地址：	北京市朝阳区黄厂路 3 号院 7 号楼 101 室
电　　话：	0898-66812392　010-87336670
电子邮箱：	hnbook@263.net
经　　销：	全国新华书店
版　　次：	2024 年 10 月第 1 版
印　　次：	2024 年 10 月第 1 次印刷
开　　本：	787 mm×1 092 mm　1/16
印　　张：	50
字　　数：	763 千字
书　　号：	ISBN 978-7-5730-1841-0
定　　价：	198.00 元（全两卷）

【版权所有，请勿翻印、转载，违者必究】
如有缺页、破损、倒装等印装质量问题，请寄回本社更换。

前言

一个中国书生的心蕴

——来公心史：纪念来新夏先生诞辰一百周年

心史之缘起

宁宗一师谈来公"古稀变法"，提到了"心史"。他在《从对接到契合：来新夏先生古稀"变法"实录》一文中指出，可以从心灵史的角度来观照先生的写作和研究。

何谓"心史"？非一族之史，非一国之史，而是以个体写史，即以文化个体性写史，这就要求有文化个体性的自觉。

以往写史，以史官文化，或官本位，或民本位，惟太史公司马迁能以文化个体性，以"究天人之际，通古今之变，成一家之言"，高举他的文化个体性，而"一家之言"者，即"心史"之谓也。

先生之"心史"，便根柢于此，得"太史心传"也。当其少年读史，即从《太史公自序》读起。"自序"者，心史也，太史公之于先生，真可谓

"以心传心",读到晚年,作《〈太史公自序〉讲义》,尤可见其欲总结太史公心法,授业学子,传之于世之心。

先生治史,始于辅仁大学期间,然其史学启蒙,自有家学渊源。祖父来裕恂,受学于杭州俞曲园,与章太炎同学,在学术上,一如章太炎,不但自立于中西之学的高端,而且自成一会通局面。

先生5岁,由祖父开蒙,那是他最早的太史公。

及至辅仁,陈垣师继以史学启蒙,以太史公的"心史"——《自序》,为其史学入门之根本,开启了他"心史"源头。从此,有如太史公灵魂附体,不尽苦难亦随之。

晚年,他总结自己一生治史,留下"心有余悸"四字。2002年,当其80初度时,他回应诗人邵燕祥对他的批评,说:"善意诤言、痛切陈辞,击中我思想上尚存'心有余悸'的要害。"

一句"心有余悸",乃其"心史"之流露也。

先生治史之初,适逢国难,日寇进犯,其时民族意识觉醒,而有抗战爆发。先生为一少年,虽未能执戈前卫,却追随陈垣师在烽火岁月里治史。垣师认为,敌欲亡中国,必从灭我民族历史文化下手,只要中华民族历史文化仍在,中国抗战就不会失败。

垣师治学,本重考据。夫"考据"者,留住文化的根也。中国有难,则考据兴焉,以考据治史,以史学抗战,守住立国之本,故先生一生最重要的著作,《近三百年人物年谱知见录》《书目答问汇补》等,均发端于此。然而,究竟是什么使一青春焕发血性飞扬之少年,于天下兴亡时,来为此抱残守缺老吏断狱之考据呢?

还得回到中国考据学的传统。当年那明清之际,考据学的开山顾炎武,就以之来担待天下兴亡,用考据学开了个民族抗战的头。而章太炎,则从考据学走向民族革命了。先生有幸,被垣师带入这传统中。最有血性的人,往往最深沉,坐冷板凳算什么?只要守住考据学的那一点初心——留住文化的根就行。

从少年到老年,先生历经劫难,一直守护着。打断骨头连着筋,手稿失而复得，一损再损，也动摇不了他那初心。用了整整一生，守护那一点觉醒的心灵史的萌芽，让它在内心里开花。终于结果了！两部大作，以毕生心血汇补，可谓多灾多难，始逢国难——抗战，遭遇"文革"，而终成于先生"一个人的文艺复兴"。

中国文人心里，大都有一个文艺复兴梦，那就是唱着张载说的"为天地立心，为生民立命，为往圣继绝学，为万世开太平"的高调，或如太史公所言"成一家之言"。若以张载说的作为"宋学"的风标，那么太史公所言则踩着"汉学"的高跷，先生读史入门，所见第一景观，便是"汉学"的高跷。

太史公一言，影响了他一生，成为了"来公心史"的开端。适逢国难，又经内乱，加以太史公本人那千年悲苦的余韵，郁积于一美少年之心，故其"心史"历程，一开始就有了"伤心人别有怀抱"的悲情。心头几番"念天地之悠悠，独怆然而涕下"，却始终立着太史公留下的那个文化中国的"汉学高跷"。那里有着我中华民族"独立之精神"的根，要结出文化个体性的"自由之思想"的果。可无人知他，也没人懂他，于是，他就开始了"一个人的文艺复兴"。

牛棚内积稿成堆，凡人皆作垃圾看，别有慧眼，便看出其中有一座"文化的江山"。汉家天下的根本，本不在秦皇汉武的帝王学的功业里，而在太史公那椎心泣血的一言间。那是轴心期的中国诸子百家留下的"文明之轴"，被太史公举起来，立于汉学之巅，不但作为其文化个体性标志，而且成为照耀民族心灵的一盏明灯。

心蕴的托付

在文化中国里，先生并不孤单，他有知己，而且不止一位，就在他身边，在南开大学历史系的同事中，就有那么几位。

其中一位，就是刘泽华师。"文革"期间，先生被下放到农村，1974年回校后，工作却没着落，应该去的地方他不能去，于是来到中国古代史教研室。那时，古代史教研室的负责人就是刘泽华师。

有一天，先生提着一个破旧的篮子，来找刘泽华师，从中拿出装订好的盈尺的手稿，封面赫然写着一行大字：近三百年人物年谱知见录。先生向刘泽华师简述了这部书稿的成稿经过，说初稿在"文革"初期被烧掉，这些稿子是在下放劳动之余，披星戴月重新写就的。

面对心血之作，刘泽华师一时语噎，竟说不出话来。

他猜到先生的来意，觉得自己应该为先生做点什么，但时在"文革"，他又能做什么呢？于是，便淡淡地说："让我看看如何？"

对于当时情形，刘泽华师后来在《从往事说来公的学术韧性》一文中这样说道："那时我虽佩服他的学问，但不能与来公交'朋友'；他虽是我的师辈，由于我没有上过他的课，而且我们相识时他已经开始走背运，所以我也不会列入他的门墙。来公把稿本让我看，我相信也不是为从'朋友'或'弟子'那里求嘤嘤之声。如果我的推测不错的话，来公当时是把我当成'领导'来投石问路的。在那个特殊的时期，我不可能鼓励或帮助他出版，甚至连出版二字也不能说。我能忆起的，大约有如下两层意思：一是对来公的作为予以充分肯定，对大作表示钦佩；二是说了一些安慰的话，如要放眼光，要有耐心，将来一定会有用之类的话，至于'将来'是何时，天晓得！也许人在困难时期，他人不落井下石，相反有几句即使是廉价的安慰之语，就足以使人铭记。这也许就是来公在这部著述的《后记》里特别记了我一笔的缘故吧！"

话说得平平淡淡，这就是君子之交，宛如风吹涟漪一般。然而当时，却在先生的心头掀起一片辽阔的波澜，也许在内心深处还有惊涛裂岸。现在看来，这有点匪夷所思，不就那么点事，何至于？

可在当时，两人都冒了极大的风险，表现了非凡的勇气。何以见得？这么说吧，先生的那一点初心，自己的命根子，都在这里，托付于人，该有多难？对于先生来说，那简直就是生命的信托，若所托非人，再被检举揭发，那就不但要被打回牛棚，还有可能危及身家。

而在刘泽华师那一面，接受一个有"历史问题"者的委托，得有敢冒风险的担当。在当时，那风险究竟有多大真的很难说！要看碰到什么风头上，充满了不确定性。

所以，从那个时代过来的人都知道，当时人面对这样的委托，唯恐惹祸上身，一般都会采取回避的方式，随便找个什么借口就推辞掉，通常会以这样的口吻说："对不起，最近太忙，一点时间都没有。"或者干脆就说："我不熟悉这个专业，看不了，另请高明吧。"

即便现在，没有政治风云影响，那也免不了市场经济考虑，费时，费力，去读那一大堆手稿，于人有助，于己无益，这样的事情，还有人会干吗？不但政治人不会干，经济人同样不会干。但读书就是读书人的事，自有那读书的种子会干。两个中国书生之间，那一份深深的默契，真是"知我者，谓我心忧，不知我者，谓我何求？悠悠苍天，此何人哉！"所以，当泽华师说出那一句"让我看看如何"时，先生那一颗无常如风雨飘摇的漂泊之心，顿时有了一种锚定感——靠岸了。

先生是智者，他一眼就看准了刘泽华师，尽管素无来往，但他认定，刘师是他天命的"此人"，值得他来托付心蕴；而刘泽华师则是仁者，仁者立心，立的就是"中国书生之心"。

当先生捧着他那痛苦而又忧伤的一个中国书生的心蕴——那一叠叠厚重的手稿，来到仁者跟前时，仁者不计利害，不较得失，什么都没问，就接受了，就如同海难者，碰到了一片风平浪静的港湾，一切都那么平淡。可在落难者那一面，却惊魂未安，满怀感恩。

于是，泽华师在自己力所能及的范围内尽量支持先生，他说："我这个人有时也'自作主张'，他是下放农村的那批人员中最后回来的。1978年我请来公给工农兵大学生开设了目录学，来公以其特有的才学和风度征服了众多学子，听课的人不断增加，三易课堂。于是有人来责问是谁决定让他讲课的，我回答得也简单：'没有人通知我不让他讲课；不让他讲课，白领工资？！'责问者无言可对。来公能把枯燥的目录学讲活，无疑是厚积薄发，老枯生花，非一般人所能为。更有意义的是他承前启后的作用，推动了新一轮的目录学研究。在这期间，来公还让我看过他的《林则徐年谱》手稿，我越发佩服他的学术追求与韧性。"

后来，当我们入学时，便有幸能听到先生的目录学课了。在《瞧那80

后》一文中，我们这样写道：那时，才入南开园不久，先生穿着高跟皮鞋来授课，我们所有人的眼睛，几乎都立起来了：瞧！

须知那年代，刚从"文革"过来，而他居然敢穿高跟鞋。其时，冒天下之大不韪者，多是年轻人，谁能想到，我们的老师，年近六旬，如美少年般，上了讲台。所有人都吸一口气，没喷笑出来，反而惊呆，互换着眼神，仿佛在问：他洁白似云，高蹈如鹤，哪像从"牛棚"里出来的？身上为何没有受煎熬的痕迹，神情何以没有气馁的样子？头发一丝不乱，裤线根根笔挺，一开口便金声玉振，一抬头就眼高于顶，真是"岩岩若孤松之独立"，如魏晋名士醉眄庭柯，目送归鸿。

先生讲学，予人以美，一举手，一投足，都是一种美的范式；还有一手好板书，也令人开了眼。他拿一支粉笔，在黑板上挥洒自如，板式一清二楚，字走龙蛇，极其潇洒；结体谨严，一笔不苟。后来，我们才得知，先生年轻时，随启功先生学过书画，还参加过画展，偶尔也卖一两幅。但他志在学术，故于书画之道，未曾深造。然其才情学识聚于笔端，随腕流转，涉笔成趣，自有光昌流丽之笔传世。

他用文化史的视野看文献，用现代性的眼光来看古籍，从《七略》讲到《四库全书总目》，从历朝《艺文志》讲到民间藏书，从史官讲到书商，从版本讲到人物，从学术讲到政治，从文化风貌讲到文化传承，在目录学的坐标上，展开了一幅文化史的画卷……他讲起来滔滔不绝，音调铿锵，一字一句落在古籍上，叮叮当当，如打铁般，迸发出灿烂的火花，又如大珠小珠落玉盘，流丽宛转，而又余音悠然。

学术的心灵

那时，我们跟着刘泽华师学思想史，主要是政治思想史，泽华师授课则朴素得多，但更有力量。如果说来先生向我们展示了一道中国文化史的彩虹，对我们进行审美的启蒙，那么泽华师则领着我们去攀登先秦诸子百家思想的高峰，在通往真理的道路上崎岖而行。

一部目录学，两千多卷书，先生信手拈来，如天雨散花，美得令人应接不暇。一部中国政治思想史，千言万语，被泽华师归纳为一句"中国的王权主义"。什么叫"一句顶一万句"？这就是！

当时，李泽厚的作品在青年学生中流行。他的书，出一本，我们读一本；从《美的历程》到"三大思想史论"，我们都读了。可读后，虽然颇受启发，却不得要领，从他的作品里，我们找不到子曰"吾道一以贯之"的东西；对于他的各种新观点，我们一一追逐，却难免眼花缭乱，无法像对泽华师那样，因其素朴，可以"一言以蔽之"。

究其原因，我们后来从学术类型的角度，总结了三点：原创型，发展型，传承型。泽华师属于原创型，像老农那样，在自家的自留地——中国政治思想史上，一个"萝卜"一个坑，以一己之力深挖，终于挖到了一个政治文化的"大萝卜"——"中国的王权主义"。

李泽厚属于发展型。他沿着西学东渐以来的中西比较路径，用"拿来主义"展开了一个古今中外的大格局。他要将西哲史、马哲史、新儒学打通，抱负虽大，但硬要将三个格格不入的学派统一起来，这样所结的"果"就变成一个"强扭的瓜"——"西体中用"了。

来先生属于传承型，他以"心史"传承《太史公自序》（下称《自序》）。我们第一次听先生讲课，讲的就是这篇自序。我们第一次听说了"究天人之际，通古今之变，成一家之言"，他讲了很多，我们都忘了，只记住了这一句，因为他反复讲，讲这一句的气象格局，将历史之大美，印在了我们的脑子里。人活一世，总有几句话是用来安身立命的，对我们来说，来先生讲的太史公这句就是。过去，我们从未听人这样讲过《史记》，让先生热血沸腾地一讲，乍闻大美，如挨当胸一拳，如遇当头一棒，颇有几分顿悟的感觉；原来历史还可以这样说！

除了"心史"，还有"考据"，先生通过对张之洞的《书目答问》一书的补正，使二者结合——以考据立心史，毕其一生，致力于此，把一本书当作一生的"作业"来做，做成了心史的寄托。

但他却从未像陈寅恪那样，说自己"平生为不古不今之学"，把自己的"思想"定位在"咸丰、同治之世"，而"议论"则"近乎湘乡、南皮之间"。"湘乡"，指曾国藩；"南皮"，指张之洞。话虽没有这样说，然而，实际上，他的学问，却正是这样做的。

他做北洋军史，须知北洋军，是由湘军、淮军发展而来，而曾国藩，就是北洋军的祖师爷；他做《书目答问汇补》，则是接着张之洞和范希曾往下做，所以，也可以说是"近乎湘乡、南皮之间"。那时，学术思想的主流是"中学为体，西学为用"，先生之于此，不动声色，不事声张，惟以北洋史与目录学力行而已。

那个时代，被西学覆盖，西化之风，泱泱而来，洋务运动因之而起，然其宗旨，即为南皮所言"八字"，简言之，即"中体西用"，不但南皮之学已然，从湘军到北洋军又何尝不是？那是一支从"中体西用"出发"走向共和"的军队，故其所谓"中体"者，非"君君臣臣"之谓也，此乃中华大文脉——文化中国是也。

此三人者，各自成其"一家之言"，而自有明显特点。

泽华师"至简"，以反思播种自性，终得"中国的王权主义"的正果，可以说，这是中国史学近百年来最重要的一个学术成果；李泽厚"至大"，会通中西，博采古今，成其融"马哲、西哲、儒学"于一冶的大格局，虽说大器难成，但也为我们开启了一种前所未有的学术大视野；来先生"至深"，用一生成就一篇《太史公自序》的人生观，其意义何等深远，心路之历程又何其深邃？故先生名其书斋曰"邃谷"也！

至于先生少年时期的两篇作业——《近三百年人物年谱知见录》和《书目答问汇补》，则经历了几乎一个甲子的进行时，终于完成。所谓"完成"者，其结果，不但为一己"独善"之作也，且为"兼济"他者、与人共善之作。也就是说，先生的"作业"，如《易》之终卦，"既济"而"未济"，在他那里，虽已告一段落，但他后继有人，"作业"又重新开始，此即"传承"。"上承"陈垣、余嘉锡二师，"下启"潘友林、李国庆、韦力三君，如此一脉相承，可谓罕见，堪称"至深"。

综上所述，我们这样认为，泽华师以"至简"而得其"真"，李泽厚以"至大"而见其"美"，来先生以"至深"而成其"善"。

言中国近三百年学术史，煌煌巨作，有梁启超、钱穆等造极于先，于史，于论，各尽其言，立其大体，而先生则以考据"作业"，默默追随梁、钱两位先师，为三百年的学术大厦，跟着垫补基石。

我们觉得，只有这样来读先生的两本"作业"，才能读出它真正的学术价值。梁以新学，钱以宋学，先生以朴学，鼎足而三，一起支撑了中国近三百年学术史，仅以梁、钱之学互动，还是"一家之言"的争鸣，有了先生参与，便转化为一开放性治学的公共学术平台。

综观先生治学，于目录学用功最深，何也？岂非以目录学最宜于公共学术平台建设耶？以此论古今之学，汉注唐疏，宋明理学，皆不及清考据学。何也？岂非由考据学能超越派别藩篱，而宜于公共学术平台建设，且能为建设提供相应的学术工具耶？

目录学和随笔，初看，似风马牛不相及，细一想，便觉得它们在先生那里可以相通。先生那近二百万字的随笔，其实是打散了写的中国学术史和文化史，而这正是以目录学打底子的。

先生以随笔的形式写作，但他并不随意，而是有着大众史学的抱负。先生从科学化的精英式写作，转向文学化的平民式写作，并非以怡情养性为目的的脑力体操式的舞文弄墨，而是对大众史学的一种新探索。先生说，他这样做，是要走出专业领域，把历史学还给民众。他觉得自己被民众供养了一生，无以为报，而心有不安。作为一个历史学家，他能回报给民众的最好的东西，便是大众史学，让民众了解真的历史，在历史中找到自己的位置。若天假先生以时日，让先生魂兮归来，再展宏图，我期待先生以目录学为基础，从事中国学术史和文化史的建筑。我相信，那一定会是"究天人之际"的哥特式建筑，再以随笔充实其中，让精神奔向苍穹，而思想则通往"天听自我民听，天视自我民视"的古今之变中。

刘　　刚

2024.4

目录

祖脉

玄鸟之裔	/ 003
光禄大夫来汉	/ 010
征羌侯来歙	/ 013
荣国公来护儿	/ 017
中书令来济	/ 021
萧山始祖来廷绍	/ 024
抗倭名士来端蒙	/ 027
易学宗师来知德	/ 029
倘湖先生来集之	/ 033
穷愁举人来鸿瑨	/ 037

家庭

割肉救母	/ 041
苏报案的斡旋	/ 044
教书育人终身事	/ 050
赔损家资的县长	/ 053
学到老，苦到死	/ 056
学在经世致用	/ 060
清正之家	/ 064

纪年·上

1923 年　1 岁 　　　　　　　　　　／ 069
一、读书种子　　　　　　　　　　　／ 069
二、学潮、政潮　　　　　　　　　　／ 071

1924 年　2 岁 　　　　　　　　　　／ 074
南开教育精神的独立　　　　　　　　／ 074

1927 年　5 岁 　　　　　　　　　　／ 077
一、范文澜在南开　　　　　　　　　／ 077
二、元旦开笔　　　　　　　　　　　／ 080

1929 年　7 岁 　　　　　　　　　　／ 084
求学于天津　　　　　　　　　　　　／ 084

1930 年　8 岁 　　　　　　　　　　／ 087
异国父母　　　　　　　　　　　　　／ 087

1931 年　9 岁 　　　　　　　　　　／ 091
一、表哥的爱情　　　　　　　　　　／ 091
二、难忘小表妹　　　　　　　　　　／ 095

1932 年　10 岁 　　　　　　　　　／ 098
南京逃学记　　　　　　　　　　　　／ 098

1937 年　15 岁 　　　　　　　　　／ 101
一、兄弟逃亡　　　　　　　　　　　／ 101
二、日军轰炸南开　　　　　　　　　／ 103
三、国难中的南开精神　　　　　　　／ 106
四、救亡的中学生　　　　　　　　　／ 107

1938 年　16 岁 　　　　　　　　　／ 111
来子传奇　　　　　　　　　　　　　／ 111

1939 年　17 岁　　　　　　　　　　　　　/ 116
"邃谷"缘起　　　　　　　　　　　　　　　/ 116

1940 年　18 岁　　　　　　　　　　　　　/ 119
谢国桢师　　　　　　　　　　　　　　　　/ 119

1941 年　19 岁　　　　　　　　　　　　　/ 122
一、教会大学　　　　　　　　　　　　　　/ 122
二、陈垣志业　　　　　　　　　　　　　　/ 124
三、陈垣抗日　　　　　　　　　　　　　　/ 126

1942 年　20 岁　　　　　　　　　　　　　/ 131
一、张星烺门下　　　　　　　　　　　　　/ 131
二、跟启功学画　　　　　　　　　　　　　/ 133
三、余嘉锡的作业　　　　　　　　　　　　/ 136
四、余师"辨证法"　　　　　　　　　　　　/ 139

1943 年　21 岁　　　　　　　　　　　　　/ 143
陈垣"为人之学"　　　　　　　　　　　　　/ 143

1945 年　23 岁　　　　　　　　　　　　　/ 147
为兼职所累　　　　　　　　　　　　　　　/ 147

1946 年　24 岁　　　　　　　　　　　　　/ 150
陈垣心法　　　　　　　　　　　　　　　　/ 150

1947 年　25 岁　　　　　　　　　　　　　/ 154
外交梦残　　　　　　　　　　　　　　　　/ 154

1948 年　26 岁　　　　　　　　　　　　　/ 158
战乱分别　　　　　　　　　　　　　　　　/ 158

1949 年　27 岁　　　　　　　　　　　　　/ 161
一、被范文澜选中　　　　　　　　　　　　/ 161

二、整理北洋档案 / 163

1950 年　28 岁 / 166
参与新史学 / 166

1951 年　29 岁 / 170
一、吴廷璆提携 / 170
二、青云乡土改 / 172

1952 年　30 岁 / 175
院系大调整 / 175

1953 年　31 岁 / 179
责编《历史教学》 / 179

1954 年　32 岁 / 185
批判俞平伯与胡适 / 185

1955 年　33 岁 / 187
余嘉锡去世 / 187

1956 年　34 岁 / 189
一、近代史分期大讨论 / 189
二、拓荒"北洋军阀史" / 193

1957 年　35 岁 / 197
拆墙 / 197

1959 年　37 岁 / 200
一、"火烧望海楼" / 200
二、查无实证 / 204

1960 年　38 岁 / 209
停止教学 / 209

1961 年　39 岁 / 212
学术逆行者 / 212

1962 年　40 岁 / 217
盘点历史文选课的库存 / 217

1964 年　42 岁 / 224
修志中断 / 224

1966 年　44 岁 / 227
手稿被毁 / 227

1967 年　45 岁 / 230
清扫厕所 / 230

1968 年　46 岁 / 232
非常岁月 / 232

1969 年　47 岁 / 234
与穆旦相交 / 234

1970 年　48 岁 / 236
一、下放劳动 / 236
二、干农活的"来大哥" / 237

1971 年　49 岁 / 241
津郊耕读之一 / 241

1972 年　50 岁 / 243
津郊耕读之二 / 243

1974 年　52 岁 / 246
书生回家 / 246

1975 年　53 岁 / 249
告别张公骕 / 249

1976年　54岁　　　　　　　　　　　　　　　/ 252
　　人生半字偈　　　　　　　　　　　　　　　/ 252

1977年　55岁　　　　　　　　　　　　　　　/ 255
　　为人作嫁衣的烦恼　　　　　　　　　　　　/ 255

1978年　56岁　　　　　　　　　　　　　　　/ 257
　　一、三易教室　　　　　　　　　　　　　　/ 257
　　二、师者仁心　　　　　　　　　　　　　　/ 259
　　三、自己拯救自己　　　　　　　　　　　　/ 264

1979年　57岁　　　　　　　　　　　　　　　/ 268
　　一、学报风波　　　　　　　　　　　　　　/ 268
　　二、"起死回生"的演讲　　　　　　　　　　/ 270
　　三、"知书识字"　　　　　　　　　　　　　/ 273

1980年　58岁　　　　　　　　　　　　　　　/ 276
　　点校旧籍之始　　　　　　　　　　　　　　/ 276

1981年　59岁　　　　　　　　　　　　　　　/ 280
　　一、发凡起例　　　　　　　　　　　　　　/ 280
　　二、高校图书馆事业的"拨乱反正"　　　　　/ 284
　　三、一谱辛酸　　　　　　　　　　　　　　/ 287

1982年　60岁　　　　　　　　　　　　　　　/ 291
　　一、启蒙新方志　　　　　　　　　　　　　/ 291
　　二、对于全国志目提要的遗憾　　　　　　　/ 294

1983年　61岁　　　　　　　　　　　　　　　/ 299
　　一、三十年成一录　　　　　　　　　　　　/ 299
　　二、重启《北洋军阀史稿》　　　　　　　　/ 302
　　三、《津图学刊》的来氏特色　　　　　　　/ 304

1984 年　62 岁 / 308
一、"贼喊捉贼" / 308
二、图书馆学的南开模式 / 311
三、变"知识宝库"为"知识喷泉" / 314
四、"赶时代，不赶时髦" / 319
五、古代编辑事业提纲 / 325
六、"编书匠"与"编辑家" / 328
七、南开"来半天" / 332

1985 年　63 岁 / 337
一、美国纪行 / 337
二、"四条汉子" / 342

1986 年　64 岁 / 346
高校图书馆的"黄金时代" / 346

1987 年　65 岁 / 349
一、天津近代史 / 349
二、西域访古 / 353

1988 年　66 岁 / 358
一、兄弟重逢 / 358
二、三十年之愿 / 362
三、"速成之稿" / 364

1989 年　67 岁 / 367
最珍贵的"稿费" / 367

1990 年　68 岁 / 372
一、四易其稿 / 372
二、三史合一 / 375

1991年　69岁　/ 378
一、"三学"辞典　/ 378
二、从中国古典目录学到美国乡村图书馆　/ 382
三、讲学日本及其见闻　/ 386
四、如何看待中西文化　/ 393

1992年　70岁　/ 396
一、对日本文化的体认　/ 396
二、黔地学术探游　/ 400

凡例

1. 本书以来新夏生平为中心，展示了近百年来的中国学术史，可谓"一个来新夏，半部学术史"（文史类）。

2. 其著作，《近三百年人物年谱知见录》和《书目答问汇补》，从大学时期，余嘉锡师布置的"作业"，到他临终前还在引领新人共同进行的一生的压卷之作，为我们重读梁启超和钱穆的《近三百年中国学术史》，提供了一个公共性的"为人之学"的学术平台，并准备了一套价值中立的考据学工具。

3. 本书叙述来新夏生平，采取编年体与纪事本末相结合的写法，使时代性与个体性均能得到恰如其分的表达。

4. 本书以来新夏"离休退任"为标志，分上、下卷。

5. 本书所说"先生"特指来新夏。

祖脉

玄鸟之裔

先生讳新夏，字弢盦，浙江萧山人。

萧山是古越名城，今属杭州，东邻绍兴，南接诸暨，西连富阳，北临钱塘。

地理大势，山要于南，水扼于北。山系分两干，一为仙霞脉，由诸暨富阳五泄入萧境，为百药山；一为黄山天目脉，由钱塘定山渡江，至长河为冠山。

水系主要是钱塘，东流往北，过萧山北境；另有浦阳江，由诸暨经尖山、临浦、茅山闸，合钱塘入海。

回溯历史，可上推至新石器时代，1990年，在萧山境内发现跨湖桥遗址，距今约8000年。

商至西周，萧山名"藩篱"，延至春秋，越王勾践在此抵抗吴兵，称"固陵"，秦废封建行郡县，将固陵划至会稽郡。

西汉始置县。公元2年，置馀暨县。"馀"者，古越语有"盐"之意。

在当时，萧境产盐，因得"馀暨"之名，东吴时，改"馀暨"为"永兴"。

"萧山"之名，始于唐代。

"萧"字源于"萧然山"。当年，越王勾践与吴王夫差几番大战，铩羽而归，率残勇退守于此，登山四顾，尽眼萧然，不禁悲从中来，遂以"萧然"名之。

约在唐仪凤年间（676—679），此地再次更名，复为"永兴"，至天宝（742—756）又称"萧山"，一直沿用至今。

来氏一族，从南宋开始定居此县，卜宅长河镇。

长河镇位于萧山西部，北邻钱塘，东邻铁陵关，西连浦沿镇、闻堰镇，南通湘湖水。

在北宋太平兴国三年（978），该地便有建乡记载，时称"夏孝"；元代改乡为都，"夏孝"被称为"三都""四都"；明、清两朝复用"夏孝"旧名；清末，因境内有长河，曾临河设市，故有"长河"之名。

> 槐街

所谓"长河",其实并不算长,仅仅两公里,河畔有一古街,曰"槐街",所以又称"槐街河"。

先生祖父裕恂公有诗忆曰:

十里村庄千道水,众流汇合成长河。我祖卜居光门第,至今二十有七世。文经武卫代有人,直与斯河相维系……

河水长且涟,莲叶何田田;河水长且沦,鱼尾何莘莘。家住河之浒,秋纳稼兮冬塞宇;人在河之湄,春煎韭兮夏烹葵。祖泽长比长河长,槐荫樾荫百世芳。洁比身兮秀比貌,清白子孙姓氏香……

槐街、长河,犹如萧山来氏的风水纽带。祖脉绵延,代有时贤,当真"人与斯河相维系"。

水论长河,峰属冠山。

> 攀爬冠山的石阶

> 杭州市级文物保护单位——冠山摩崖题刻，石壁上"鹅"字，相传为王羲之所书

冠山为长河镇最高峰，海拔 161 米，山形似冠，故名。

五代十国期间，该地是驻军刑葬的场所。1970 年，曾在山中挖出约 13 立方米的人骨，便是佐证。

山中有一寺，名"冠山寺"，原名西隐庵，又称云岩寺，始建于南宋咸淳年间（1265—1274）。寺内古树森然，庙宇耸峙，为长河胜景，可惜阁台庙宇尽毁于特殊年代（1966—1976），如今虽又重建，但遗迹寥寥。

冠山现存摩崖 7 处，是萧山唯一摩崖古迹。

王羲之有一"鹅"字，嵌于石壁中。其他崖上文字，随岁月斗转，多已模糊，在枯枝败叶间，唯"清风一品"尚可辨别！

东麓山脚有一泉，水色如乳，味道甘冽，遂名"乳泉"。

据说，用乳泉之水泡茶，口感甚佳，无论泡多久，茶杯底壁无丝毫凝滞。至今，山脚下居民仍不喜欢饮用自来水，三三两两，荷担肩挑，储备泉

> 乳泉

水于家中。饮此甘醴,神清气爽。

"岚翠千峰合,泉声万壑分。树笼岩下雨,花落洞中云……"明代诗人来日升这样描述冠山。试想山岚丽影,满眼苍翠,若在雨天,云雾朦胧,于洞中云影间,看花开花落,这又是怎样的惬意?

裕恂公有诗赞冠山:

> 岭上青云路不迷,形如台笠耸村西。
> 江流尽许樯如织,汉接几无山与齐。
> 泉石清闲忘世轴,冈峦层叠作天梯。
> 极峰许我攀跻到,好把新诗绝顶题。

长河一镇,颇多典故。

春秋末期，越王勾践在傅家峙山巅上，依山筑城，抗拒吴兵，至今犹存遗迹；清兵南下，南明兵部尚书张国维驻军长河，鲁王朱以海在冠山筑坛，拜总兵方国安为将，统军抵御清兵；先生先祖来集之统乡兵协助扼守钱塘江七条沙，与清军几番大战……

当然，长河最最骄傲的，仍是来氏一族。

据《长河镇志》记载，仅明、清两朝，萧山来氏共出文进士21人，武进士3人，文举人39人，武举人18人，贡生97人，有"无来不发榜"之谚。明、清及民国初期，来氏一族前后出仕者387人，分布于全国22个省。

文彦斐然，萧山来氏有"九厅十三堂"之说。

九厅：阁老厅、亚甲厅、起凤厅、腾蛟厅、大厅、花厅、石厅、慎俭厅、陈家厅。

> 《萧山来氏家谱》(部分)，现藏于萧山档案馆

十三堂：光裕堂、世馨堂、慎俭堂、中宣堂、承裕堂、咸华堂、会宗堂、百顺堂、绪昌堂、务本堂、南川堂、肯构堂、绍思堂。

曾经显赫，已随光阴漫漶，但来家清德之名依旧流传，至今仍为长河第一大姓。

萧山档案馆藏有一部《萧山来氏家谱》，记载自明永乐十三年至民国十一年（1415—1922）萧山来氏一脉的基本沿革状况。该谱前后经历了四次较大规模的编纂：

第一次在明代中期，为理学家来斯行纂述；第二次在明末清初，为太常寺卿兵科事来集之纂述；第三次在清中期，为清法部主事来杰纂述，来嗣谷补述；最后一次补写在清末，为来鸿瑨所编。据该族谱记载，"来"姓源出"子"姓，为"玄鸟之裔"。

"玄鸟"之说，玄之又玄。

相传，古有奇女，名简狄，有娀氏之女，瑞丽冠绝，为帝喾次妃，备受恩宠。但遗憾，简狄多年一直未能生养。某年，她行至女娲庙求子，归来途中，路经一水。此处天朗气清，峰峦如画。因酷热，便在池中行浴。

戏水正酣，忽然一双燕子飞落，降在池中清浅处。它们通体乌黑，上下跳动，有一只诞下一枚五色彩卵。简狄好奇，将之含入口中，慢慢吞下。腹中顿起暖流，若有孕感，后来诞下一子，名"契"。

契辅佐大禹治水有功，得封商地，被赐子姓，为殷人始祖。

来姓出于子姓，《史记》中也可见到佐证。《殷本纪》有载，殷民七族：殷氏、来氏、宋氏、空桐氏、稚氏、北殷氏、目夷氏。

故而，裕恂公下了定论："来姓为商之支孙，当无异议。"

光禄大夫来汉

西汉名将来汉,是先生先祖。

《后汉书》卷十五《来歙传》载,来汉是来歙的六世祖,"有才力,武帝世,以光禄大夫副楼船将军杨仆,击破南越、朝鲜。"

先生祖父裕恂公曾作《述祖德诗》,其中第一首,即赞来汉:

> 汉武开边南越治,将军才力并称奇。
> 伏波横海登坛日,讨虏征蛮介使时。
> 头系长绳酬夙愿,手持副节拥雄狮。
> 艅艎入水蛟鲸徙,但听楼船奏凯辞。

诗中所言"南越",现属岭南地区。在秦朝末年,陈胜、吴广蹈之于前,刘邦、项羽踵接于后,纷争四起,南海郡赵佗趁机自立,兼并桂林郡、象郡，在汉初建立南越国，为汉藩属。

建元四年（公元前137年），赵佗去世，葬于番禺（今广州）。末主赵建德由权臣吕嘉拥立。元鼎六年（公元前111年），吕嘉发动政变，弑杀上主，与汉廷抗衡。

武帝大怒，兴兵讨伐。

征战南越，宜由水路进攻，须用大船。这类船只，船高首阔，外观似楼，故有"楼船"之称。武帝封杨仆为"楼船将军"，以示必取决心。

杨仆，宜阳（今河南新安县境内）人，来汉是他的副将。

元鼎五年（公元前112年），军出豫章（今南昌），下横浦（今广东北江翁源浈水），连战连捷，兵临番禺城下。

大举总攻，获胜。杨仆因功被封为"将梁侯"……

时，朝鲜又乱。杨仆再次奉命出师，率军乘船横渡渤海。

早在战国时期，朝鲜属燕国管辖。秦吞并六国以后，燕国故将卫满逃过浿水（当时的中朝边界，在今朝鲜清川江），收拾旧将，自立为王，定都王险城（今平壤）。

汉立，以卫满为外臣，安定边塞，抚靖外夷。但在汉武帝时期，已经渐渐强大了的朝鲜，不再视自己为汉朝的藩属国，开始拒绝朝贡汉家天子。

武帝决定讨伐。

元封二年（公元前109年）秋，来汉追随杨仆从山东出发，走水路；左将军荀彘由辽东郡出兵，走陆路。

两路人马并进，兵锋直向朝鲜国都。

荀彘一战，败绩，逡巡不敢向前。杨仆则孤军深入，仅率兵将六七千人，突杀至王险城下，遭遇重围，惨败而归。

出师不利，汉武帝派人议和。本来朝鲜已经接受，相关条件也已谈妥，但最后竟然功亏一篑。对方渡江，行至一半路程，突然猜忌，疑有伏兵，认为这是诱降，赶紧调转船头，重新抗命。

干戈再起，武帝仍命杨仆与荀彘继续进攻，再围王险城。

前遭兵败，杨仆变得小心翼翼，全力求和。而荀彘却坚决主战。于是，两军不能胁从，屡次错失战机。最后，荀彘一气之下，将杨仆扣押。

武帝大怒，命将在外，不但屡遭败绩，而且主帅还钩心斗角，互相拆台，遂下令杀荀彘，贬杨仆为庶人。

可叹一代名将，于朝鲜一战，功业尽毁。

来汉在杨仆帐下，究竟事迹如何，又有什么具体战功？缺少相关记载，只有裕恂公诗中一句："将军才力并称奇"，而其骁勇之状，当可管窥。

征羌侯来歙

来歙（？—35年），字君叔，南阳新野（今河南新野南）人。他的父亲名仲（一名"冲"），在汉哀帝时，任谏大夫，娶光武（刘秀）帝祖姑母为妻。

作为汉室宗亲，来歙果敢有谋，故为王莽顾忌，而遭囚禁。

来歙逃脱牢狱后，投奔更始帝刘玄。

刘玄是西汉皇族后裔，为绿林军诸部拥立，但性情多疑，气量偏狭，不能任贤。

来歙屡次谏言，均不被采纳，心灰意冷，佯告大病，辞官而去，与自己妹夫汉中王刘嘉一同转投刘秀。

在洛阳，刘秀亲自接见，《后汉书》记载，"解衣以衣之"，礼遇有加，封来歙为太中大夫。

陇、蜀未定，为刘秀心腹之忧。

陇右，在今甘肃一带，被隗嚣所占。隗嚣坐拥凉州八郡（天水、陇西、安定、金城、武威、张掖、酒泉、敦煌），设置府第，自号"西州上将军"。

蜀是四川的古称，时被公孙述控制。公孙述独断善谋，趁群雄并起之际，自称辅汉将军兼领益州牧，于公元25年自立为帝，国号"成家"，年号"龙兴"。

刘秀苦思平定隗嚣、公孙述的方略，一直未有决断。他深知来歙擅奇谋，急忙征询意见："现在西州不肯归附，公孙述称帝，道路阻远，诸将正关注于关东战事，有所忽视西州，请问应该怎么办才好？"

来歙与隗嚣是旧识。隗嚣起兵，曾以复兴汉室为名。于是回答说："今陛下圣德，臣愿奉您威命，携带您的亲笔国书招降，隗嚣必定束手而归"，他进一步指出，若陇地平定，蜀地两面受敌，公孙述的实力自然大大削减，此为一举两得。

刘秀深以为然。

从公元27年开始，来歙先后两次出使隗嚣。游说的结果是，隗嚣答应归附，并以自己的儿子隗恂为人质，送往长安。

刘秀计划联合隗嚣夹击公孙述。但隗嚣在此关键时刻却动摇了，拒绝出兵。

无奈，来歙只能又一次前去游说。

当日，在大殿上，隗嚣部将王元上前质问："假使四川平定，公孙述灭亡了，而刘秀下一刀会砍向谁的脑袋？"

听闻此言，隗嚣更加犹豫。

来歙愤然而起，大吼："大汉皇帝本来认为你明辨大义，是懂得好坏的良臣，所以写信给你。当然，你也有诚心，把儿子派往长安，这是君臣间的相互信任。现在你听信小人，背叛君主，残害子嗣，这不是违背忠信吗？吉凶之策，生死之机，当在今日决断！"

越说越气愤，遂按剑向前，直追隗嚣，欲冲上大殿斩杀。隗嚣胆怯，起身便逃。

殿上兵士见状，立即拥来，将来歙困在当中。

但见来歙，从容转身，举起符节，徐步而出。左右兵士不敢冒进，步步尾随。

隗嚣下令斩杀。但殿上诸位大臣多是来歙故交，纷纷求情。羞怒稍减，又顾及汉军实力，隗嚣只好放来歙归汉。

事已至此，无可挽回，隗嚣愈发自危，索性联合公孙述，共同抗击刘秀。

公元30年，公孙述封隗嚣为朔宁王，从此与汉朝彻底决裂。

苦心经营，往返数次出使，但最后却是这般结果，来歙大为羞愤。公元32年春，他率军攻打西州，势如破竹，迅速占领略阳（今甘肃秦安县五营乡蔡河村）。

隗嚣大惊，汉军反击如此迅速，遂亲率数万兵将反扑，将来歙困在略阳城内。

当时，来歙手中兵将不过两千，而敌方有数万军马，但他丝毫不退怯，据城而守，死战。

隗嚣命人依山采石，筑起堤坝，将山溪、河流之水蓄起，以水灌城。

大水浸泡，外援断绝，粮草不济，弓矢耗尽，乃命将士们拆房卸木，斩木为兵。

从春到秋，敌几万兵士"尽锐攻之"，却一直未能突入内城，军士疲惫，锐气消挫。趁此良机，光武帝征发关东兵马，亲率兵卒攻打陇地，隗嚣溃散，逃至西城（今天水西南），一路狼狈，从此卧床不起，于次年病殁……

"得陇望蜀"，陇既平，当图蜀矣！

来歙上奏，公孙述以陇西、天水为藩蔽，故得延命假息。今二郡平荡，则公孙述穷途末路，宜精选兵马，储积资粮，以备进攻。

刘秀深以为然。

公元35年，来歙率军进攻公孙述，连战连捷。

蜀人大惧，趁某夜派一刺客突入军帐，一刀刺入来歙胸口。当时，大帐内乱作一团，来歙忍痛传见部将盖延。

盖延号称虎牙大将军，入军帐，见主帅浑身是血，胸前还插有一柄钢刀，骤然失色，伏地而哭，吓得连头都不能抬起。

见盖延这副神情，来歙大怒："看你被吓成什么样子了？我被刺客刺中，不能再报效国家，叫你来，是想把军队托付给你，你不但不能任事，反而像女人那样哭哭啼啼，现在刀是插在我身上，我行动不便，难道就不可以下令杀你吗？"

来歙拿起纸笔，亲写绝命书：

"臣夜入定后，为人所伤，中臣要害。臣不敢自惜，诚恨奉职不称，以致朝廷蒙受羞辱。治理国家，以得贤为本，太中大夫段襄，正直可任，愿陛下裁察。又臣兄弟不肖，终恐被罪，陛下哀怜，数赐督教……"

写罢，投笔于地，凛然起身，手握胸口钢刀，抽刃而出，当场气绝。

光武帝得知来歙被刺，极为震惊，边看奏章边泣泪，赐诏曰："中郎将来歙，攻战连年，平定羌、陇，忧国忘家，忠孝彰著。遭命遇害，呜呼哀哉！"

赐来歙征羌侯官印，谥节侯。遗体送回洛阳。帝亲穿孝服，吊丧送葬，举国同哀。

裕恂公以诗记之：

陇羌平定战连年，忧国忘家褒策宣。
东汉垂勋张赤帜，西川被刺痛黄泉。
大书露布钦先烈，不与云台惜后贤。
怒斥虎牙何敢是，结缨犹致意拳拳。

荣国公来护儿

来护儿，字崇善，籍南阳新野（今河南省新野南），征羌侯来歙第十八世孙。

他的曾祖来成为北魏新野县侯，后归附于梁，迁居广陵（今江苏扬州）。

据李延寿《北史》记载，护儿少孤，由伯母吴氏抚养成人。

初读《诗经》，来护儿对"击鼓其镗，踊跃用兵""羔裘豹饰，孔武有力"两句，感慨最深。每每读此，掩卷而叹："大丈夫在世当如是也，为国灭贼以取功名，安能区区专事笔砚？"遂博览书史，不专营于章句空文。

及年长，来护儿的大伯父为乡邻豪族陶武子所害。陶氏有宗族数百人，广置田宅，佣兵众多。护儿苦思报仇，却一直未获时机。

某日，陶家婚庆，宾客纵酒，疏忽防范。他乘机突入陶宅，揪住武子，举刀便刺……

身犯命案，潜逃。待后周平定淮南，方重回故乡。

护儿家乡位于长江北岸，名曰"白土村"，居于北周与陈朝交界，为兵家所必争。

一直苦寻投军机会，直至隋初才得偿所愿。当时，宇文忻等镇守广陵（今江苏扬州西北），来护儿投奔，受器重，官至大都督。

公元591年，越州（今浙江绍兴）高智慧造反，隋将杨素率兵讨伐，来护儿随军征战。

高智慧列军于钱塘岸边，沿江扎营，屯据要害，防卫区域绵亘百余里。远远望去，战舰遮江，浩浩荡荡。军队击鼓而进，气势非常。

来护儿向杨素提议："叛军锐气正盛，战船优势明显，所谓'必死之敌，难与争锋'，应严阵以待，不要轻易与之交刃，我请率数千兵卒，突袭敌后营垒，使其退无可退，进不得战！"

谋定，迂回敌后，纵火焚营。

刹那间，烟焰蔽天，红光漫江。

叛军见后方大火，个个惊惧，杨素趁此良机，一鼓作气，直冲敌阵。

结果，高智慧大败而去。

此役之后，来护儿被擢升为大将军，任泉州刺史，封襄阳县公。

隋炀帝即位，诏护儿入朝，百姓眷恋，沿途相送，前后上奏慰留者，达数百人……

来护儿受封为光禄大夫，右翊卫大将军。

610年，炀帝巡游江都（今扬州）。

江都是来护儿的桑梓之地。帝示恩重，告之曰："衣锦昼游，古人所重，你荣归故里，自当如是。"赐布匹两千段，同时赏赐牛酒等，令来护儿拜谒先祖，宴请父老。当时，全朝三品以上官员都聚于来家，酣饮尽日，荣耀满庭……

高丽主高元屡次逆命，炀帝决定讨伐。

来护儿被任命为平壤道行军总管，兼检校东莱郡太守，率楼船赴朝鲜对敌。

一路猛攻，来军攻打到距离平壤仅六十里的地方。高元亲自率兵迎战，列阵数十里，威风凛凛，气势震人。

部将们被敌阵吓住，个个战栗，不敢向前。唯独来护儿，勒马纵兵，大吼："我欲坚壁清野，围困平壤，让高元多活几日，不料他主动送死，那就先杀了他，然后回朝受赏。"

是时，高元弟弟高建率数百敢死队偷袭。来护儿命武贲郎将费青奴迎敌，将高建斩首。

乘胜追击，兵锋直趋，率锐甲四万杀奔至平壤城下。不料，敌军假败，诱引隋军入城，然后围而攻之。中计，乃大败。来护儿仅率残兵数千退出城外，无功而返……

613年，隋炀帝下令再征高丽。护儿备兵于东莱（今山东龙口市）。但时局突变，杨玄感反叛，围困洛阳。

得此消息，来护儿立召部将周法尚等，商议回军讨逆。周法尚认为，没有皇帝敕令，不宜擅自调动。来护儿答道："洛阳被围，是心腹之患，高丽抗命，是疥癣之疾。国家大难，知无不为。况且，擅自抗命回军的罪过，应由我个人承担，与诸位没有关系，谁敢再阻拦，军法处置！"

即日回军。迅速对杨玄感形成包围。

炀帝大呼："此旷世功勋，非公而谁？"加封来护儿为"开府仪同三司"，封荣国公，邑二千户。

攻伐高丽，屡遭败绩，炀帝一直不甘，于614年再兴讨伐。来护儿重新渡海，连破两城。

迭遭战事，高丽疲敝。高元震惧，派人请降。炀帝见已挽回两败之辱，况且国内遍地狼烟，对于征伐高丽，难以支撑，于是同意所请。

皇令传来，护儿仰天长叹，对众将说："三度出兵，未能荡平高元，此次还军，将再也不复机会。现在高丽困弊，野无青草，凭此形势，可一举获胜。望大家随我进军，直围平壤，捉拿高元，然后再胜利还师。"

军中长史崔君肃认为不可抗命。来护儿说："敌军气势已尽，我身处朝廷之外，事事专决，征得高丽，抓获高元，即使受罪也心甘情愿。错失此机，恐怕再无成功之日，万万不能放弃！"

崔君肃却对众将说："如果你们胆敢追随大帅，抗命违诏，我一定参劾。"

诸将大惧，共同劝退。

见军心已散，只得奉诏……

618年，隋炀帝再游江都。

来护儿谏曰："自陛下受承天命，登基践位，如今已近四十年，薄赋轻徭，天下休养，户口增殖。高丽逆命，略施征伐，而百姓无知，并不能理解您的做法，咨怨不断。现在群盗聚结，兴师作乱，而于此时车驾游幸，恐非适宜，臣伏愿皇上驻驾洛阳，与民休息，出师命将，扫清群丑，天下平定则指日可计。江都是臣衣锦之地，陛下巡行此处，我本该荣耀，但荷恩深重，不敢专为私谋，望陛下为天下计。"

听此劝言，炀帝厉色而起，大声斥骂来护儿，数日不见。后来，怒气稍减，复召见，继续责斥："你如此想朕，还能指望你什么？"

听皇帝这么说，来护儿不敢再劝。

"水殿龙舟"，千古一叹。

宇文化及谋反，校尉令狐行达缢杀隋炀帝。来护儿在入早朝时，遭人逮拿。他问："陛下何在？"

左右回答："被执矣。"

遂仰天长叹："吾备位大臣，荷国重任，不能肃清凶逆，遂令王室至此，抱恨泉壤，知复何言！"

慷慨就死。

裕恂公以诗赞曰：

幼矜奇节壮从戎，开府平陈最有功。
奕世能延君子泽，殊勋得佐大王雄。
寻仇莫救江都难，荡寇难忘荣国公。
何物宇文猜忌甚，丧心谋害老臣躬。

中书令来济

来护儿共有十二子,如通议大夫来楷,左光禄大夫来整,金紫光禄大夫来弘等。其中,六子来整尤其骁勇,兵锋所至,所向披靡,《北史》记有当时流传的一首民谣:

长白山头百战场,十十五五把长枪。
不畏官军千万众,只怕荣公第六郎。

遗憾的是,上述子嗣并遇祸。来护儿子辈死者共十人,只有来恒、来济侥幸得免。

来济为荣国公幼子,逃难避祸,辗转流离。

据欧阳修著《新唐书》所载,来济幼负奇节,尝曰:"丈夫惟无仕,仕必至宰相!"他善议论,倡实务,后来果然中了进士,在唐贞观年间

（627—649）任通事舍人。

太子李承乾谋反，事败。太宗问策于朝臣，应该如何处置？满朝皆喑，唯独来济陈言："愿陛下做一慈父，令太子得尽天年！"

最终，李承乾被废为庶人，徙往黔州（现重庆市彭水县郁山镇）。

因直言敢谏，禄位迭升，至永徽年间（650—655），来济官至中书令，兼检校吏部尚书。

高宗宠幸武氏，封之为"宸妃"。来济上奏："妃有常员，国有定制，别立名号，万万不可。"

但高宗沉迷，我行我素，不但立妃，还要封后。

来济再抗龙颜，上奏："王者立后以承宗庙，是为母仪天下，当慎之又慎，宜选礼义名家、淑德令贤者为之，以副四海之望、神灵之意。昔日，文王兴姒，泽被百姓，福乐绵绵；汉成帝纵欲狂为，以婢为后，皇统中微，其祸如此，惟陛下详察。"

忠言逆耳，但终无所用。

武氏当位后宫，睥睨天下，对来济怀恨在心，多方构陷。但他依旧不改本色，一如既往，直言朝弊。

山东役丁，每岁征夫数万人，民不堪徭役，怨声载道。

一日，高宗向群臣征询治国之策，来济趁机劝谏："昔日，齐桓公出游，见一老人穷苦，心生怜悯，赐以食物，老人拒绝，答曰：'请赐天下人以食。'桓公惊诧，又赠以衣，老人再推却，言：'请赠天下衣。'桓公回答，'府库有限，怎么可能供给全部？'老人说，'春不夺农时，即有食；夏不夺蚕工，即有衣。'由是言之，减省徭役，是惠泽天下的良法。"

褚遂良因得罪武后，被贬，来济也遭牵连，被徙放庭州（今新疆吉木萨尔县，现属昌吉回族自治州）。龙朔二年（662），突厥入寇，来济又被重新起用，让他带兵抵抗入侵。

为光先祖遗烈，一雪朝廷之辱，抱定必死之心，他谓麾下部众："我乃负罪之人，曾陷刑罔，今蒙赦死，当以身塞责！"

冲锋在前，不披甲胄，奋不惜身，最终求仁得仁，享年五十三岁。

朝廷追赠来济为楚州刺史,供给灵车,送还家乡。

裕恂公仍有诗赞:

> 丈夫无仕仕必相,风雨名山期许之。
> 论到欧阳褒史笔,工于书法著唐碑。
> 整恒并贵伦能尽,瑗琰齐名守赞知。
> 将帅一门全盛世,冠裳跄济凤凰池。

萧山始祖来廷绍

1127年，金兵直取开封。徽钦二帝被掳，金银府库尽数被劫，是为"靖康之变"。

赵构收拾残部，定都临安，另组朝廷，史称南宋。

连年战乱，百姓流离。中原大族忌惮异族欺凌，携家挈口，大规模南渡，先生先祖也在这次迁徙中。

来氏此脉，籍河南鄢陵县。鄢陵为名郡，"郑伯克段于鄢"就发生在这里。

据《萧山来氏家谱》记载，来氏此脉，谱系如下：

第一世：来大户，字仲实，宋开封府鄢陵县咸平乡淮安里人。

第二世：来之邵，字德高，宋哲宗时，任殿中侍御史，后任英州知县。

第三世：来时，字以中，绍兴初年，由李光推荐，授袁州通判兼管农营田事。后李光与秦桧不合，来时遭打压，被贬。

第四世：来梁叔，字国材。绝意仕途，一生以读书为业。

第五世：来廷绍，字继先，号平山，1150年6月生于江西袁州。

来廷绍身在江南，心怀故都，自号"思洛子"，乃思念洛阳之意，终身致命于收复失地。

他与著名思想家、文学家陈亮（1143—1194）为挚友，彼此砥砺。

陈君才雄当世，喜谈兵事，议论每与来廷绍相合。未登榜时，陈尝云："钱塘非驻跸之所。"廷绍敦促他上书，但被某些官员压制。

来廷绍自己也准备上书朝廷，却又被陈亮制止。陈亮说，时机尚不成熟，"当以前伪党为戒"。

自是晦迹读书。

1193年，来廷绍、陈亮同中进士，轰动一时。时人有语："来、陈俱登第，恢复有期矣！"

可惜，陈亮未及上任而卒，一生抱负，无处施展。来廷绍虽然登于官场，但孤掌难鸣，沉浮数年，未能一遂初心。

辛弃疾与来廷绍相交甚笃。

1200年，辛氏出任浙东安抚使。翌年，来廷绍出知绍兴府。

敕书云："绍兴乃肱骨首都，畿辅重地，非硕德重望，不能堪此。"又云："（来廷绍）性资简重，学识端纯，司刑擅明允之称，典礼著寅清之誉……敭历已经乎内外，才猷并著乎两朝，奉公守法之政，屡见于施为，体国恤民之心，备陈乎章疏。"

见来廷绍出任绍兴，辛弃疾大喜："来君来，事济矣，祖宗耻，可雪矣。"

因绍兴乃越王勾践卧薪尝胆之地。辛弃疾认为，自己与来廷绍，仿佛当年的范蠡与文种，彼此协和，一定大有作为。

最后，还是遗憾，来廷绍在上任途中病倒于萧山，殁于祇园寺，享年53岁。

立朝十载，志不得一申，临终时，仍心系国难，满腔愤恨，作《祇园临终诗》一首：

病卧僧房两月多，英雄壮气渐消磨。

>昨宵饮药疑尝胆,今日披衣似挽戈。
>吩咐家人扶旅榇,莫教释子念弥陀。
>此心不死谁如我,临了连呼三渡河。

"呜呼,岂天之不欲平治天下也哉?不然,胡为来、陈相继而殁也。"辛弃疾闻讯而大悲,亲作墓志铭,其铭曰:

>壮志愤愤兮扶社稷,忠诚烈烈兮贯金石;
>怀抱郁郁兮未获伸,友义偲偲兮同扶策。
>皇天不愁兮夺其年,国步艰难兮谁共力?
>湘水苍苍兮荫佳城,千秋迢迢兮知来宅。

壮怀激烈,天不假年,惜乎,叹乎!

来廷绍死后,葬于湘湖方家坞。其子师安为守墓方便,筑庐于冠山之阳,定居萧山夏孝(今长河镇)。来氏一脉,在此衍为六支,先生为大支二十六世孙。

裕恂公有诗述萧山一脉之祖德:

>扈跸南来到浙江,越城莅治亦名邦。
>卜居夏孝龙蛇蛰,退老冠山鸡犬哤。
>父老借留河内寇,萧然归隐鹿门庞。
>至今苗裔三间溯,百世烝尝俗亦厖。

抗倭名士来端蒙

"来氏亲兵十万,倭寇东逃西窜。"

这是在萧山流传甚广的一句古谣。谣中所述,特指明代萧山抗倭名士来端蒙。

来端蒙,字养仲。父裕斋公,学识渊厚,乡里目为长者,年四十而无嗣,妻沈氏主动为他纳妾,已定聘于杭州陈氏。但突然沈氏有娠,他立即解除与陈氏的婚约,并馈以厚币,以示歉意。人称其义,不弃发妻。

端蒙生而魁硕,气量宏大,见人危难,施舍无吝。

明嘉靖(1507—1567)年间,倭寇由海入江,侵扰浙东,一路杀掠。

某日,倭人侵犯西兴镇,然后沿钱塘而下,直奔长河而来。消息传出,众人惊骇,欲弃家而逃。

来端蒙与众商议:"如果离去,贼人入乡,烧毁室庐,杀我子弟,而祖宗数百年来的基业,将毁于一旦。"

议定，准备殊死一战。

派人打探，原来这是一小股倭寇，只有六十三人，而长河乡邻可得壮兵百余，若据险而守，并非毫无胜算。于是，斩木为竿，竖起大旗，上书："来氏亲兵"。

乡邻各个手执长枪，肩负大刀，筑起营垒，严阵以待。

不日，倭寇兵至，看到江堤遍插大旗，守备个个抖擞，一时心惊，未敢轻动，准备晚上再来偷袭。

暮日西垂，再看江堤，人影憧憧，连绵灯火映红江面。来氏族兵手持兵刃，气势慑人。倭寇见此，徘徊不敢向前，从小路绕长河而去，转奔诸暨方向……

抗倭名将俞大猷率兵至长河，见贼避走，大惊："倭寇所过，残砾无存，是族乃独完，其中必有豪杰！"

旌表功绩，来端蒙进阶官场，累迁至沧州判官等。但他无意仕途，辞官而去，于萧山筑亭种树，以桑榆为乐。

乡河淤塞，道路曲折，桥梁老旧。

来端蒙组织疏浚河道，平整街衢，修整桥梁，资材靡费，独任而不辞，乡里称贤。

平素，他在家读书习字，修葺宗祠，春秋祭祀，至敬至诚。见《来氏萧山族谱》断续难辨，乃潜心整理，阐述祖德，明辨长幼，使萧山来氏一脉的世系德望等，得以流传。

易学宗师来知德

来氏家学，莫邃于《易》。治《易》最勤、成就最大者，是来知德。

来知德，字矣鲜，号瞿唐，四川梁山人（今重庆梁平区仁贤镇），祖籍萧山，他的远祖先迁居至湖北麻城，在元末顺帝时离鄂入蜀，定居梁山县。

曾祖来昭，是云南宜良县令，有贤名。晚年致仕回家，正逢饥馑，乡邻多有称贷者，周济无吝。

年岁灾频，周转不灵，借贷人无力偿还。一日，来昭在家设宴，招待所有欠款之人。在庭中设一火盆，酣饮完毕，取出所有债据，逐一宣读。读罢一纸，便投入火中……

来昭生子尚廉，尚廉生子来朝。

来朝曾拾得白银二百两。失主为南昌王孟六。此君发现丢失银两后，一时着急，欲投江自沉。正巧来朝赶来，立即阻止，如数归还。

王孟六取出白银一百两，以作酬谢。来朝却分文不取。因义还遗金，被朝廷嘉奖。皇帝敕封来朝为义士，立碑于道，赐乡名"仁贤"，至今沿用。

来朝生子知德，时在嘉靖四年（1525）。

关于来知德的出生，还有一段传说。当年，来母有娠，曾做一梦。有一蓝衣人，骑白鹤而来，落于门庭。当白鹤振翅，欲鸣将飞，驾鹤人突然手抚鹤顶，接连喊了三声："不、不、不"。

惊醒，觉梦有异，便给这将要出生的孩子起了一个别名，"不不子"。

来知德八岁诵经史，九岁作诗词，二十七岁时，得中四川乡试第五名，却屡屡受挫于会试。

会试是在京城举行，往返艰难，费时费力，为了求得功名，干脆在北京租了房子，一住便是六年。

寓所有一邻妇，丈夫因罪入狱，生活艰难，欲献身以图接济，来知德守礼，严词拒绝，移居别寓以避。

读书京邸，大有声名。当时，顺庆陈文瑞公居相位，欲礼聘知德辅导其子读书。来知德却说："大丈夫当自立，何趋相门焉？"称病不应。

滞留异乡，他常常思考一个问题，读书所求，不过一纸功名而已，何苦如此呢？

一日，有家书寄来，来父患上"风疾"，腿脚不便，渐不能行，而来母眼睛也生病患，视物不清。于是，归家之念变得愈发强烈，来知德将考试所需书籍一律焚毁，以绝自己科举之念。

友人纷纷劝慰，希望他千万别放弃前程。但他志已坚定，明确拒绝，题诗以明志：

莫道红尘客子知，殷勤谢尔夜题诗。
两行黑字催人老，一幅乌丝觉我痴。
万里鹏程何足论，双亲鹤发已多垂。
此中有路寻尧舜，东海宣尼是引师。

众人不解，目为佯狂。

他解释说，读书不只求功名这一条路，还有另一条路可走，就是做真圣贤。

"我只是割断了做官求利禄的这条肠子，而要走的是学孔子、做学问的道路，难道这条路我不能走下去吗？"

为表决心，他在所租房壁上题诗一首：

> 昔年行路不知路，今日登高始觉高。
> 知路知高天近午，泗滨仁目驾飞舠。

找来黄绢一块，上书"愿学孔子"，绑在臂上。从北京至四川凉山，辗转几千里，未曾一解，以昭不移之志！

回到家中，侍奉父母极尽孝道。一有余暇，则静默于室，终日冥想太极图像，无人无我。他在堂前悬挂一联，表露心志：

> 采服堂前，幸喜双亲今八表；
> 红尘路上，不将一日换三公。

嘉靖四十三年（1564），来父母先后弃养。筑庐于先祖坟旁，守孝侍奉，整整六年，不食荤、不饮酒，极尽哀思。孝满，终身麻衣蔬食，苦楚自己，用以铭记亲恩。

为究至道，遁入深山中，研《易》更勤。

据《明史》记载，来知德"初结庐釜山，学之六年，无所得，后远客求溪山中，覃思者数年，始悟易象，又数年，始悟文王序卦、孔子杂卦之意，又数年，始悟卦变之非，盖二十九年而后书成。"

此书名曰《错综中爻》（又名《周易集注》），以伏羲圆图为"错"，文王序卦为"综"，以"错、综"二字极易象之变。"象"者，"像"也。在来知德之前，儒者研《易》，多以易象失传，故不言象，只言理，但若不穷究于象，则以讹传讹，何以谓"明经"？经既不明，又何以为士？

据《太史来瞿唐先生年谱》记载，时人评价来知德对"易象"等的研究，乃"破解秦汉以来未了《易》案，可谓前无古人矣。"

除《错综中爻》外，另著有《省觉录》《省事录》《理学辨疑》《心学晦明解》等作，皆以"致知为本，尽伦为要"。

万历三十年（1602），四川总督王象乾、贵州巡抚郭子章联合推荐来知德，朝廷授他为翰林待诏。他却辞却，一心求学，终不出仕。

裕恂公有诗赞之：

羲画先天理阐明，生平易学最专精。
文翁蜀地儒能化，周子濂溪道自行。
克配圣人曾入奏，齐称夫子不呼名。
心传一脉绵洙泗，祖烈煌煌孰振声。

倘湖先生来集之

来集之（1604—1682），字元成，号倘湖，官至明太常寺少卿兵科给事中。

初名伟才，居冠山倘湖畔，求师于西隐寺中，弱龄即通五经诗词，稍长，能以诗文争雄于艺林。

才华出众，却屡屡"扼于童试"。

他认为，自己怀才不遇，根本之处，在于那些主考官们没有学问，不能理解自己文章的精妙所在。于是，他把自己所写的应试文帖贴在县衙大门上，让众人品评。

此为妄举，获罪，被禁足在云岩寺。

寺中反思，锐气收敛，愈发勤奋。改名为镕，以示悔过，但其伯父认为，"镕"字不好，金熔方可成器，但百炼淬火，要经过多少磨难？反复思索，最后改名为"集之"。学问如海，择善如流，只有点滴积累，才能学有所成。

来父舜和公病笃,卧床不起。弥留之际,惟幼子来荣最令牵挂。集之跪在榻前,泣泪涟涟:"凡读书立身,抚弟成立,皆不肖事,大人勿虑。"

舜和公病逝,来集之哀毁不已,重病一场,奄奄一息,月余,方渐渐康复。

日手一书,不辞甘苦,集之发奋功名,终于得中进士。

时值明末,冗员臃肿,官场腐败。

来集之在安庆任职,掌管治安、刑讼等。因为战争,到处都有流民。安徽历年饥馑,动乱后,民情更困。他白天筹措粮草,夜晚巡视城墙,以防盗贼。

在巡城过程中,发现守军兵将们个个萎靡,毫无斗志。仔细打听,原来镇军将领克扣军饷,士兵无心效力,地方官员敢怒不敢言。来集之苦劝制军,被克扣的军饷终于得以补发,军队士气由此大振。

1643年,李自成在襄阳称新顺王,明将左良玉率军与之周旋,却屡遭败绩。朝廷不但不增兵加饷,反而削减军费,断绝补给。左氏震怒,纵兵抢掳,稍有反抗,必削首示众。

秋,左军至安徽,众人慑于淫威,不敢上前劝谏。集之径入军中,力劝左良玉约束军纪,爱惜民力。在安徽,左良玉不但没有大肆杀戮,反而请集之尽释所掳妇女,百姓对此感念不已。

同年,凤阳总督马士英所招募的一支贵州军,在安徽境内胡作非为,而当地乡众误以彼等为贼寇,杀伤数人。马氏大发雷霆,以百姓作乱为名,欲大开杀戒。

来集之奉命调查,车驾方至,百姓夹道而哭。

他详细取证,据实禀报,救了许多人的性命。百姓感念他的善行,誉为"青天"。

安庆推官三年任满,按当时制度,若想升迁回朝,必须有地方官员推荐。而举荐者并非别人,正是马士英。

马氏深知来公之才,希望招揽。但马之为人,士林不耻,他与阮大铖结党营私。阮氏更是与魏忠贤沆瀣一气,搬弄是非,陷害忠良。来集之对此深恶痛绝。遂拍案而起:"大丈夫建功立名,自有其时,何用别人渠荐?"因此得罪了马氏,未能入阁。

1646年,清军攻入浙江义乌,来集之内弟杨雪门自缢殉明。集之妻子杨氏投水自沉!

国仇家恨,如何能忘?集之立志抗清。

他在萧山组织乡勇,多次挫败清军,其中七条沙一战,影响最大。来集之自作长诗,以抒壮烈:

> 江之水,何悠悠,颓唐胶葛春复秋。
> 子胥一怒竟千古,素车白马当潮头。
> 西有吴,东有越,两岸青山界如截。
> 自昔逶蜒不尽时,浩浩东流几曾绝?
> 鸢乌江山听悲歌,六千君子提雕戈。
> 种蠡奇谋今已矣,西风卷雨鸣哀号。
> 潮来江水浑,潮去江水清。
> 天吴吹浪逐今古,神巫争地同陂平。
> 十万雄兵如解瓦,瞥见波心骤飞马。
> 独不见赤壁淮泗采石矶,芳名佳屦四盖垂。

日惨失红,云颓尽黑。大明王朝抽心一烂,根基已腐。

来集之辗转于南明小朝廷,为复兴大明江山,尽了心力,但天命将去,凭谁奈何?

归,隐居萧山,在倘湖畔以读书耕野为乐。康熙十七年(1678),开博学鸿儒科,地方官力荐,坚辞不就,恪守遗臣之志。

明人王悼在《今世说》中描述耕读为乐的来集之,言其每遇未读之书,即便典当衣物也在所不惜。晚上阅读,白日札录,必速终卷而后快。

耽迷经史,手不释卷,每每徜徉于文字之中,如鱼在水。他把自己对家国的忧思，都化作笔下的文字，日夜不辍书写。

来集之精于《易》，工于曲，又擅词，著录甚丰：戏剧有《秋风三叠》《挑灯剧》《碧纱笼》及《女红纱》等；经史有《倘湖樵书》《博学汇书》《读易偶通》《易图亲见》《卦义一得》《春秋志在》《四传权衡》《倘湖文集》《南行偶笔》《南行载笔》《倘湖近刻》《倘湖诗余》及《樵书初编》《樵书二编》等。

裕恂公仍有诗赞：

> 凤推多识有三人，论定西河评品真。
> 流寇促成亡国恨，倘湖甘作隐居身。
> 画江功败徒奔走，采蕨风高最苦辛。
> 著作流传同不朽，文章节义世无伦。

穷愁举人来鸿瑨

来鸿瑨，字珽蘽，号雪珊，是清末萧山长河镇的最后一位举人。

在他出生前夜，来父忽做一梦。梦中，有人赠予一株荷蘽。梦醒后，始终不解其意，翌日有子降生，恍然，为他取"珽蘽"之字。

"文行卓绝穷愁著述，一生潦倒满腹经纶"。这是先生祖父裕恂公为怀念雪珊公所写的一句诗，恰也是雪珊公一生写照。

据《萧山来氏族谱》记载，雪珊公平素仪貌端端，"度恂恂，言呐呐，望而知为狷介之士。"

九岁时，患奇症，腹胀如鼓，彻夜疼痛，但仍卧榻而读，忍痛抄书。

他的文章，典雅华瞻，藻耀高翔，得见者争相抄录，所著《绿香山馆制艺》，士林传阅，文名远播滇黔闽粤。

可叹的是，雪珊公家境赤贫。家人无法为他提供稳定的读书处所。为谋生计，以教私塾，课业四方。中举后再无寸进。

当时，李鸿章秉国政，士子趋之若鹜，争相拜见，以求援引。有人建议雪珊公，趁赴京赶考之际，取道天津，也去拜见，若以弟子之礼相待，一定有所进阶。但他对此淡然视之，路经李相门庭，仅投一帖，聊致敬意而已，并未拜见。

父逝时，公在山西，正值捻军、太平军此伏彼起，道路阻隔，无法吊丧，引为一生之憾。生母病逝时，公已五十九岁，伤心过后，已知天命，不再为功名所累。退归乡野，在家设塾，广收族人及乡邻幼子，课业、读书、著述。

《萧山来氏族谱》自清嘉庆年间重修以后，多有残缺，后世虽有续修，碍于币绌，只续世系，不作叙录，凡祖制、诰敕、传赞、墓图、宗祠、义学、各项条规等，均未收录。

来氏宗族建议重修族谱，但资金缺乏，雪珊公一贫如洗，却一力任之。他奔走搜罗，详加考证，积年撰述，缺者补之，错者订之，遗者存之，为萧山来氏留下了一部信谱。

公之为人，一生行谊，以居敬为主。病笃之际，若有亲友探望，也一定要从病榻上爬起，正衣冠、端行止、与客对答，笑语如常。

1909年，卒，终年68岁。

著述颇丰，如《绿香山馆全集》十二卷、《古文》二十卷、《四书典解新义》十六卷、《绿香山馆丛考》、《绿香山馆随笔》、《荷花梦传奇》等。但令人遗憾的是，上述著作大多散佚。一生心血，飘付风中……

裕恂公尊雪珊公为叔祖，彼此相交多年，频以诗文相切磋。裕恂公之诗，受益于雪珊公者良多，其所著《匏园诗集》，也是请雪珊公作序。

雪珊公病逝，裕恂公痛失知己，一首《哭雪珊祖》，写尽凄凉：

> 有家翻作无家别，说到家庭泪泫然。
> 天厄文人如此了，疾生异地更堪怜。
> 最难惙置为身后，无限凄凉是目前。
> 未尽锦才埋玉树，芙蓉城或主他年。

家庭

割肉救母

先生祖父,名裕恂(1873—1962),字雨生,号匏园。

彼何人?垂垂一老,生冠山之麓,居长河之湄,终生勤苦,不辍著述,治学自有一番气度,究史学、究经学,探乡志、探山志,有百卷遗稿。

裕恂公的叔父宝鉴公早亡。生父肖山公于是将裕恂公过继给宝鉴公,以延续此脉香火。

肖山公名镇,字肖山;宝鉴公名镜,字宝鉴。兄弟二人,未及成年便遭母丧,孤苦无依,饮食艰难。无奈下,宝鉴公中断举业,学商于义桥,期以经营所资,贴补家用。

1851年,洪秀全落第,在广西金田揭竿而起,以拜上帝会抗衡孔教。太平军席卷而来,迅速占领半壁江山,定都南京,是为"太平天国"。

为保家护财,更为捍卫纲常名教,绅商士庶组织民团,训练乡勇,宝鉴公即为其中一员。

> 来新夏先生祖父来裕恂

1861年秋，某日，一股太平军入犯义桥，沿河而进。

宝鉴公率乡勇迎敌。兵刃相接，对方落败，遂穷追不舍。不料，敌人大队人马埋伏于后，公误入圈套，回旋不及，力战不敌，不幸身亡，年仅二十三岁。

太平天国瓦解后，各省举荐英烈，朝廷照阵亡例，抚恤宝鉴公以"云骑尉"……

裕恂公少而沉默少言，终日孜孜以学，寒暑无懈。四岁入塾，八岁能作粗浅文章，十岁能赋五、七绝句，十二岁便可信手成篇，以乐善不倦、好学不倦、诲人不倦，立"三不倦斋"。

他效法圣贤，古风朗朗，至情至孝。

母疾，数月不起，医药罔效。有传言，以子之肉，作为药引，配合中药汤剂，可以治愈。这种说法虽然荒诞，裕恂公也知道根本不可能，但既然有利于母，不妨一试。

举刀，割腿上肉，与母服下。说也奇怪，病势果真好转，但康复百日后又复发，于是再割。唯大限将至，虽孝动上天，仍难以争年。

对于嗣祖宝鉴公，裕恂公也能尊礼如仪，春秋祭拜，虔敬有加，不敢有丝毫懈怠。他请好友蔡元培为宝鉴公题像赞。蔡文如下：

> 觥觥来公，生本寻常。幼年丧母，未冠学商。
> 及国难起，奔走仓皇。空拳赤手，螳臂车当。
> 知方有勇，以卫梓桑。率队河干，瞋目遥望。
> 敌来河浒，先弱后强。乘胜追击，血洒身亡。
> 邦人君子，尽为心伤。大难削平，国典褒扬。
> 皇言赫赫，以慰国殇。忠魂有依，美德益彰。
> 懿维我公，功在地方。不朽有三，宜享烝尝。
> 时未成室，嗣以侄郎。令德垂裕，厥后克昌。
> 哲嗣蜚声，宰我故乡。能体先志，廉洁方刚。
> 越民感戴，至今不忘。皆由遗泽，作善降祥。
> 余以公义，奉为表坊。余以公勇，视若元良。
> 公之殉节，国已表彰。阖邑钦仰，天府瑶光。
> 敬赞一辞，万古馨香。

苏报案的斡旋

1890年，裕恂公肄业于诂经精舍。

"诂经精舍"建于1797年，创办者为浙江学政阮元。该校崇汉学，轻理学，主张为学之要，在于研求经义，而不是"明心见性"之类，故重于许慎、郑玄，轻于朱熹、二程等。

在诂经精舍，公有幸受业于近世朴学大师俞樾先生。

俞樾，浙江德清人，号曲园居士，高中科榜，颇得座师曾国藩赏识，可俞樾不善为官，遭人弹劾下野，那是一个"淡云疏雨落花天"，但他始终有着"落花春仍在"的信念，从此迁居苏州问学，并主持苏州紫阳书院，正如其诗云"闭户曾穷皓首经"。

"朴学"又称"考据学"，在中国学术史上，对于保存汉文化的根，以及开创近代实证学术之风气，皆具极大的影响。俞樾为十九世纪中叶到二十世纪初朴学重镇，求学弟子遍及海内外，尤其是日本留学生，仆仆于其门下，往来东瀛，传播学术。更有章太炎、吴昌硕等百科全书式学者皆出于曲园先生门下，尤其章太炎，知行合一，学者与革命者合一。

俞樾晚年得弟子来裕恂，裕恂公小章太炎四岁、小吴昌硕二十九岁，与诸公共事并受业曲园先生。曲园喜爱器重裕恂公，亲为之《匏园诗集》作序。序中，曲园老人如是评价：

> 余自同治七年戊辰，主诂经精舍讲席，于今三十年矣。中见掇科名而登仕版与富著述而寿名山者，不乏其人。雨生肄业于精舍，颇能通许、郑之学。

许，许慎，东汉古文经学大师，用二十一年著成一部《说文解字》，规范汉字的形、音、义，为通儒马融推崇备至；郑，郑玄，东汉末年已名噪海内外，毕生整理古籍，博采百家，打通今古文经壁垒，创立郑学，形成一个"经学小统时代"。主要著作有《毛诗》《周礼注疏》《仪礼》等。许、郑二人，皆一时百科全书式学者，朴学之先驱。

"颇能通许、郑之学"，是曲园师给裕恂公最高的学术评价和学术定位。

师生之间，曲园老人与裕恂公等，常有诗词相酬，"歌咏湖山"，时发感慨，又感叹裕恂公："年又未壮，其造就何可量哉！"

而公受曲园老人的影响亦深入学术与人格之骨髓，每每于诗中流露。在《匏园诗集》中，多有怀念之作，如《俞楼谒曲园夫子》：

> 叨陪杖履倚湖楼，楼外波光若镜浮。
> 卅里明漪晴翠接，双峰排闼宿烟收。
> 津梁后学春风煦，金石前朝夏鼎搜。
> 坛坫湖山留片席，一生著述足千秋。

波光云影，青山排闼，津梁后学如沐春风，所学者何？"一朝学派乾嘉溯，千载经师许郑传。"此诗一语道出俞樾的学术传承和出处，渊源于"许郑",学承于"考据学派"。

所谓"乾嘉考据学",主要创始人是明末清初的顾炎武,代表人物有阎若璩、钱大昕、段玉裁、王念孙、王引之等,因在清乾隆嘉庆年间达到鼎盛,故有是名。该学派以"汉学"为宗,主张学术研究应该以训诂、考订为主,重于证据罗列而少理论发挥,开始带有近代科学实验方法论的气质,这就与传统宋明理学的"政治正确"说教有严格的区分。

裕恂公在诂经精舍,所受训练如此,受益终身。

公在《寿曲园夫子》一诗中如是评价俞樾先生:

> 经术文章贯古今,三吴两浙尽倾襟。
> 百年松柏春长在,一水蒹葭秋独深。
> 主管名山留韵事,栽培小草荷知音。
> 曲园更比随园盛,寿世还征著作林。

诗中"随园",指清代著名诗人、散文家袁枚(1716—1798)。公将恩师文章、学术列于袁枚夫子之上,赞俞师学贯古今,为吴浙翘楚。

在诂经精舍,裕恂公打下了坚实的经学功底,还时与诤友相磋相砺,学问大为精进。

据周德垣《来公雨生传》记载,经常与公学术交流者,有如下几人:

> 旌德江巨夔,切磋之同学友也;震泽王廷鼎,启发之忘年友也;象山陈汉章,经学小学之问业友也;瑞安宋恕,掌故时务与佛经之指导友也;武林金梁,政治之讨论友也;丹徒夏源,诗古文词之研究友也;海宁李涵真,理学之启悟友也;高邮王丹明,道书之指示友也;无锡嵇毅复,书法之讲习友也。

以上诸君,多为硕学,名噪一时。

当然,裕恂公与著名经学家孙诒让的交往也很频繁,孙诒让与恩师俞樾以及黄以周，被誉为清末"朴学三先生"，章太炎称之"三百年绝等双"，裕恂公亦曾作《怀孙先生（诒让）》诗，可知孙先生对俞樾学生的影响。诗如下：

> 杖履企高贤，师资得比肩。
> 论文称小友，把袂已忘年。
> 月照人今古，风移时后先。
> 相看两不恶，文字有前缘。

孙诒让年长于裕恂公二十五岁，但文章相和，竟以"小友"相称，如此忘年之交，羡煞旁人！

裕恂公与鲁迅、蔡元培、马叙伦等，交往也很频繁。

呼朋引类，身边挚友多高贤。所谓物以类聚，人以群分，裕恂公之学术、人品，由此可见。

裕恂公于经学、史学、佛学、文学、道学等，皆有钻研，更难能可贵的是，他并没有罔殆于古礼圣言，耽溺于文辞章句，而是更加积极地探索西学新法。他的治学路径概而言之：中学打根底，西学开心智。正如其诗所言：

> 党争瞀惑分新旧，朝政纷纭说革因。我于适莫无所从，独清独醒道难容。前所过者六艺四部之书罗心胸，后有来者五洲万国之志亦可宗。

裕恂公肄业于诒经精舍后，先后任教于杭州崇文、紫阳、求是书院（浙江大学前身）。在此期间，国内政潮迭起，戊戌变法半途而废。

公支持变法，同情康梁。慈禧弄权，他痛斥"牝鸡司晨"，有失妇德！清廷拒施新法，国势沉沦，他痛心疾首，"欧风美雨侵大陆，猛虎疾视耽且逐。睡狮不醒可奈何？其心必异非我族"。

为救国图存，公于1903年典衣东渡，赴日求学。

将行之际，一桩大案震惊全国。

当时，邹容《革命军》出版，此书被称为"中国近代的《人权宣言》"，作者在书中极力呼唤革命，盛赞革命为"伟大绝伦之目的"，"巍巍哉，皇皇哉"，欲以革命取民权。

章太炎并发力，《驳康有为论革命书》与《革命军》同时刊行，"公理之未明，即以革命明之；旧俗之俱在，即以革命去之"。

两位豪情天纵，酣畅笔墨。一时间，洛阳纸贵，引发政潮。

有《苏报》者，接连刊载《读〈革命军〉》《序〈革命军〉》《介绍〈革命军〉》等文章，该报主笔章士钊推荐《革命军》为"国民必读的第一教科书"。朝廷震动，以"劝动天下造反"为名，发布通缉令，逮捕章太炎。

是时，邹容竟主动投案，在公堂上，大义凛然，仍喋喋乎革命。革命者安有偷生之理？

在审判过程中，有一人拍案而起，此正裕恂公也！

公与章太炎同受业于俞樾之门，同学之谊、公理之心，引得义愤填膺，他积极奔走救援，专门聘请律师翻译徐紫峰，此人是裕恂公在求是书院的同事。

公堂上，亲赴会审旁听，归来后，极力斡旋，甚至于留日期间，依旧约与同学发起捐款，为营救邹、章，不遗余力。

但遗憾，无力回天。一声嗟叹，"螳臂车当"，道尽士子心伤！

其诗曰：

吁嗟乎，丰狱埋剑兮，吐光芒。不逢张雷兮，泉阿终藏。痛言论之不自由兮，横遭祸殃。赫赫神州将陆沉兮，当道豺狼。蜀山峨峨兮，浙水汤汤。何辜英豪兮，遭时不详。牵连而罗织兮，丧心昧良。昔章铸之高节兮，北向未尝。今贤裔之秉心兮，有此肝肠。又邹衍之被谗兮，天为飞霜。因文字而获罪兮，大道晦盲。观槛车之征兮，我心忧伤。公庭对簿兮，言语长。律师辩论兮，人权保障。已矣夫，黄钟毁弃兮，馋人高张。余悯此无辜兮，乃营救而彷徨。嗟绵力之不逮兮，螳臂车当。君今甘鼎镬如饴兮，艰苦备尝。愿秉正气持毅力兮，以为民望。鸱夷浮江兮，吴终亡。陶朱货殖兮，越其曷昌？余纵不忍目击兮，肯慕乎箕子之佯狂？蓬莱之山咫尺兮，聊税驾以徜徉。

诗中，裕恂公指出，言不自由，横遭祸殃，直斥清廷，牵连罗织，闭塞视听。他认为，大兴文狱，这是自掘坟墓。古曰："防民之口，甚于防川"，前事不忘而后世可鉴，前事尽忘，则祸至无日矣！

"苏报案"，邹、章并获罪，章太炎被判三年牢狱；邹容被判两年，历尽折磨，惨死于狱中，年仅二十岁……

裕恂公在日本，就读于弘文书院师范科。

弘文书院与中国革命多有渊源。黄兴、张澜都曾在这里求学。此时，鲁迅也在该校，日后，他与裕恂公频相往来，据推测，两人当在此际结识。

边读书，边考察教育，以教育启迪民智，为公一生所愿。

适逢孙中山在横滨创办中华学堂，委托华侨郭外峰主持此事。公乃襄助其中，任教务长。后来日俄战争影响学校经费，乃被迫回国。又经蔡元培介绍，加入光复会。

教书育人终身事

1905年12月21日，惠兴女士以死谏言兴学。

惠兴，满族镶蓝旗人，她读过张之洞《劝学篇》后，深受启发，立志兴学，自断一指以盟誓。她在杭州，筹办贞文女校，但经费捉襟见肘。

有一日，为募捐，登台演讲，阐释自己的教育路线。说到动情处，她忽然扯开袖子，袒露手臂，然后用刀在臂上猛划一下，割落一块肉来。刹那间，鲜血殷红，滴落不止，但见女杰从容依旧，对众人说："我这块臂肉，作为开学纪念。这贞文女校，倘日推日广，我臂肉还能重生；倘若这女学半途停废，我必定要把这身子，用来殉这学校。"

一语成谶。

贞文女校，全靠捐款维持，经费时断时续。校舍落成，工匠索款，从前答应认捐者突然托词不给，反辱女杰寻衅滋事。

求款四方，无可援手，羞愤之，以死警世，她仰服大量鸦片，密书遗嘱八封，又作报告一份。

家人见女杰神情有异，速送医院，但抢救无效。

临死，尽力张目，言称："此禀递上，当有长年经费矣。"

校成之日，以肉纪念；校难之时，以身殉校。她兑现了自己当时的承诺。

裕恂公对女杰以身殉校，感佩尤深，作诗以奠：

> 柳营振铎惊聋瞆，学费艰难竟殉身。
> 东亚蓝旗新烈女，南皮绛帐旧门人。
> 热心直欲炉天地，断指尤能泣鬼神。
> 怪底将军儿戏耳，同袍不赋太无仁。

公特别痛恨女子缠足陋习，斥曰："同是苍穹赋畀身，胡为缠足失天真"，他认为，只有大兴女权，才能真正实现男女平等。在留日期间，他关注女子教育，多次考察日本女学，回国后又在杭州甲种女子职业学校任教。

在他的救国路线里，改造政体与国体，不若改造个体。

最要之务，在于开启民智。怎样开民智呢？根在教育，废八股、科举，兴新学，这是他一生为之努力的方向。

八股空文，因循有年，士子闭目，志尽消磨，都成了井底之蛙，未能识时务，而"一朝言变法"，"阻挠多鬼蜮"，中国"权利不知争"，"外患日相逼"，何等原因造成这种局面？公直言，"科举是咎"。

近代教育亟待普及，他认为，当务之急，乃"言文一致"，具体地说，就是要普及白话文。

公指出，我国自古以来，言文不一之弊端，在使国民精神无法畅达。欲改变，唯用白话。教育普及，"必于白话收其效"。普及白话，是开启民智的重要方式，"但使俗情能露布，会看文化自风行"。

裕恂公几乎把自己的精力都奉献于教育事业，一生之中，偶然从政，绝大部分时间都在教书。

他任教的履历，涵盖小学、中学、大学，足迹遍布南北，如杭州求是书院，横滨中华学堂，浙江海宁中学堂，钱塘道立师范，浙江甲种女子职业学校，东三省航警学校，上海大同大学，萧山长河小学，河兜小学等，其他如私塾、义塾，举不胜举。

赔损家资的县长

1927年6月，经好友马叙伦推荐，裕恂公出任绍兴县县长。

绍兴自古富庶，在这里做官，是肥缺，多少人求之不得。马叙伦本想贴补老友生活，但遗憾的是，裕恂公不逐于俗，"不懂做官"。

萧山来氏始祖来廷绍也曾被委任为绍兴县令，但未及上任而卒。裕恂公以为，此次出任，正可弥补先祖遗憾。

到任之初，庶务科长要为他筹办寿宴，这是托词，每届新官到任，都要巧立名目以聚敛，俗称"打抽丰"。拜寿是表面，目的是收受献礼，此为变相搜刮。公不屑，鄙视此等蝇营狗苟，直言生日已过，严加拒绝！

那时，国民政府正处"军政"结束、"训政"开始之际。"军政"虽言"告终"，实则未了，且又难了；而"训政"初始，头绪纷杂，交接过渡，上下不知如何举措。

民穷财尽，县库如洗。

裕恂公于此时上任，乃筚路蓝缕也！他认为，欲兴利，必先除弊，而绍兴第一大弊，是"粮串"一项。

"粮串"，是旧时官府下发的缴纳钱粮的收据。彼时，绍兴已十年未曾发给乡民"正串"，取而代之，都是小票。小票并非官方正式票据，仅一收条而已。究竟完粮几何？官方统计数字与小票存数之间，多有差额。出现差额，中间必有贪墨，此路人皆知，民怨且不敢言。

裕恂公不受掣肘，毅然革除。督责征收主任赶印正串，历两月而成，时人咸以为幸，争口相颂。

据周德垣《来公雨生传》所载，在绍兴县长任上，除罢黜小票外，公之德政还有如下：

> 对于游民，续办绍兴习艺所；对于旱荒，开掘城河与各大河渠流通；对于路政，令让两边店面，广拓街道，开平桥级；对于监狱，给衣、给扇席、给糕饼、给痧药外，尤亲讲佛经，令囚人忏悔；对于兵差，于平时供给外，犹筹募开拨费，水陆安顿出境，民间绝无一草一木之骚扰；对于教育，处置师范学校争执及整顿各小学，尤为得宜而不遗余力；对于工商，罢工风潮，复工手续，均使劳资双方情感不绝；对于地方公益，于设法补苴外，恒捐俸以维持之。所以绍民公论，有口皆碑。

"有口皆碑"，这是最大褒奖。

在那个年月里，当官是有生命危险的，裕恂公在县长任上，甚至被掳走。大公报1927年10月28日有一则报道，题目是《绍兴被匪洗劫》，报道言称，在该月20日上午九时许，"突有大队武装军人，包围绍兴政府，将县长来裕恂绑去，继又蜂拥至县警察局，将所有陈设器具，及门窗捣毁一空……"，洗劫县府后，匪人又陆续抢掠商团及周边民户，以钱庄、当铺为主，损失总数在"十万元以上"，各警察所枪械亦悉数被劫……

类似县长等官员被掳事件屡有发生，仍如大公报当日报道称，安吉县县长、景宁县县长均被掳走。最终的解决办法是用钱来赎买,如安吉县县长程镇西就是"备洋八千元赎回",而裕恂公被掳事件最后如何了结,因资料缺乏,尚无定论,按当时惯例,十有八九也是"破财免灾"了!

匪患炽烈,因军人无能。

那年月,军阀混战,乱兵滋扰,开驻绍兴者,先后有五个军团。在军队开拔时,均向地方索费。县署建议,由商会敛钱,裕恂公却坚决反对,竟将自己历年薪费拿出,用以应付。

军队安然出境,商民无丝毫损害,而他自己却负债累累。

据《来公雨生传》载,公以廉洁之故,至卸任后清算,实赔累三千六百一十三元六角八分三厘。

公素贫,半生学俸所得,节衣缩食之余,价买沙地七亩,民田四亩余,民房一间半,皆于绍兴交案赔款时,变价以偿。仍然不足还债,复借贷以应。

书生本色,两袖清风。

"一身赔款卖田畴",廉官大致如此,官场逼人腐败,不贪无以生计,尚且有生命之虞,这官如何做得?

看透炎凉,辞官而去,裕恂公只做了六个月的县令。

学到老，苦到死

裕恂公生平无嗜好，唯有专注读书。晚年自撰《家训》，告诫子孙："学到老，苦到死"。

他说，凡人只有一"学"字，可以为圣贤豪杰。学，不专指读书，凡事皆有学，皆要学；凡人只有一"苦"字，可以为圣贤豪杰。苦，不专指无钱用，每事皆有苦在其中。要忍苦、耐苦，方能成就大事业。

公将"学到老、苦到死"置为座右铭，时不敢忘，终其一生，很少睡过整夜，求学时，即倦即睡，醒来便读；从政时，倦极而睡，醒来便批阅公牍；年迈，寿过古稀，仍笔耕至深夜，起床便作著述。

何等勤，何等苦！

自励："一分精神，一分事业"。

论诸成果，散文、骈文、易学、史学、县志、山志、词集、典集，均有成稿。

他的手稿现大多收藏于杭州市图书馆。主要有：《长河诗社词草》《小学作文法》《玉皇山志》《萧山妇女表征录》《匏园政书》《萧山人物志》《来裕恂文稿》《长河酬唱集》《中华人民共和国通史》《中国通史》《春秋通义》《易劝》《历代人物姓氏事迹考》等。有学者统计，手稿总字数约有两百万字，这在萧山，除著名学者毛奇龄外，存稿最多者，即为裕恂公。

已经出版的著作有《汉文典》《匏园诗集》《中国文学史稿》《易学通论》《匏园诗集续编》《萧山县志稿》等。

其中，《汉文典》尤怀抱负，是被曲园老人称为"通许郑之学"的一部著作，且学术之功比肩许郑。

留日期间，裕恂公已经开始酝酿创作此书。当时，一些日本学者也曾出版过一些探讨汉语语法的著作，但良莠难辨。回国后，公摒弃外务，埋头参读中外典籍，历时四年，著成《汉文典》。

全书共分两个部分——文字、文典。前者计三卷，分论字的起缘、功用、称谓及变化，六书及形音义，词类分析等；后者计四卷，分述字、句、

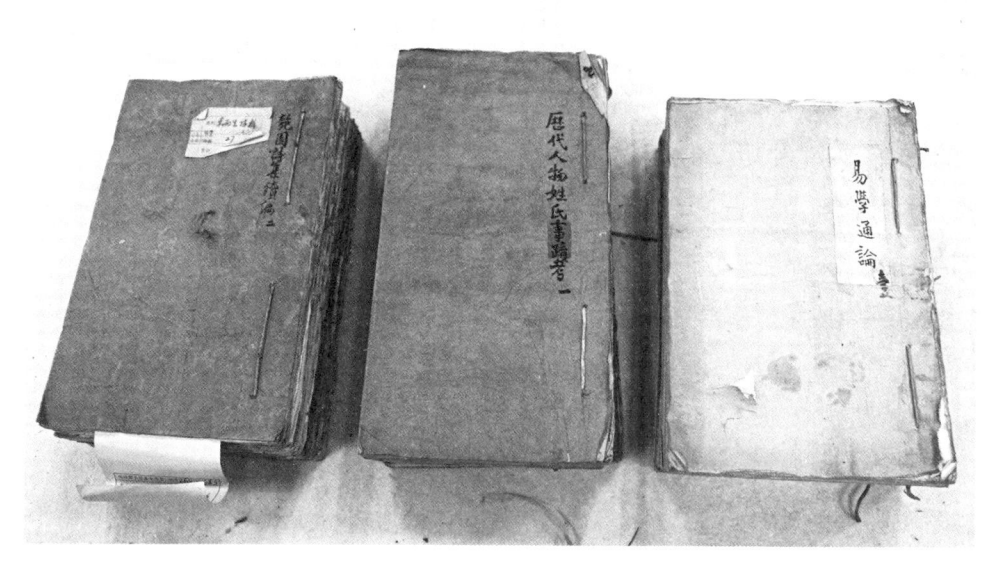

> 来裕恂先生部分手稿，现存于杭州市图书馆

章、篇诸法，以及文章风格及结构要求，文章体裁，文章基本原理及发展历史，作文应防止的弊端等。

自晚清以来，公独辟文章学蹊径。时人评价："吾萧词章自毛奇龄以来，百年无出其右"。

在该书序言中，公指出"读书必先识字"，但"自仓颉以来，《尔雅》言义，《说文》言形，《广韵》言声"，各精一旨，结果义愈繁赜、字愈舛错，"字之不识，乌能缀文？"故"详举中国四千年来之文字，疆而正之，缕而析之，示国民以程途，使通国无不识字之人，无不读之书"。他希望，通过检讨文字，再次规范千百年发展而来的汉字，保持汉字精准表达的生命力，并以此开启民智。

裕恂公的另一部重要著作，是《中国文学史稿》，大抵作于任教浙江海宁中学堂时期，因为该书读者对象是中学生，所以写得通俗易懂，而且裕恂公融汇中西学术，在那个时代具有通识启蒙意义。此书凡三卷九编，从中国"文学"起源处着笔，一直写到清代"文学"。

在裕恂公笔下，所谓"文学"，其实并非单指章句诗文而言，举凡天文、地理、医学、算数、文史、经济等，全部涵盖，所以，若称之为"中国学术史"，或者更为恰切。

书中将西方繁荣的根源归结于"科学昌明"，而中国积贫积弱，原因是"学术荒落"。

他强调，普及文学是途径，而保存"国粹"是归宗，"今者东西洋文明流入中国，而科学日见发展，国学日觉衰落，欲焕我国华，保我国粹，是在文学"，"盖文学者，国民特性之所在"。

裕恂公所谓"国粹"，乃传统文化之优良者，保存住文化之根，才能涵养国民之性情，故曰，以国粹保国性。

《易学通论》是裕恂公继承家学之作。受先祖来知德影响，又经俞樾指导，他开始发奋探究。其之治《易》，不拘流派，不偏于象而囿于"汉学"，亦不偏于义而囿于"宋学"，同样要以汇通为主。故而，"合汉宋"，"会古今"，自成一家。

《萧山县志稿》，是民国时期萧山最后一部志书。裕恂公在穷困潦倒之际，独担此任，倾囊为之，亦难自给笔墨纸砚，所以，在小孩描红练字的草纸或是包卷烟丝的废纸上，都有裕恂公笔耕的字迹，在这部稿本的背面，还印有许多"孔乙己、上大人"的字样，这不禁令人联想起了鲁迅那篇名作《孔乙己》。

读他的手稿，睹物思人，惊叹之余，不禁心酸。一卷草纸，一支秃笔，文字淋漓，却淡淡墨痕。用草纸，是因为宣纸太昂；为淡写，是因浓字费墨，皆家贫之故也。

《匏园诗集》与《匏园诗集续编》是裕恂公现存的两部诗集，共收诗作5000余首，以编年排次，一年一卷，连续63年。

裕恂公一生，把写诗当作写日记。天天、月月、年年，坚持不辍，举凡山川风物、历史典故、家事国事、政治经济，无所不包。

他写诗，最重"性灵"，受"乾嘉性灵诗派"影响极深。这是受其叔祖雪珊公来鸿瑨的启发。

雪珊公时与裕恂公论诗，建议裕恂公多读随园（袁枚）作品，称此当为入诗门径。为什么？

裕恂公自言，自读袁枚以后，受益匪浅，"始知诗贵写性灵"。再读张问陶，更信"不写性灵斗机巧，从此诗人贱于草"，愈加坚定"'诗尚性灵'，正为我辈药石"。

袁枚、张问陶皆为晚清"性灵派"重镇，"性灵说"发自晚明公安派袁宏道三兄弟以及李贽等同时代一辈文艺巨匠，他们笔尖喷薄真性情的"性灵"，倡导诗歌散文等一切文学艺术的创作，都要发自"性灵"，被时代目为"狂人"。艺术产生于"性灵"与现实理性的冲撞而发生的悲剧，又从悲剧中升华审美之幽思。袁枚将晚明以来的"性灵"说发扬光大，看来雪珊公深受"性灵"派影响，将裕恂公引入"性灵"派，为诗为文皆真性情，避其机巧、浮夸的铺陈。故而，裕恂公之诗作，字里行间，有情、有理，论事每每发自真性情。

学在经世致用

关于读书与治学的方法,裕恂公在自己所撰的《家训》中这样总结:

> 凡人读书,先求文字,及文字有成,需求学以实之。及学有所得,当进而求诸道。道也者,其体,即孝悌忠信礼义廉耻之八德;而用,即修身之道,齐家之道,处世之道,治国之道。其于书籍也,先务博,后反约,得学与道兼备之书读之,自然有体有用。

博而能精,有体有用,公之学问至于如此境界,当可尊之为"来子"。在中国传统文化的语境里,"子"是敬称。被称为"子"者,乃德、才、学、识等兼具之人,如老子、孔子、墨子、孟子等。

来子的治学路径,循序展开,先文字,再词章,再经学、史学、方志、佛学、道学。同时,他还特别强调研求西学、西法,不仅学于西方技艺,更主张研究西方政治。他在《变法行》一诗中，对西方的政治人物如数家珍：

> 相彼东瀛天娇子，三杰维新开其始。倒幕不过五十年，雄峙东方耽虎视。尚有西欧意大利，玛志尼等革政治。至今称强地中海，都由杰士怀壮志。英法俄德诸强邻，中间多少苦经营？英国宪法几改革，拿翁一震法成名。俄则兴由大彼得，俾斯马克雄于德。岂徒华盛顿图强，脱英创立民主国……

来子在日本读书期间，还特别翻译政治新书（具体书名不详），然后邮寄于内地，并作诗一首，以资纪念：

> 道扩域中夏，情萦海外春。只缘心有国，敢谓目无人。安若将亡种，图强即大仁。沟通联亚美，师法望君臣。但使机能转，奚忧俗未醇？

他所翻译的这部政书，如今已经亡佚，憾不能一睹！但是他所主张的沟通亚美、师法新知，已经展示了他图强救亡的政治理想。

来子学术，格局宏阔。

他在《中国文学史稿》开篇中，如是说：

> 置身于喜马拉耶之巅而东望亚洲，岿然四千余年之大陆国。自十九世纪以来，东西洋潮流接触，战以兵，战以商，战以工艺，战以政治，战以铁道航路，战以矿山工厂，战以条约、租地、外交之势力，战以殖民、帝国、民族诸主义，无不失败，何也？曰学术荒落，国势所由不振也。

站在世界最高点上，俯视全亚洲，立意之高，立论之远，一语毕现。他的学术视野，已开世界之眼。

来子，将中国学术统称为"文学"，将西方学术统称为"科学"。两相比照，他认为，文学是科学的基础，文学孕育科学。但中国之所以落后，根源在于，"泰西之政治，随学术为变迁，而中国之学术，随政治为旋转也"。

究竟是学术引导政治，还是学术围绕政治成为政治注释的脚本，这才是中西政治文明之间的不同。

基于上述考量，来子才特别关心政治。他拥护民主，但对政体本身并不强调，无论君主立宪，还是民主共和，只要在先进的政治理念引导下，他都表示支持。

例如，在戊戌变法期间，他作长诗以赞《公车上书》：

德美英俄日意法，强邻压境迮肩胛。倒持太阿政柄移，举杯浇愁酒一呷。悲来填膺万恨生，安得列阵惊鹅鸭。人谓我无爱国心，哪知范胸有兵甲。西域从戎立战功，东山歌伎何心狎。恨未请得终军缨，远羁南越挥羽箑。伟哉南海有人豪，联合公车情允洽。上书言事震聋盲，背痒麻姑仙爪掐。霹雳一声醒睡狮，罪诛随荷刘伶锸。变法自强学赵秦，狼奔中山虎啸峡。廿余行省举子多，四百余人皆白袷。太息盈廷皆瞆昏，反谓过在咒出柙。尔曹何得乱朝纲，但教诗句元白压。吁嗟乎，联名伏阙苦心多，云散烟消时一霎。未得上方断佞头，空教宝剑光腾匣。

辛亥革命来了，来子同样欢欣鼓舞：

霹雳一声惊破胆，楚江风雨天昏暗。义旗独立汉阳城，十万健儿皆勇敢。"式微式微"黎侯伤，赤旗高张耀武昌。黄鹤楼前屯将士，沔江鄂渚开战场。从今收拾旧山河，赤壁功成奏凯歌。一炬汉皋为焦土，乍惊开府挥天戈。杀机地发龙蛇走，爱国男儿好身手。吁嗟何日息争端，痛饮民权一杯酒。

当然，对于维新与革命的态度，随着时局的变化而步步加深，当维新已经不再适宜中国时，即以革命推之。但维新也好，革命也罢，都是途径，不是根本，振兴中华的最紧要之处，还是在于"兴民权""开民智"上。

这种抱负，表露于来子所作的多篇诗作中。1909年，清末新政，诏令各省成立咨议局，他作诗以赞："地方自治成基础，保障人权有典章"，直呼，"宪政精神在富强"。

"太息贫弱将亡国，民智不开病之根"。来子的救国实践，就在这"开民智"的过程里。他此生忙忙碌碌，概括起来无非做了两件事：第一，勤于著述，整理经典；第二，笔耕舌耘，启蒙民众。

通过教育来检讨国粹，通过学术梳理，来启蒙民心，最终培育民主所需的社会土壤，以达"政治随学术而变迁"的目的。

来子的治学特点，需要把握两个字，"合"与"用"。

他的长子大雄公就曾这样概括："先父之诗文，不立宗派，不分门户，其治学也亦然，故能采集众长，合一炉而冶之，而脱一切窠臼焉"；"先父欲合文学政事于一，冀其体用兼赅，故所读皆有用之书，而所作皆有用之文。"

《来公雨生传》作者周德垣也这样评价："公能集思广益，合一炉而冶之，宜其学贯天人，文横今古。"

著名学者金梁称，"公之学，在经世"。

"合"与"用"，一是治学方法，一为治学目的，二者相得益彰，贯穿于来子学术研究的始终。

来子自己也强调："立论无关乎经国大义，出言无补助于天下苍生，揆诸文义，皆可不作也！"这正是他"学以致用"思想的体现。须知，"用"之大者，在国在民。

清正之家

来子正妻黄氏，副室方氏。共育有六子、二女。

长子大雄，字仲威，随名医金子久（1870—1921）学医七年，后入北京警官高等学校学习，以第二名成绩毕业，先后供职于京奉铁路局，津浦铁路局，任警员。

次子大刚，毕业于杭州蕙兰中学及英文专修学校。先后任职有河南新安煤矿公司职员，南京市屠宰税会计员，浙江杭州电话局会计员，镇江电报局会计员，崇德县会计主任等。

三子大武，浙江自治专门学校毕业。历任萧山县第五、第三、第一区区长。

四子大壮，上海大同大学预科毕业，淞沪抗战负伤，不治身亡，年方二十一岁。

五子大金，未及成年，病故。

六子大生，乡居萧山，耕读为业。

长女大观，浙江女子师范毕业，后留学于日本奈良女子高等师范学校，先后任上虞、富阳、诸暨、崇德等女校教员。

次女大年，肄业于长河小学。

大雄公的妻子周玉如女士，育有三子，长子新夏（先生），次子新阳，三子新三。

在叔姑辈中，传主新夏先生对大姑及四叔印象最深。

大姑大观女士诗文俱佳，又擅画作，深得来子喜欢，曾赞她的文章"凭空结构，思想奇妙，具《子虚赋》之文笔，抒《南华经》之寄托"。她毕业于浙江女子师范，后又留学日本，但颇可一叹的是，一生曲折，为情所累，最后郁郁而终。

事情还要从她的婚姻说起。

1920年，大观女士与同窗莫望之先生完婚，彼此相慕，情深意长。但婚后仅百日，望之先生遽而长逝。

真爱刻骨，大观本不欲偷生，但此时竟有身孕，为延续望之先生血脉，才坚强着活下来，但精神却受大刺激。

为了冲淡思念，来子安排她出国留学。1924年，大观女士乘上渡轮，于海风中抛泪，带着思念辗转异国。

在日本读书，专攻油画，其间收获了她人生第二段感情，与安徽王兆澄相识、相恋，并迅速结婚。但是，这段婚姻并没有给她带来幸福，她对望之君用情太深。思念未了，旧情难断，这从根本上影响了她与王兆澄的感情，最终两人分手。

接连重创，已经无法支撑，终日沉浸在回忆里，不能自拔，恍恍惚惚，甚至连家人也不识得，落魄四方，乞食度日，无人知她所踪。

大约在20世纪50年代，颠沛多年的大观女士突然返回故乡，衣衫褴褛、面色枯槁，但嘴里仍时时念着莫望之的名字。在这些年来，她什么都忘了，只是对于爱人，仍留心间。

来子百般劝慰，但是大观女士就是不肯回家，白天乞讨，晚上蜷缩于来氏宗祠内，不久便离开了人间……

大壮先生，最受来子钟爱，是追随来子身边读书最多之人。

1932年，大壮二十岁，刚刚毕业于上海大同大学预科班。

1月28日，日军进攻上海，发动"一·二八事变"，淞沪抗战开始。为赴国难，志愿参战，不幸重伤，以身殉国……

日本侵华，萧山沦丧，来子乡居在家。因曾经留学日本，又做过县官，深孚乡人所望。日本人多方延揽，威逼利诱，希望来子出山任职，协助管辖乡民。但来子宁死不做汉奸。国仇家恨，如何能忘？他以大学教授的身份，教于小学、私塾，以示不屈志节……

1949年以后，来子经故友沈钧儒、马叙伦等推荐，任浙江省文史馆馆员。1958年，他当选为萧山县第三届人民代表，1959年，又任萧山县政协常委。1962年7月，无疾而终，殁于萧山长河镇，终年90岁。

如何评价来子？

金梁说："诚晚近不可多得之教育家、政治家也！"

蔡元培、马叙伦、鲁迅等，都与来子交情颇深，且彪炳青史，独来子，默默潜乡，是何道理？

来子自作挽联这样说：

> 生有自来，教育半生，著书百卷，偶然行政，两袖清风，巳岁命当终，无薪米，无棺椁，无衣衾，妻就养势难视殓，子宦游远不奔丧，遗下妾女孤儿，怎么了兹身后事？
>
> 死何所往，黄土一撮，碧落三宵，遽而归空，四方急电，酉秋门幸辟，究儒术，究佛经，究道书，文昌宫衔赐大夫，吕祖殿郎膺校籍，忽返蓬莱弱水，会当再作地行仙。

来子用自己一生行谊作垂范，不慕富贵，不求显宦，唯有读书，他为来氏一门奠定了清朗而踏实的士人家风。

纪年

上

1923年 —— 1岁

一、读书种子

1923年，农历六月初八日，先生来新夏出生于杭州中城三元坊的一处民宅内。

先生出生时，来子并不在杭州。彼时，他在辽宁葫芦岛航警学校任教。接家书，知添新丁，不免激动，这是来家的长孙，兴奋之余，提笔赋诗：

> 家音传到笑颜温，却喜今朝已抱孙。
> 私幸平安方报竹，居然弧矢早悬门。
> 读书种子应传砚，乐宴嘉宾合举樽。
> 麟趾原来遗泽远，姬宗王化我思存。

因母家周姓，故有"姬宗王化"一句。书香之家，播撒"读书种子"，继承家学，以诗书传家。

> 2012年11月，来新夏先生携夫人焦静宜回访阔别八十多年的出生地——杭州中城三元坊

先生幼时羸弱，长期腹泻，往往终夜啼哭。

在那个年代，谈何医疗？婴孩夭折，遍地皆有。全家惴惴，来母周玉茹更是愁眉不展。

先生舅母提议，这孩子也许不好养，应该把他过继给神仙，求神佛保佑！

神仙那么多，过继给哪位呢？

长河镇里有一处龙图庙，里面供奉着包公嫂娘陆夫人。

来母便将先生抱至庙中，行了跪拜。就这样，先生与包公攀上了"亲戚"！

这只是一种寄望。乱世黎民，国不可依，如果不求神佛的保佑，还能指望谁的怜悯？

在病中成长，一直到四岁，身体才渐渐恢复，慢慢茁壮起来。对此，家人还真以为陆夫人"显灵了"……

先生年满周岁，来子特别布置了一场"抓周"。

家人事先在一个盘子里放下许多东西,如笔墨、糖果、元宝、图片等。来子又特意拿出一函非常精巧的科举时代应付考场的急用书,放入盘中。

先生尚且牙牙学语,见盘中有物,便急忙爬过来,一把扯过书页,直接塞向嘴中。

见这情景,祖母未免"失望",半开玩笑又半酸楚地说:"怎么又来了个书呆子!"

来子则不然,掀髯而笑,连连称好:"我们来家又有一位读书人了。"

二、学潮、政潮

先生出生于乱世。

1923年,第一次直奉战争刚刚结束,奉系张作霖败北。

直系初掌大局,本应勠力同心,但遗憾的是,曹锟、吴佩孚各立山头,分化出"津保派"与"洛吴派"。

"津保派"以曹锟为首,"洛吴派"以吴佩孚马首是瞻,彼此攻讦,政争不断。大总统黎元洪被夹在中间,谁也不敢得罪!

两派之争,直接引发"罗文干案"。

罗文干时任北洋政府财政总长,他曾在北大法科做过兼职讲师,深得蔡元培器重。

1911年至1916年间,北洋政府曾多次向奥地利银行团借款,总数达410万英镑。在一战结束以后,债券持有国向北洋政府索款,并且以此作为承认中国新增关税的前提条件。

整个交涉迁延、复杂,一直悬而未决,罗氏作为财政总长,颇受其累。

债券持有人委托华义银行代办此事,与罗周旋。经几番讨价还价,罗于1922年11月14日与该银行签订《奥国借款展期合同》。

罗签此约,事先未将草案提交国会审议,在程序上违规。"津保派"趁机攻伐。

"项庄舞剑,意在沛公"。他们真正目的是推翻王宠惠内阁,因为王宠惠为"洛吴"分子。

最终,王宠惠倒台。但罗文干受贿并无实据,只能释放。

本以为该事件至此平息,谁知新上任的教育总长彭允彝却再次发难,提出再办罗文干。

前次逮捕,已经舆论大哗,如今再捕,一石激起千层浪。

有一人怒不可遏,拍案而起,言:"干涉司法,蹂躏人权,羞与为伍。"此正蔡元培也。他誓辞北大校长之职,在《申报》上发表《关于不合作宣言》,表示不能再忍,"立刻告退"。

在此宣言中,蔡元培直斥吴景濂、张伯烈等"津保派"分子,为了推倒内阁,"对于未曾证明有罪的人,剥夺他的自由",而大总统黎元洪"大事糊涂",受人胁迫,竟下达逮捕令。不过尚有司法审判,于法律有保障人权的可能,"不妨看他一看"。法庭果然依法办理,并且明确宣判无罪,但国务员竟然公开对抗司法,提出再议,而提出者又非司法当局,而是教育总长。"我不管他们打官话打得怎么圆滑,我总觉得提出者的人格,是我不能再与为伍的。"

蔡元培自叹:"我是一个比较的还可以研究学问的人,我的兴趣也完全在这一方面。自从任了半官式的国立大学校长以后,不知道一天要见多少不愿意见的人,说多少不愿意说的话,看多少不愿意看的信。想每天腾出一两点钟读读书,竟做不到,实在痛苦极了。"

心为身役,何不归去?现实却让他归之不得!

北大掀起学潮,全校学生举行大会,通过"驱逐彭氏""挽留蔡校长""警告国会"等决议。

1月19日,北京大学学生联合法政专门学校、医学专门学校、工业专门学校1000余名学生到众议院请愿,力挽蔡元培回校复职。结果,军警将学生们团团包围,辱骂、殴打,有300多人受伤。

政潮、学潮迭次而来,彭允彝引咎下台,黎元洪亲自慰留蔡元培。

蔡校长辞职不得,又不想违心上任,干脆不再到校,将北大事务交由蒋梦麟代理。

乱世危机，一日甚似一日。

6月13日，曹锟逼迫总统黎元洪出京。

国会参、众两院，凡拥戴曹锟的议员，都得500元。新夏先生日后的恩师陈垣也是议员中一位，据陈先生回忆，当时议员规定有薪金，由于连年战争，多年未发。忽然有一次发了一张支票，说是补发历年欠薪，于是收下。而过了一些时候，便有人出现，强迫收款人推举曹锟当总统。

所谓曹锟贿选是也！

1924年 ——— 2岁

南开教育精神的独立

1924年，先生2岁。身体孱弱，时在病中。

9月，江浙战争爆发，两派军阀争夺的焦点是上海。

当时，上海工商业发达，财税可观。谁拥有了上海，谁就掌握了财源。

江苏督军齐燮元认为，上海是江苏的一部分，而浙江督军卢永祥则强调，上海是浙江的门户。双方不可调和，唯有一战！

齐燮元以直系为依托，拥兵东向，虎视上海。卢永祥本属皖系，但段祺瑞下台，皖系猢散，为保江浙势力，只能再寻奥援，与奉系张作霖结盟。

所以，表面齐燮元与卢永祥缠斗，幕后却是直系和奉系的再次抗衡。

第二次直奉战争爆发。

张作霖对曹锟宣战。孙中山也在广州召开会议，号召粤民北伐。

政不以德，以何战之？

因为贿选，曹锟早已声名狼藉。

直系冯玉祥突然从前线回军，直奔北京，囚禁了大总统，是为"北京政变"。

后院失火，直系在战场上全面崩溃。

大变革时代，孕育了大变革的思想。

此间，新文化运动进行得轰轰烈烈，"德先生"来了，"赛先生"也来，这场中国的"文艺复兴"进行至20世纪20年代中叶，渐呈党派化。

在这个阶段，知识分子对待新文化的态度也出现分歧。

胡适认为，无论整理国故也好，国民革命也罢，二者都是"中国文艺复兴"的一部分。前者缓，后者激，但殊途同归，应该激缓并用，双管齐下。

陈独秀、李大钊等则主张和旧文化作个彻底的决裂，用革命的方式，推翻旧思想，打碎旧王朝，塑造新世界。

还有一部分学者，如严修、张伯苓，则坚持教育培养人才、教育救国，不问"问题"与"主义"。

由严范孙携张伯苓一手创建的私立南开大学，成立于1919年，依靠私人捐款而建。

创校之初，南开主张"文以治国，理以强国，商以富国"，主要以欧美大学为范本，兼效日本高等教育模式，至20年代中叶，学校蔚然已成规模，为当时一所著名学府。

在中国，有蔡元培的北大是官学代表，也有严范孙和张伯苓的南开，是新私学的代表。

乱世，哪里能放得下一张安静的书桌？而大学生青年们的家国情怀却愈发强烈。

11月28日，《南大周刊》第8期刊登一篇名为《轮回教育》的文章。该作者认为，中国的教育一直在打转。一个在国内转，从中学到大学，大学毕业教中学；一个在国外转，大学毕业后出国留学，留学归来教大学。

"转来转去，这样的教育有用吗？"作者认为，"误人误己！"

"大学毕业教中学，不过用些半中半英的话来唬学生；留学生回来教大学，便完全用美国话来唬学生，他们言必称美国，什么美国政治、美国经济、美国商业、美国教育，好像美国传教士一般，喋喋不休的美国……美

国……美国……"

一纸传来,群情激动,学生们离开课堂,向校长抗议。但教师也委屈,兢兢业业地教学,认认真真地奉献,不但得不到认可,还要遭受诘问与刁难,他们也找校长诉苦。

周旋于学生与教师间,张伯苓边安抚、边体悟,他渐渐认识到,南开大学的教育应该摒弃"欧风美雨",渐行"土货化",要研究中国问题,解决中国实际,最终实现中国教育精神的独立!

先生日后,任教于南开,毕生心血与才识,都奉献于此。

1927年 —— 5岁

一、范文澜在南开

1927年,先生五岁。

北伐军摧枯拉朽,直系、奉系节节败退,衰势初现。

孙传芳、张作霖等也开始转变观念,他们认为,新局势,仅靠武力还不够,"主义"也是个好东西。国民党有"三民主义",共产党有"共产主义"。于是,开始如法炮制,相继抛出各自的"主义"来。

孙传芳言"三爱主义",爱国、爱民、爱敌;张作霖则在"三民主义"中再增"民德主义",用"四民主义"推行治术。

"主义"浩荡为主流,纷纷为主义的天下。

3月31日,康有为病逝于青岛。他曾引领时代,此时却暮气沉沉。他所主张的"君主立宪",随着光绪时代的结束而终结。

6月2日,王国维自沉。

颐和园,万寿山前,昆明湖畔,决绝一跃,身与尘同。

王国维在遗嘱中表示:"五十之年,只欠一死;经此时变,义无再辱。"

众皆猜测，唯陈寅恪先生为同道勒碑发声：

"凡一种文化值衰落之时，为此文化所化之人，必感苦痛，其表现此文化之程量愈宏，则其所受之苦痛亦愈甚；迨既达极深之度，殆非出于自杀无以求一己之心安而义尽也。"

乱世哀歌，血泪纷纷。张作霖大开杀戒。

《京报》主编邵飘萍，《社会日报》社长林白水，还有共产党创始人之一李大钊等，相继被害。

先生的恩师范文澜也被卷入风波。

范文澜（1893—1969），字芸台，后改仲沄，浙江绍兴人，位列"马列五老"之一，与郭沫若、吕振羽、侯外庐、翦伯赞齐名。这五位，在1949年以后，基本主导了中国史学研究，以唯物主义、辩证法等研究中国历史，被誉为"新史学宗师"。

范老从小即受熏陶，常有报国之志。1907年，他14岁，亲历秋瑾遇难之事。

秋瑾（1875—1907），字璇卿，号竞雄，别号鉴湖女侠，绍兴人，主持由徐锡麟等创办的大通学堂，准备发起皖浙起义。

范老回忆，彼时，范家毗邻学堂，经常看见学员们背着洋枪上操。他的哥哥范文济也是其中一员，早晚追随训练。

记忆中，秋瑾一身男人装束，穿长衫、皮鞋，颇具英气。

7月13日，清军围攻大通，范文济刚离开学堂回家，听见枪声，令范文澜出门察看。范文澜见满操场都是兵，秋瑾双手反缚，被押解在人群前面。

担心自己的孩子也会被抓，范母立刻将范文济掩藏起来。

大通学堂守门人为范家邻居，晚上偷偷跑过来报信，他说，清兵来时，学生们大多都从后门逃走，但是却有两名学生不知何故，反身冲向前门，被乱枪打死。官兵问死者姓名，他答说其中一个就是范文济。

看门人是想借此掩护，如果清军认为文济已死，就不会再有追究，而其余学生即使暂时脱身，也难免被通缉的命运。

当务之急是让范文济躲起来，要远走他乡，千万别暴露。是夜，范文澜陪哥哥，乘小船出城，躲到了远方姑母家。

"秋风秋雨愁煞人"。7月15日，秋瑾被杀……

范文澜在中国历史学界，举足轻重。考究他一生行迹，人生转折，当在南开园内完成。

1922年，范文澜应张伯苓之邀，任南开中学国文教员，从1924年起任大学部讲师，1925年，正式成为南开大学教授。

范老史学根底深厚，出身于书香世家，自幼随父、叔开蒙，毕业于北京大学，师从黄侃、陈汉章、刘师培等。

由于家学与师承的缘故，他的学术始以桐城为宗。"深信天下学问只有'好古'一家"，以训诂、考据为本，心慕乾嘉之学。在南开，他开设的主要课程有：史观的中国文学、文论名著、国学要略等。内容涉及经学、史学、文学。所教各课，教科书大多为范老自编，这为他积累了多部学术作品，如《文心雕龙注》、《群经概论》、《诸子略义》（又称《诸子文选》）、《正史考略》等。

其中，《文心雕龙注》一书，在学界影响最大，时人评曰：探求作意，究极微旨，而取材之富，考订之精，亦所罕见。

世变日亟，范老教学著述之余，涉足时事。

1925年5月30日，上海学生两千余人在英租界散发传单，抗议日本纱厂打死工人顾正红，号召收回租界，英巡捕竟然开枪，当场打死十三人，重伤数十人，此为"五卅惨案"。

消息传来，范文澜反应激烈，誓言"要把帝国主义轰跑"。

6月4日，"南开大学五卅后援会"成立，他自愿加入，并于翌日下午，与学生一起走上街头，示威游行……

游行队伍从南开园出发，范老嗓子都喊哑了。

在返回学校的路上，有同事半开玩笑："你老夫子也会起劲儿吗？明天再游行，你该叫得更响些！"范文澜十分愤怒，反讥道："你们真是聪明家伙，连叫口号也留后步。"

嘲讽范老之人，多半是国民党员，后来有人邀请范老加入此党，他觉得"喊口号也留后步"，惹人厌恶。

经此学潮，范老学术思想逐步转变，开始接受马克思主义，以唯物论观点研究中国文史。并于1926年，加入中国共产党。

据《南开大学校史》载，当时"南开大、中两学部党的工作，由中共天津地委书记直接领导，南开大学的党员活动则多与范文澜接头"。因此，渐惹奉系军阀注目。

1927年5月间，天津警备司令部派人至南开，打算拘捕范文澜。此时，南开校父严修正卧榻在床，病势沉重，但是当他听说当局要抓人，便尽力斡旋，让张伯苓通知，请范文澜马上离开天津。

张伯苓一面安排范文澜离校，一面对外声称范已回到绍兴，从而争取了时间。对此，范文澜一生感激。

二、元旦开笔

先生由来子开蒙，以《三字经》《百家姓》《千字文》《千家诗》为序，朝夕诵读。

旧时元旦，即今之春节。按江浙习俗，元旦对读书人而言意义重大。

"一元复始，万象更新"。

在天色仍未大亮之际，全家人都要起床，举行祭祖仪式。祠堂正中高悬祖宗画像，若无画像，可用红纸写上列祖列宗的神位。祭祖是由家中当家的男性主持，由他摆上供品。供品主要有三牲、干鲜果品和水酒等。摆放妥帖后，全家老小依次跪拜。

先生为长孙，排在父亲身后、母亲之前。其他弟弟都站在母亲后边。礼毕，要在庭院焚化纸钱，还要祭洒杯酒、散些碎肉，以款四方游魂。

礼毕以后，祭祀之鱼是要存放起来的，讨其"有余"之意，肉也要分给大家，称为"散福"。

整个过程叫"胙福"，取其谐音，有"祝福"之意。

"开笔"是在祭祖之后。

此刻，天已大亮，大雄公裁了几张信笺大小的红纸，并用新毛笔，横平竖直地写下八个大字："元旦书红，万事亨通"。

对于读书人而言，此举是祈望自己在新的一年中，读书有成、家庭和睦。先生既然已经开蒙，便属于读书人之列，也要"开笔"。初次经历，自然新鲜，依样临摹，他很认真，也很紧张，满头是汗，将大字写得满边满沿。这是好彩头，寓意圆圆满满。来子看后，十分欣慰，对长孙的寄望又增几分。

《三》《百》《千》《千》循序读毕，又学《幼学琼林》《龙文鞭影》等。

读书，需要背诵。

先生当时年幼，自然也会偷懒，有时难免敷衍，以期蒙混。但来子却很严厉，只要背书稍有不顺，立即责斥。如果经过两次提醒，还是不能流畅诵出，即以"跪香"的方式惩罚。拿出一个垫子，放在地上，然后点起一炷香来，令先生跪下，直至背得烂熟才能起身。

> 1928年，来新夏先生六岁时留影

读书不仅要下苦力，还要有情怀，要树报国济世之志。在课余，来子会讲一些典故，这其中既有女娲补天、精卫填海等神话，也有康梁变法、辛亥革命等救亡运动。

　　来子告诫，读书要留意细枝末节，反复玩味，字字推敲。例如"用刀杀人"和"甩刀杀人"，虽一字之差，但词义分量不同。"用刀"是故意杀人，要一命抵一命，可"甩刀"就不同，是无心之失，只是甩得不巧，错手杀人而已；再如，称颂别人母亲有孟母的道德和曹大家（班超）的节操，这是很好的比喻，但绝不可简化为"孟德曹操"，那语意简直天差地别。

　　来子教先生读古书，别具深意。他往往先拿一套"扫叶山房"刊印的古籍，让先生精读。这个版本校勘粗劣，纸张脆薄易碎，错字甚多。刚开始时，先生展卷茫然，常常不知书中所云。

　　来子认为，只有读印本差的书，才知求书不易。日后一旦遇到善本佳刻，必定倍加珍惜。

　　先生读书，每每遇到不通之处，来子会另取一个版本，令先生两相比照，然后将不同之处解释出来，借机再向先生介绍一些版本、校勘学的知识。

　　经此对比，别字、讹字、漏字等现象都被发现。渐渐，先生读劣质古书，竟然觉得越来越有趣了。可以厘正书中错误，陡增成就之感。小小的虚荣心，却是无形鞭策。

　　学而能疑，疑而能思，然后去考证、辨伪，先生校勘典籍的习惯，就是这样被慢慢培养出来。

　　来子高度近视，寻书困难，他便写了一些纸条儿，按经史子集的划分法，分列于书架上。如有需要，令先生依单找书。

　　开始的时候，找书速度很慢，渐渐熟悉排列，愈发灵活快捷。其实，这也是来子精心设计的环节，他在为先生展开初步的目录学训练。

　　如此，言传身教，在潜移默化间培养。

　　后来，先生追随父母到天津，接受新式教育。但来子并不曾就此放松督责，令大雄公监督先生继续读《论语》《孟子》等。

　　在先生十岁以后，来子开始从《古文观止》中精选若干篇目，手抄文字,然后邮寄至天津,令先生继续背诵。

诸如《郑伯克段于鄢》《蹇叔哭师》《谏逐客书》《报任安书》《陈情表》《兰亭集序》《桃花源记》《吊古战场文》《阿房宫赋》《进学解》《捕蛇者说》《醉翁亭记》《卖柑者言》等名篇,先生至老仍能脱口而出,其深厚的古文积淀,正得益于这时的不辍背诵。

一篇篇由萧山寄来的古文手稿,被先生装订成两大本,然后小心翼翼地珍藏。这是祖父的心血,更是自己童年最宝贵的记忆。可惜,在特殊年代,两册手稿被查抄,然后被付之一炬。

1929年 —— 7岁

求学于天津

1929年,先生7岁。

3月15日,南开校父严修辞世。

"旧时代的一个完人",就此走完了自己的人生。但看南开,巍巍然,至今屹立,这是一座"无字丰碑",昭示后人纪念。

斯人虽去,但事业不朽……

是年4月间,大雄公因工作调动,改任天津北宁铁路局,遂举家北上。

先生随父北迁津门,从而开启了他与天津八十多年的缘分。

天津,"天子渡口"之谓也。

1399年,燕王朱棣由直沽渡沧州,与惠帝朱允炆争礼天下,取南京,夺帝位,改元永乐,是为"靖难之役"。随后,又将都城迁往北京。

在军事上,天津为北京门户,拱卫京师。

朱棣在这里设置天津卫、天津左卫和天津右卫,统称"三卫",从此,"天津卫"的名称便流传下来。

荷兰传教士郭实腊曾把天津比作利物浦，他说："在中国任何其他地方都不如在天津的生意有利可图。"

作为海运与漕运的交汇处，这里水网纵横，交通便利。南粮北运，带动了服务业，如仓储、物流、客栈、货栈、钱庄、会馆、戏院、酒楼等，一应俱全。

天津另一大产业是盐业。

明代在天津设"河间长芦都转运盐司"，天津从此成为长芦盐业产销中心，盐商们长袖善舞于政商两界，左右逢源，北京贡盐多出于此，这保障了长芦盐业的长久好运。

除地利之便，还有重商主义。中国政治，素来重农抑商，但在两个区域似乎有些例外，一为山西，另一是安徽。

晋商、徽商，是中国最会做生意的两大商帮。

而天津的重商文化，则与徽商渊源颇深。

早在明代，安徽人便开始大规模迁往天津。

相传，当年朱棣还是燕王，朱元璋令他驻守北京。在他北上之前，欲在安徽招募亲军，但朱元璋却开列了很苛刻的选兵标准，"弱冠不挑，而立不去，天命之年随军去"。意思是说，你募兵可以，但不能太年轻，只允许你招募五十岁左右的军人。

无奈，朱棣只好带此"老年近卫军"出发，驻守北方。老兵们与朱棣有乡谊，是他最可倚重的势力。朱棣对这些老兵的安置别有深意，他并没有将其安排在北京北边，以抵挡蒙古人，而是将其布置在北京南边，令他们在天津戍边垦荒。

老兵一般早已成室，妻儿老小随行，总数约在万人以上。他们当中大多来自宿州，从此，世代于天津生养，而乡音不改。其他外来人再到天津，都被这里的方言所同化，所以，现在的天津话，主要是以宿州方言为基础。

乡音相近，徽商纷至，将重商因子撒播津沽，适逢资本时代，中国亦被卷入世界市场，遂使津沽更加流丽光昌。

其时，天津与上海并驾，开放而富庶，得风气先，占地利便，中国近代诸多事业，也大都滥觞于此。

> 1929年，来新夏先生在天津律纬路择仁里7号住宅门前留影

例如铁路，在天津就特别发达。

大雄公所供职的北宁铁路，起于北京，经天津、塘沽、唐山、滦县、山海关至沈阳，横贯河北、辽宁，是当时通往东北的要道。除了北宁铁路，另有唐胥铁路、津浦铁路等多条干线。

唐胥铁路于1881年建成，是中国自办的第一条铁路。不断扩建，1887年，筑至芦台，1888年，筑至天津，1894年，天津至山海关通车，改称津榆铁路。

津浦铁路于1912年建成，全长1009公里。北段自天津起，至山东韩庄，长626公里；南段自韩庄至江苏浦口，长383公里。

大雄公携家，初到天津，租赁房屋，寄居于距离天津北站不远的律纬路择仁里。

择仁里靠近一条宽阔的大马路，此为中山路，但天津人更习惯称它为"大经路"。先生童年，与这条马路紧密关联，在这里，留下了他太多回忆。

本年，先生到了入学的年纪。家人把他送入铁路子弟学校——天津扶轮小学，读一年级。

扶轮小学创办于1918年。在这里，先生开始接受正规的学校教育，开启了他求学生涯的新旅程。

1930年 —— 8岁

异国父母

1930年,先生8岁。

九一八事变前夕,日本人已经蠢蠢欲动,他们的野心是吞并整个中国。

天津,地处华北要冲,彼等虎视眈眈。

但这里环境复杂,有西方多国在此设立租界,他们投鼠忌器,不敢贸然兴兵,便会经常收买一些地痞无赖,制造事端,滋扰治安,天津居民对此习以为常,称之为"闹便衣队"。

大约夏秋之际的某个傍晚,又有枪声传来。

先生对于这样的场景,已然习惯。每当遇到这种情况,大雄公都会携带妻儿,投奔意租界的友人。当时在天津,最安全的地方还是这些"国中之国",日本人所雇佣的无赖们,对待洋人都是毕恭毕敬,可是对待自己的同胞却凶神恶煞。枪声越来越近,似乎未有停歇迹象。大雄公与家人仓促奔向大街。

街上,行人落荒而逃,一片混乱。

大雄公一手抱着幼子新阳，一手推开人群，同时还要照看妻子和先生。拥攘在人流里，只一转身，先生便被挤到另一边，再想挤到父母身旁，根本做不到。黑压压的人群，吵声震天，父母都消失在人流里，到哪里寻找？哭叫无门。

对于意大利租界的大致方位，先生是知道的，他边哭边找，混进租界区，但是大雄公朋友家在租界内的具体地址，他却不知道，只好流浪。走得疲惫，心里焦急，哪里是方向呢？累了，无助地坐在一幢二层小楼前，双手抱膝，默默流泪。

身后，人声欢笑，有音乐从窗口处飘出。

哭了一会儿，忽觉有人拍打自己肩膀，抬头一看，是一位外国妇人，身材略胖，但很慈祥。

妇人将先生引入楼内。在楼下左手边的大厅里，人很多，烟气弥漫，这里正在举行酒会。

一位外国中年人走过来，能说一口流利的中国话。简单询问了先生基本情况后，转身对妇人耳语一阵。

老妇人很满意，带先生进入了一间书房。

一位翘着胡子的老人，正伏案读书。身材瘦削，戴着眼镜，见先生进来，老人略显惊诧，听妇人解释后，满意地笑了，于是，站起身来，走到先生跟前，摘下眼镜，轻吻了先生的面颊。

不一会儿，老妇人端来一盘美食，供先生享用。

那些跳舞与喝酒的人，也纷纷过来，向他招手。

整个过程，他都战战兢兢，低头不语。这时候，忽然有一位漂亮的姑娘离开了自己的舞伴，走到先生跟前，热情地吻了先生的双颊，然后什么都没说，又跑回原处继续跳舞。

先生越来越错愕："这到底怎么回事？"

老妇人略会一点儿中文，对先生解释说，刚才的姑娘是自己的独生女儿，"你可以叫她姐姐。"

迷迷糊糊，太累了，也不敢设想太多，只想找个地方睡一会儿，先生觉得："也许天一亮，爸爸、妈妈就出现了。"

老妇人将他安置在楼上的一个房间里。

也顾不了那么多，倒身便睡，再睁开眼睛的时候，已经是第二天。先生起身，又看到了那位姐姐。

洋姐姐带着他洗漱，然后，到楼下餐厅吃早餐。一杯牛奶、一片抹过黄油的面包、一小片牛肉和一个煎蛋。

交谈中，先生了解到，那位妇人和戴眼镜的老人是夫妻，来自意大利威尼斯。戴眼镜的老人是意大利工部局的市政工程师，来华已多年，即将任满回国。老妇人没有工作，自己开一家酒庄，取名"中西酒店"。这里不但可以休闲、娱乐，还可以住宿，楼上设置了几间客房，有点类似西方的那种家庭旅馆。那位姐姐正在大学读书，学音乐，计划明年结婚，现在来中国休假。

老工程师是一位中国通，中文名为许慕义，先生跟着洋姐姐称呼许慕义为"爹地"，称呼妇人为"老妈妈"。

每天下班，许慕义总会骑着摩托车，带先生和洋姐姐兜风，沿意租界转上一圈，然后再回家吃饭。晚饭后，还会拉着先生在自己的书房内喝茶，讲威尼斯的风光，讲意大利的油画，还把自己的画作展示给先生看，并教先生意大利语。老人还表示，如果先生对绘画感兴趣，愿意带他去意大利学习。

大约是在住进意大利夫妇家的第三天，正是周末，许慕义还特别举办了一次欢迎派对。

老妈妈带着先生和洋姐姐去了商场，为他买来一套西装。这是先生第一次穿西装，对着镜子照照，左转转，右转转，神气活现。

派对来了很多人，唱歌、跳舞，还有美食和咖啡，先生对这些都太过好奇，一时间，竟然忘记了自己正在与家人离散。

聚会中间，老妈妈招呼大家一起照相，洋姐姐站在先生的身旁，老妈妈站在身后，仿佛一家人，幸福而安详……

大约在离散后的第五天中午，大雄公带着礼物赶来。

意大利老妈妈不舍，再三请求，又留先生多住了两日。在这两日里，老夫妇主要就是在动员先生去意大利，洋姐姐更是像亲姐姐那样用好吃的、好玩儿的东西哄着他，希望他能答应。

在内心里，先生是想去的。可不敢自作主张呀，内心焦虑。但向往的神情仍然无法掩饰。每次老夫妇与他商量，他都一个劲儿点头，用微笑来掩饰紧张。离开老夫妇那天，许慕义不肯相送，原因是不舍，不想在孩子面前失态。老妈妈和洋姐姐则一路尾随，边走边落泪。车已经开出很远，先生还在回头招手，老妈妈和洋姐姐也在拼命地摇晃手臂，直至彼此看不见⋯⋯

在以后将近一年的岁月里，先生每个周六都会去拜访意大利夫妇，然后再住上两天，周一离开。

许慕义在中国任期届满，被调回威尼斯。临行前一周，意大利老妈妈特意邀请大雄公夫妇做客，商讨先生出国事宜，并强调，愿意无条件地承担先生在国外的所有费用。

见对方情真意切，大雄公尚能勉强答应，但是先生祖母却坚决反对，她不舍自己的长孙远赴异国，恐怕自此一别，再也难回。

祖母之命不可违背，此事只能作罢。

许慕义夫妇含着眼泪，离开了中国。

他们常有书信过来，但流离乱世，来家四处迁移，家庭住址不断更换，最后还是失了联络。

在先生的脑海里，老夫妇一家人的影像一直都在，这种思念伴随了一生。

1931年 —— 9岁

一、表哥的爱情

1931年，先生9岁。

9月3日，《大公报》上刊发一文，题目是《不可吃零嘴》，署名为"男生来新夏九岁"，原文如下：

> 小朋友们，你们知道吃零嘴的害处吗？从前我很喜欢吃零嘴，吃了零嘴，就不能按时吃饭，人就一天比一天瘦了，肚子里有虫，肚子天天疼，天天吃药，后来我父亲不叫我吃零嘴，人就一天比一天胖了，胃口也开了，所以劝小朋友们，不要吃零嘴，免得生病受罪。

全文百余字，稚气率真。对于此文，先生从未提起，这是在现有所能查阅到的公开出版文献里，先生最早的文字。

9月18日，日本炸毁南满铁路柳条湖段，反诬中国军队所为，借机炮轰沈阳驻军北大营，九一八事变爆发，白山黑水，尽遭践踏。东北沦丧，北宁

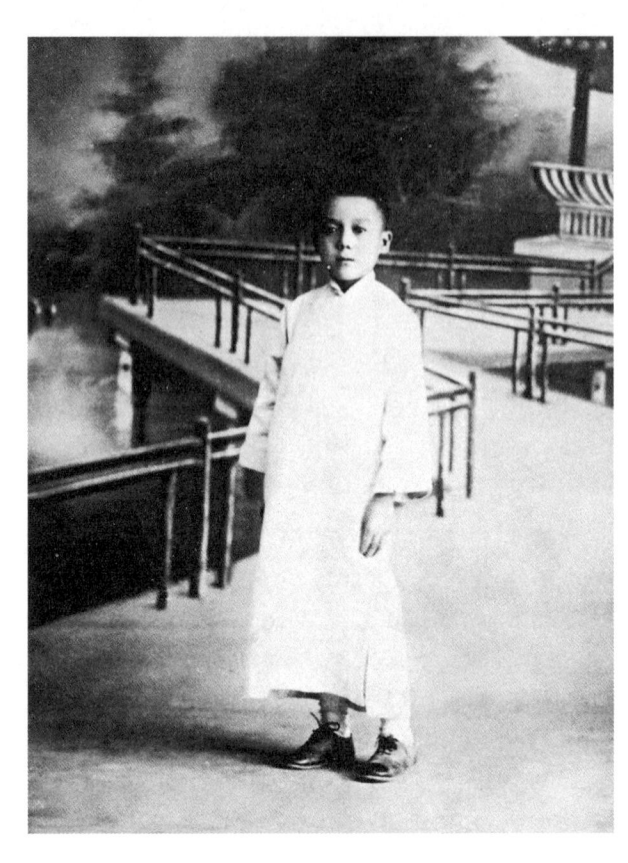

> 1931年，来新夏先生在浙江萧山西兴镇铁陵关小学三年级就读时留影（照片拍摄于杭州）

铁路中断，大雄公失业。

来家从律纬路择仁里迁出，搬至大经路另一侧的昆纬路怡和里，先生随之转学至昆纬路究真中学附小，该校是由美国基督教公理会所创办的教会学校，先生插入初小三年级。

没有工作，来家在天津最终还是无法支撑。

迫于生计，大雄公南下江苏，先生随母暂返原籍，寄居于西兴镇外祖家，入该镇铁陵关小学。

西兴镇位于钱塘南岸。当年，越国范蠡在此筑城，因地固守，抵御吴兵，称此为"固陵"。南北朝时，更名为"西陵"，但"陵"字不吉，五代时，改称"西兴"。

萧山与西兴相去不远，仅一江之隔。

江上无桥，往来唯有渡船。江岸渡口处，有很长一段浅滩。因水流太浅，船只无法靠近，若要登船，需走近百米长两人对行宽的跳板。人行上面，脚下是流动的江水，如果要走得平稳，需步履一致，这样，木板的颤动就会带出节奏。先生重回江南，似有陌生，扯着母亲的手，和大人们一起踱步木板桥……

此年，外祖已经去世，在西兴镇居住的亲人，是他的几位舅舅。舅舅家经营米店、货店，生意虽小，倒有几分盈余。寄居外祖家，日子恬淡。先生除上学以外，还要练习书法，温通古文。

大楷临颜体《东方画赞》，小楷临王体《黄庭经》。临毕书帖，再读《古文观止》两篇，一天的自修课业才算完结。

先生有一位小姨，对佛祖非常虔诚，她曾许愿，要捐一份血书《心经》，见了先生的书法，便央求他为自己抄写。

所谓"血书"，真是要浸血书写。

小姨先选好朱墨，研碎调匀，再取一根绣花针来，在火柴上烧了针尖，然后刺入左手中指和食指。

鲜血渗出，滴进墨中，反复研磨。

又拿来一叠黄表纸，让先生在上面抄写。

她叮嘱，抄写《心经》一定要心诚，边写边默念"南无阿弥陀佛"，若心存不敬，将来还愿送表时，纸灰不升，神灵不收！

谨遵嘱咐，正心诚意，一笔一画，用十天时间，通抄整本。见大功告成，小姨异常兴奋，立刻跑去城隍庙还愿。

回来时候，更是神采飞扬，《心经》焚化，纸灰轻扬，直上青天，这表示，"城隍老爷已经收下了"！

小姨为自己求平安，也为先生求。

战乱年代，什么最值得珍重？唯"平安"二字。但是对于许多人而言，这是奢求。至少，先生大表哥未能如愿。

大舅膝下有一儿一女。儿名道隆，女名蔼思。

道隆表哥体弱，说话上气不连下气，据说，患的是痨病（肺结核），在当时，这种病基本属于不治之症。

母亲常常叮嘱，不准先生与道隆表哥多接触，以防传染，但他根本控制不住，因为周道隆是活脱脱的一部百科全书，脑子里尽是故事，那些稀奇古怪的事情，听得他入迷，而周道隆自己却累得气喘吁吁，常常要中途回家吃药，然后才能接着讲。

道隆表哥有一位未过门的妻子，是镇上水果店徐老板的独女，个子不算高，但很漂亮，性格也很温和，与道隆从小相熟，青梅竹马。道隆病势，日甚一日，这位未过门的妻子常来煎药。先生外祖家上上下下，都非常喜欢她，称她为徐姑娘。

徐姑娘做事干净利落，家务、女红样样精通。许多人倾慕于她，称其为"水果西施"。但她越懂事，先生舅母越痛心。正是好年纪，却要守着一位"活死人"，大好青春辜负不起。于是，向徐家正式提出退婚，徐家父母也同意，但那徐姑娘却倔强得很，坚决反对。她啜泣着拒绝："我和道隆哥从小一起玩，已经十四五年了，从来没有红过脸，也没有吵过嘴，道隆哥总是让着我，护着我。一般夫妻能够恩恩爱爱地过一二十年就很不错，我已经知足了。"

一番话，说得舅母泪流满面……

道隆表哥渐渐不治。有人提议，以婚"冲喜"。

舅母爱子心切，也有此意，但这叫她如何启齿？徐姑娘会意，不顾父母反对，坚决嫁给了周道隆。

为一丝希望，不怕累及一生，姑娘爱得深沉。

婚后仅三个月，道隆病逝。刚刚二十岁的大表嫂，依然女儿身，按照当地习俗，可以改嫁，但倔强的她却坚决不从，一面操持家务，一面笃志信佛，立下宏愿，一生要徒步三朝普陀，用以祝祷自己与道隆的来世姻缘……

1982年，先生再回西兴镇，又见大表嫂，除一头白发以外，依旧漂亮、干净。此时的她，已经两朝普陀，正在计划着第三次朝拜。但命运仿佛又一次捉弄了她，翌年春天，她患上一点儿小感冒，竟危及生命，一生三朝普陀的宏望，终究未能完成……

二、难忘小表妹

铁陵关小学设在一座寺中。

先生每日上学,都要经过镇上唯一的一条青石板路。小路悠悠,却是镇上的"通衢",这是通往县城的必经之路。

最喜雨中漫步。鞋子上的铁钉碰撞石板,硁硁作响,加上雨滴叮咚,还有阵阵清风,这些都能引发先生的遐想。

表妹蔼思,与先生年龄相仿,小他一岁,平日里,他们彼此嬉闹,感情最深。

蔼思很"调皮",先生称她为"小表妹",她却不依,"表妹就表妹,为何要'小'?"作为反击,她称呼先生为"小表哥"。而先生也执拗,彼此谁也不妥协,到最后也没能改口。

先生练习书法,表妹在一旁捣乱,她坐在桌子的另一边描红,等写累了,两人一起出去打闹。

舅舅家开的是米店和货店,这里是两人的"游乐场"。

小表妹会偷偷把先生带进仓库,在笆箩里堆米山,玩累了、饿了,再偷偷跑去货店偷零食。

货店柜台呈拐字形,柜台里的地面上排列着十来个青瓷坛,里面装有莲子、烘青豆、瓜子、酸梅、杏干、桃脯等。

初到西兴镇,货店伙计基本不认识先生。所以,他佯装客人,与伙计们讨价还价。小表妹则相机而动,偷偷溜进柜台,一屁股坐在青瓷坛上,把坛盖蹭开一条缝,伸出小手,熟练地抓起一把好吃的,迅速塞进口袋。

杂货店屋后有条小河,河边长椅是小兄妹"销赃"场所。两个小娃娃相互依偎,边吃边闹……

穿过货店旁的小弄堂,到镇上官河岸畔看小船。光溜溜的青石板,赤着小脚戏水,是兄妹俩最欢快的时光。

偶尔,他们也会坐在乌篷船上,顺流漂荡。先生与表妹一起靠在船舷边,伸手捞菱角。

每天晚饭后，在米店门前常有几位老人坐在一处闲聊。老者们见闻广博，扯天扯地。先生从小求知欲就很强，每次的闲谈，他都不肯遗漏，老人们的故事总让他浮想联翩。

小表妹对故事不感兴趣，但她喜欢和表哥一起玩耍。坐着坐着，倦了，靠着先生的肩膀眯起眼睛。看到她睡熟了，舅母无可奈何，只好抱女儿回家。第二天，蔼思却还惦记着昨天那听了一半的故事，吵闹着，要知道故事的结果……

在西兴镇，先生最兴奋的事情莫过于听戏。

他对戏剧有天生的嗜好，爱听、爱唱。成年后，也曾创作戏本，如《火烧望海楼》，至于专著《谈史说戏》，则是把戏剧与历史对照着研究。

夜色漫透，黑得深沉，大戏在这时候启幕。

戏台临河搭架，一大半都在河面上。河岸排列着一排排楼梯似的高椅，先生坐在座位上，翘首期待。

三通锣鼓，福、禄、寿三星齐上阵，边舞边抛果子，引得场下一片欢闹。小表妹忙得不停，满场乱跑捡果子，不大一会儿，她就用衣服兜回来许多，一个劲儿地塞给先生。

那夜，正戏演的是《白兔记》，戏文是五代十国刘知远的故事。刘知远穷困投军，在途中与李三娘结亲，离别后，李三娘怀孕，却不见容于兄嫂，结果，自己在磨坊内产子。

她用自己的牙咬断脐带，把孩子接生出来。但孤零一人，无力抚养，拜托土地爷把"咬脐郎"带到刘知远处。

后来，刘知远成了北汉王，"咬脐郎"也成长为一位威武少年，他奉父命，归来寻母。途中遇一白兔，却屡射不中。

白兔逃跑，他紧追，一直追到一挑水妇人跟前。

"咬脐郎"一箭射中水桶，惊倒妇人。见状，急忙上前搀扶，仔细一看，原来正是自己苦寻的生母李三娘……

大戏唱到天亮，先生聚精会神，而那小表妹早早入了梦乡。在第二天，不免还是吵闹："咬脐郎找到他的妈妈了吗？"

1932年春天，大雄公在天津的工作恢复，改任津浦路，先生与母亲也要北上。

告别外祖家，离开西兴镇，小姨和小表妹一直送到航船埠头。一路上，表妹都在哭，特别伤心，从此分别，再未相见。

几年后，大舅母在信中介绍，蔼思被送往日本"留学"。她的舅舅是日本侵略时期伪西兴镇镇长，日本人不放心，要将其家人送往日本深造，说穿了，就是做人质。

许多年过去，表妹没有一丝音信，不知是死是生。

1945年，日本投降，蔼思还是没有回来，所有人都认为，她恐怕凶多吉少。但在1949年后，先生忽然收到表妹从沈阳寄来的一封信。信中，蔼思述说了自己的过往。

初到日本，她先在一家军医院当护士。日本战败，她又读了医学专科和医学院，毕业后在一家医院做医生，和王同学结了婚，生有一女。后来，她随王同学回到沈阳，在一家医学院内教书……

蔼思，小镇，对于先生而言，是场梦。

那青石小巷，那可以偷吃零食的小河畔，还有表妹的欢笑声，都是他童年最难忘的回忆。

1932年 —— 10岁

南京逃学记

1932年，先生10岁。

1月28日，日本海军陆战队2300余人在坦克的掩护下，进攻上海淞沪铁路防线，"一·二八"事变爆发。

上海民众组织救护队和义勇军，先生小叔大壮公即为其中一员，此际，他在上海大同大学预科学校毕业不久。

大壮公从戎抗敌，身负重伤，不治身亡。

这对先生触动极大，"怀念小叔对我的百般呵护，这对尚在童年的我，是人生道路起步不久所遇到的最沉重的打击"。

9月，先生离开西兴镇，重回天津，再入天津基督教公理会所创办的究真中学附小，读四年级。

日本侵略，日甚一日，步步紧逼。

1933年，长城抗战爆发，宋哲元所率二十九军与日本人在喜峰口血战，从此，"大刀队"名扬天下。

战火纷飞,来家也颠沛流离。

大雄公工作再次发生调动,任职于江苏昆山。

先生重回天津,尚未满一年,只能跟随父母再次南下,先至昆山,后转至南京,入南京新菜市小学,读五年级。

南京新菜市小学,现为南京市傅佐路小学,始建于1906年,初名"私立同仁女子初等学堂",是南京历史上最早的女子小学。原址设在新菜市8号,1924年,开始兼收男生,实现男女同校,遂更名为"新菜市小学",1956年,转为公办学校。

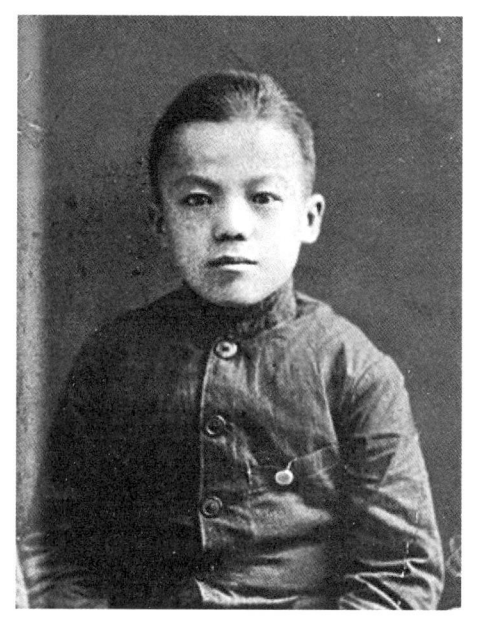

> 1933年,来新夏先生在南京新菜市小学就读

在新菜市小学,老师张引才对先生影响极大。

张老师是年级主任,讲起课来引经据典,口若悬河,文史积淀深厚,发蒙了先生对历史的兴趣。从此,先生不仅泛读文史,而且着力训练自己的语言表达,多次获得学校演讲比赛的第一名。

小学毕业,先生考入金陵大学附中,读初中。

1936年4月份,大雄公受铁道部委派,重回北宁铁路局,于是,带着妻子和幼子新阳,先返天津。先生因在初中读书,不便中途转学,遂独自留于南京,寄居在姑姑大观女士家中。

十四岁的少年,正处叛逆期。平素父母在身旁,唠唠叨叨,絮絮烦烦,现在骤得自由,如脱缰之马,自由放荡,做自己喜欢的事情,看自己想看的书,再也无人拘束。常挟小说数种,离开课堂,一人来到玄武湖畔,租一条小船,随波漂荡。

舟中卧读,或凝望蓝天,或闭目沉思,与书中人物同行,彼喜亦喜,彼悲亦悲,殆若痴迷。但旷课太多,成绩一落千丈,最后年终考试,得留级处

> 1935年，来新夏先生就读于南京金陵大学附中，读初中一年级

分。性格要强的他，自觉在南京无法面对同学、老师，遂收拾行李，一人北上，回到父母身旁。

当时，来家居住在天津新大路德善里。大雄公夫妇见儿子突然回来，始为惊诧，进而失望。不打也不骂，超过一个月的冷遇，一句话也不与他说。

9月，先生入天津究真中学，重读初中一年级。

留级是莫大的耻辱，父母之冷遇，更是一种无形呵斥，先生自尊心受到了极大挫伤，自此矢志读书，一直到大学毕业，成绩再未落过班级前三，南京逃学，实是先生学业的转折点。

1937年 —— 15岁

一、兄弟逃亡

1937年，先生15岁。

7月7日，日本在宛平县卢沟桥制造事端，全面抗战自此开始。

大战来临，人心惶惶。因天津距离卢沟桥并不算远，见战端已启，大家都在紧急打理行李，准备逃难。

先生祖母与母亲也不例外，正忙着缝补。她们在内衣里缝上小口袋，将首饰与银元等重要物品塞入其中。

大雄公则把一家人所需的单衣和秋衣打成包袱，时不时地掂掂分量，只要背得动，便继续往里加。

他将先生叫到一旁叮嘱，只要附近有枪声，立刻要逃，投奔意租界："你要照顾好你的弟弟，其他事情都不用管。"

再将一张写有意大利友人家地址的纸条塞给先生。上次逃难走失的场景仍然在目，这次有了地址，即使走散，也可凭此找到家人。可大雄公忘了给先生留钱，倘若走失，寸步难行！

7月29日,一家人正围坐在餐桌旁吃午饭,忽然一阵轰隆,房舍被震得剧烈晃动,天花板上不时有房皮掉落下来!

日本人轰炸天津。

当时,先生一家住在天津北站附近,此处是日本人轰炸的重点区域。爆炸声此起彼伏……

全家躲在桌底下,地动山摇。突然,一颗炸弹炸向邻居王家房顶,那房子立刻土崩瓦解,成了一片火海。

不能再躲了!大雄公当机立断,他背起包裹,携全家老小冲出,逃往天津意租界。

一些经历过战乱的老人,据以往经验,事先将附近的胡同口全部堵死,只留一个出口,目的是防止乱兵进入抢掠财物。但是这次,老人们错了。日军没来,而是用飞机扔下炸弹。所有人都拥挤在胡同口,出口却只容两人通过,想要走出去,完全靠挤。

好不容易走上大街,但又有敌机低空扫射,有人被机枪打中,倒在人群中,他们捂住伤口,跌跌撞撞地逃命。鲜血漫红,人们大惊失色,沸腾着,乱了方向,东西南北地狂奔。

裹挟在其中的来氏一家,跌跌撞撞,艰难前进。

先生拽着比自己小八岁的弟弟新阳,最后还是和父母失散了。他与弟弟被人流冲进于厂大街东头的一条胡同内,两人边走边喊,可路上到处是哀嚎声,两个孩子的声音一下子被淹没,谁去理会?

天色渐渐暗淡,枪声也逐渐停歇,先生与弟弟都走不动了,随便坐在一家门楼前的石阶上。此处靠近意租界,日本人害怕误伤,未敢施暴,所以,这里的居民没有外逃。

新阳尚年幼,啜泣不止,连声喊饿。先生摸遍全身,分文皆无,只好把弟弟搂在怀里。此时此刻,很无助,不知如何是好。

各家炊烟四起,不时有饭香飘过,饥肠辘辘的兄弟俩更觉难熬。疲惫、恐惧,各种酸楚一起袭来。万幸的是,台阶后面的门厅里走出一位老奶奶,哀怜两兄弟处境,端出两碗盖浇饭来。

新阳食饱，一下午奔命，浑身无力，趴在哥哥的膝盖上睡着了。先生心急如焚，此刻，泪水似脱了线的珠子，顺着双颊，噼里啪啦地往下掉。老奶奶见状，赶紧安慰先生不要着急，晚上冷，担心新阳着凉，令先生把新阳抱进屋内去睡。

先生将弟弟抱进屋里，自己又像大人一样退出房间，重新坐在台阶上。老奶奶劝他也睡一会儿，但他如何睡得着呢？

思前想后，不能再等，必须找到父母，否则到处都是枪炮，万一家人出来寻找，碰到日本人，那该怎么办？他央求妇人，帮助照顾弟弟，自己一人上路，独闯意租界……

正处战乱，租界戒严。

先生混进做杂工的队伍，顺利过了关卡。

天色渐渐亮起，按照父亲留给自己的纸条儿，逐户找门牌。忽然，他远远听到有人在喊自己名字，抬头看，不远处，父亲所投奔的朋友涂伯伯正跑过来……原来，在离散以后，先生父母和祖母几经周转，来到涂家，他们本以为兄弟俩会凭借纸条找到租界，可是到达后一看，并不在这里。先生祖母几乎崩溃。

涂伯伯托门路弄到一张临时通行证，与来大雄在各个难民点儿与租界区找了整整一夜，在他们返回的途中巧遇。

担心再生变故，不敢把弟弟放在老奶奶家里太久，先生拎起两块点心，拿起通行证，按原路返回。谢天谢地，新阳尚在梦中。

返回租界，家人团聚。

一天一夜的离别，却似分开了很久、很久。

二、日军轰炸南开

7月29日的轰炸，重点区域集中在南开大学、市政府、北宁铁路局等。先生位于新大路的家，属于北宁铁路轰炸区，房屋在炮火中损毁，无法入住。从此僦居于意、法租界，一直住到抗战胜利。

在这场浩劫中，南开大学几乎尽毁。

当日下午，大约在两点左右，一队日本飞机在南开上空盘旋一阵，忽然，一连串炸弹倾泻而来，炸毁校园内的两三座大楼。

次日下午3时许，日军再派地面部队攻击，大约有骑兵百余名，以满载煤油的汽车冲入校园，疯狂纵火。

南开三分之二的建筑尽在火中。刹那间，红黑相接，烟焰蔽天。大火烧了一天一夜，直至31日仍未全熄。

未被日寇破坏前，南开为津沽一大胜景，当年，柳亚子畅游，有诗赞之：

汽车飞驰抵南开，水影林光互抱环。

此是桃源仙境界，已同浊世隔尘埃。

当年的南开大学，绿荫满园，碧水环绕。校区是开放的，既没有砖砌围墙，也没有竹编篱笆，校门前一条小河，直通青龙潭（今水上公园一带），潺潺水流，清可见底。校门两侧是十数亩桃园。若在春日，一片花海，芳香浮荡，莺飞蝶舞！

由东门而入，大中路笔直向西，将校园分成南北两块，路旁白杨笔直，垂柳依依。沿路两侧各有南一桥、二桥、三桥；北一桥、二桥、三桥。有多少道桥，就有多少道水。

载酒泛舟，忘情于桥水间，如诗若梦。

水网密布，东西向有之，南北向亦有，弯曲、笔直，各尽其妙，舟行此处，如在画中。从校门口摇荡进入，可以划船到达校内的任何地方。若是沿大中路漫步，由东而西，忽有一泓湖水映入眼帘。此湖为对称结构，各呈马蹄形，大中路将它分为南湖和北湖。湖中莲叶田田。若是夏日，映日荷花竞相开放，惹人流连。

湖中小岛，青松夹道，桃李成行。岛南端树立李秀山铜像，隔湖南望是科学馆（思源堂），科学馆西南方有一小亭，内置一座铜钟，重达万斤以上，上面刻着整部《金刚经》。

此钟由德国克虏伯厂制造，是赠送给李鸿章的纪念物。李氏将它转赠给天津海光寺。1900年，八国联军侵华，英军将之掠走，当作警钟用，后又被海光寺收回，转捐南开大学。

在南开，每当毕业典礼，都会敲钟纪念，有多少名毕业学子，就鸣钟多少下，声音宏阔，十数里可闻。

科学馆西北，是教学楼秀山堂，秀山堂以西，左有柏树村，右为芝琴楼，分别是教师宿舍和女生宿舍。

可怜昔日胜景，如今全成瓦砾。

日本兵将南开图书馆内珍贵的中西典籍全部盗走。其中，西文图书4.5万册，中文图书10万册。

这是一场文化浩劫，难用金钱估量。

日军第27师团的搜索队、病马厂（包括病马血清研究所）、通信队以及装甲车编制的第二中队先后进驻南开园，思源堂成了他们的训练室和库房，应用化学研究所的办公室则成为了他们的厨房。那口重达万斤以上的大铜钟也被运走，至今下落不明。有人说它早被熔毁，化作子弹，打向中国人……

为什么要轰炸南开？

7月29日下午，日本军方曾经举行一次发布会，他们给出的理由是："南开大学是一个抗日基地。凡是抗日基地，要一律摧毁。"他们声称，"中国军独立第26旅凭藉南开大学攻击日租界"。

如果这种说辞可信，那么日本人为什么又分批轰炸了南开中学和南开女中呢？并且不仅如此，至10月初，又接连轰炸河北女师、河北工学院、沪江大学、吴淞同济大学、南昌葆灵女学、武昌文学中学、中央大学、中山大学等。

轰炸学府，几成习惯。

其实，他们轰炸学府的真正目的，是想借此摧残中华民族的抵抗精神，以毁灭中国文化来灭亡中国。而其之所以选择南开试刀，是因为他们对南开，早就恨之入骨。

三、国难中的南开精神

九一八事变,东北沦丧。

南开大学校长张伯苓作出一条决定:凡东北籍学生,生活费一律减免,学费缓交;凡因战乱而流亡关内的东北大学的学生,南开一律向他们敞开大门,以助完成学业。

当时,在南开大学校园内挂出这样一副对联:

莫自馁,莫因循,多难可以兴邦;
要沉着,要强毅,立志必复失土。

在这里,早已形成一种氛围——同仇敌忾,共赴国难。

1934年,第18届华北运动会在津召开。主席台上,日本驻津最高指挥官梅津美治郎正在兴致勃勃地观看。

检阅队伍里,南开大学与南开中学方队阔步而来,爱国学生们面对主席台,忽然用手旗打出"勿忘国耻""收复失地"等,并齐声高唱《努力奋斗之歌》:"众青年,精神焕发,时时不忘山河碎,北方健儿齐努力,收复失地靠自己……"

梅津美治郎气得顿足,当即向担任运动会副会长兼总裁判长的张伯苓提出抗议。张伯苓的回答却是:"中国人在自己的国土上进行爱国活动,这是学生们的自由,外国人无权干涉!"

1935年,南开大学开学典礼,现场,张伯苓向全校师生致辞,他只说了三句话:"你是中国人吗?""你爱中国吗?""你愿意中国好吗?"这就是著名的"爱国三问"。

日本人摧毁南开,是想给中国抗日施一记重拳,他们想以炸毁南开作杀威棒,杀一儆百!

但张伯苓回答却是:"敌人此次轰炸南开,被毁者为南开之物质,而南开之精神,将因此挫折,而愈益奋励。"黄炎培在南开大学被炸第二天,在上海《大公报》发表《吊南开大学》一文："我敢正告敌人,尽管你们的凶狠,能毁灭我有形的南开大学校舍,而不能毁灭我无形的南开大学所造成的万千青年的抗敌精神,更不能毁灭爱护南开大学的中华全国亿万民众的爱国心理。"

他在该文中指出,日寇此举,是有计划地毁灭中国的文化机关,因为他们明白,文化的生命同它的价值,是超出政治之上的。今敌人发于政治上的凶欲,有意毁灭南开大学,适足以证明被毁灭者不但在文化上有伟大的贡献,致惹起敌人嫉恨,并且它所养成的青年,他们的思想和能力是给民族前途以重大保障。

蒋介石向张伯苓明确表态:

"南开为中国而牺牲,有中国即有南开。"

四、救亡的中学生

暂且安顿于意租界,先生住在涂伯伯家月余。

由于不便长期打扰,大约在八月中旬,再次搬家,搬至法租界三十七号路的一处货栈。

究真中学地处日占区,先生想回去读书,已经不可能。在法租界,距离来家住处不远,有一所名为"旅津广东中学"的学校。9月初,先生顺利考入该校,插班至初中二年级。

广东旅津中学现为天津市第十九中学,是天津老牌名校,曾与"耀华中学""工商附中""新学中学"等齐名。

该校创办者为广东籍旅津绅商。

1920年夏,天津怡和洋行买办、广东会馆董事长陈祝龄、天津招商局总办、广东音乐会会长麦次尹等共同筹措,以广东会馆为校址,开办半私塾式小学,以后规模逐步扩大,渐渐发展为包含小学、初中、高中等学制在内的综合学校。

> 1937 年，来新夏先生就读于旅津广东中学初中二年级

当时，广东中学规模并不大，坐落于今滨江道西北，最初只有一座小楼和一处庭院。小楼为法式建筑，坐北朝南，楼门镌刻"次尹"二字，是为"次尹门"，这是纪念该校创始人之一麦次尹，门旁刻有捐款建校者名单。

先生对这所学校怀有极深感情，他回忆："虽然校舍简单，但它在当时却是一所教学水平高、抗日意识强的著名中学。"

天津陷落，南开中学亦遭兵燹，广东中学接收了多位南开中学的失业教师，如数学教师尹建常、王恒安、丁学强、李成义，英语教师戴圣谟，化学教师余瑞徽等。

尹建常、余瑞徽、王恒安等教过先生，令先生记忆深刻的教师还有：三角聂子青老师，历史贾羽熙老师，物理王牧之老师，国文任镜涵、谢国捷老师，英文李栋才老师等。

对于上述诸师，先生至八十高龄，仍念念不忘。

这些教师，不但授课一丝不苟，而且品德高尚。

某次，尹建常老师借用先生一支铅笔，授课完毕，一时疏忽，夹带而回。当日下午，已经无课在家，发现忘还，赶紧返回学校，找到先生，立即归还铅笔，并致歉连连……

学风正，因校风淳朴；校风淳朴，因校长躬身示范。

校长罗光道（1894—1946），原名鉴龙，广东四会人，毕业于天津新学书院，曾在天津创办英文夜校、弘德商科职业学校等。他不仅是一位教育家，更是一位抗日志士。

从九一八事变始，罗光道在广东中学的施教就开始注重培养学生的爱国情操。他提出，"以激励青年抗日卫国"为教学宗旨，在校内创办《抵抗周报》等，号召救亡运动。

广东中学学生思想激进，民族意识强，为天津学界抗日主力之一。例如，该校高一年级刘永康等参加"抗日杀奸团"（简称"抗团"）。抗团的成员多半是高官贵戚、富商名人之后，伪满总理郑孝胥两个孙子郑统万、郑昆万，袁世凯侄孙袁汉勋、袁汉俊，同仁堂大小姐乐倩文等，都是"抗团"成员。他们策划暗杀，惩治汉奸，火烧日本军用物资仓库，接连不断，名噪一时。

被浓厚的爱国情绪所感染，先生与班上同学传阅抗日油印小报，互通抗日消息，走上街头，号召抗日。日本人记恨，但该校地处法租界，不便兴兵，只得不断向法人抗议施压。

某日傍晚，法租界巡捕突然搜查货栈，逮捕先生等约二十余人，他们大多是学生，主要来自广东中学、新学中学。

学生们被囚禁在看守所，巡捕令他们逐一按指纹、照相。先生记得，当日的审查很仔细，照相要先照正面，然后侧面，没完没了。而讯问又非常漫长，逐一提审，逐一录口供。

折腾许久，都被关进牢房，不发食物，不给被褥。饿与怕，煎熬他们，彼此面面相觑，枯坐一夜。

第二天早晨，罗光道与新学中学两位英国校董一起赶至巡捕房，周折几番，终于将学生们全部保释出来。

归来以后，罗校长宽慰他们，说："发出反日言论是自然而然、无可非议的,但也要注意安全,不要张扬。"

在广东中学的岁月,于先生而言,有感动,也有遗憾。他与同学做过一些恶作剧。例如,针对一些教师身体残疾和怪异习惯,给他们起了很多不雅的绰号,如对秃顶者,称为"电灯泡",对走路八字脚者,称为"鸭子妈妈",对脸庞圆圆胖胖者,称为"老白薯",对遇人总板着脸的,称为"钟楼怪人",等等。

教几何的王老师年近六旬,走路不便。有一次上课前,学生们把粉笔藏起来。王老师一看没有粉笔,再返回休息室取。拖着残疾之身,跛着脚,一高一低地挪动,少年们"欣赏"如此窘态,哄然大笑……

天真无罪,谁无少年懵懂时?

但先生晚年回想这些经历,却一直自责。他在回忆文章中写道,那时候的自己"犯下了终身难以赎回的错误"。

1938年 ——— 16岁

来子传奇

1938年，先生16岁。

是年，民国著名军事理论家、军事教育家蒋百里卒。

蒋氏，名方震，字百里，1882年生于浙江海宁，先后留学于日本、德国，他的代表作《国防论》，是整个第二次世界大战期间，中国国民党军队的战略指导依据。

日本人说："一个蒋百里就两次打败了整个日本陆军。"

第一次，是在日本士官学校毕业时，蒋百里成绩全校第一，他的同学荒木贞夫等，恰好是太平洋战争时期日本陆军的主要将领。

第二次，在十四年抗战期间，日军的进攻路数与蒋氏当初所料，如出一辙：自东向西，前进至湖南后，陷入持久战，中国用空间赢得时间，日本军被逐渐拖住。

先生祖父来子裕恂公与蒋百里曾有短暂交集。

1900年，来子应聘求是书院，而蒋百里正巧也在该校读书。不过，来子并没有直接教导过蒋氏。次年，蒋氏游学日本，两人再也无缘相见。

蒋氏文章卓越，才思冠绝，是学生中出类拔萃者。故而，来子对他印象极深，听闻蒋氏病故，深深哀悼，特作长诗以致哀思：

> 蒋君百里人中杰，胸中韬略纷罗列。
> 昔年求是读书时，文笔鸣凤推独绝。
> 嗣予游学到东瀛，君入联队气雄杰。
> 茗酒相欢值星期，豪情壮思凌霜雪。
> 我归依旧守青毡，君读兵书奋英烈。
> 武经不数老孙吴，战术美欧足称说。
> 伏龙合许出龙冈，得虎应教入虎穴。
> 归来保定陆军襄，教务主持因驻节。
> 时当欧战腾风云，著述如掉莲花舌。
> 征兵计划甚周详，不同流俗唾余窃。
> 神骥不合老盐车，依畀何人不心折。
> 数万甲兵范老胸，何处为洒一腔血。
> 未拜专城登将台，屠鲸戮鲵嗟望觖。
> 近观报载将星颓，疑梦疑真心郁结。
> 落凤坡前凤落坡，天妒奇才怜永诀。
> 九原名目恨不平，望断关山目眦裂。
> 急挥老泪去招魂，魂从何招深呜咽。
> 丹旐还乡何日来，老眼望穿心切切。
> 云暗无低草木愁，不见君颜竟长别。
> 悲歌惊落月黄昏，月照关山月独缺。
> 关山之取无人闻，一往情深忱惙惙。

日军侵略日甚，来子携家返于原籍，居长河镇。战机轰炸，几次险遭不测。由于不肯为日寇服务，生计难敷。

1941 年，来子重病一场，一度昏迷，家人甚至将寿衣备好。幸而病情转安，日后，自录当日病情，颇有传奇处。

来家有一邻居，"母丐子窃，难与言善"，故来家堂门终年不开。6 月 15 日，老妇死，无人发丧，来子代为收殓。

而后，始将堂前大门打开，但多年封闭，堆积了很多垃圾，于是进行扫除，清理庭阶及天井。

第一日，推出积土五畚斗，倦而止。

次日清晨抖擞精神，又除十四畚斗，汗流浃背。

尘芥瓦砾，尚未尽除。正欲继续清理，忽然右手奇痒，以为中了毒气。延请医生，汤药调理，将养十余日，但病情愈发加剧，手背肿溃更甚，最后竟然至于不省人事的程度。

一日，忽做一梦，"魂游天府"，对簿殿中。

见神案上第一行出现名字"来裕恂"；第二行大写一"孝"字，下注"割股两次"；第三行大写一"廉"字，下注"绍兴县任内赔款三千六百几十几"；第四行、第五行等都是小字，看不清楚。

这时候，有一白发神突然出现，告诉来子，说："第四行是你过，第五行是你功，第六行是你功过相抵，还是功多了一些。"

最后一行写有"你是个善人"五个大字，来子可以看清。

该神手书一纸，命送别处。遂有长衫者四人，携来子而去，一路所经林木异于尘世，有鸾凤鹤鹿，间有极为细微的音乐声。

忽然，神将把来子向上一抛，顿觉高不可计，如是者四五次，定睛一看，已在高空处。

举目遥望，在不远处，云霭间有一房屋，上悬一匾，写着自己姓名。来子对神将说："我要去见纯阳祖师。"

有人回答："当中一间上坐者便是。"

来子急忙上前叩拜。祖师云："我自有主张，现在时机未到。你的食库，我叫人与你看过，素的物品有许多，是你所食，但你为何又吃荤了？"面报，无法应答。

祖师遂书:"增寿十二年,送还阳世。"

写罢,遂将该纸交予侍从。来子未及答谢,忽然一落千丈,须臾间,已到家中……惊醒后,前事历历在目。

事后,疾病竟然真的日渐减轻,慢慢痊愈了。

病中恍惚,梦游神府,亦幻亦真。经此大难,乃看破生死,心境愈宽……

抗战期间,来子督促先生学业,1945年,抗战终于结束,欣喜之余,亲作《勉孙二十韵》,鼓励先生继续读书:

嘤嘤鸟又唤仓庚,天地由来最有情。
我辈读书何事学,尔曹继志作时英。
派分流别追先哲,运值贞元起后生。
肯构肯堂鸦室保,衔泥衔草燕巢营。
守成创业谈何易,涉世持躬理贵明。
浮海居夷虽叹孔,坐风立雪要师程。
杜诗秋兴云霄羽,孙赋天台金石声。
大道隆污原自定,两间闭塞总复亨。
慧光消灭恢躔度,淑气祥和致太平。
物换星移民庶富,烟铭日出水澄清。
闲修功课忙能用,暇裕经纶治可行。
所愿如偿诸愿慰,不鸣则已一鸣惊。
好将韩子春山望,付与许君月旦评。
才藻凤楼夸胜主,画图麟阁著威名。
文摩石鼓歌车马,力挽银河洗甲兵。
里闬布衣跻将相,朝仪绵蕞列公卿。
伟郎冠带辉珠玉,贤妇裙钗守布荆。
白简陈言参国政,素丝征士子干旌。

门间复兴光宗族，樽俎折冲坛坫荣。

若逢知遇奚以答，从命来负愧经横。

读书何用？以作"时英"。

1939年 —— 17岁

"邃谷"缘起

1939 年，先生 17 岁。

从法租界货栈迁出，来家租住了一套三居室。

当时，室内常住者，共有五人，很难为先生提供独立的一个房间，不得已，只好与祖母同住一室。

但先生很快就发现了一处可以利用的空间，能改造成简易书房，是楼梯下面，且较宽、较高，又相对密闭，约有 8 平米。他立刻请示，希望能将这处空间归自己支配，大雄公同意了。

兴奋至极，马上布置，将一张木板单人床塞入里面，然后又找来一张小桌，用床作椅，小桌作书案，这就算布置完毕。

楼梯下的空间，呈斜三角形，狭窄昏暗，需终日掌灯。每一次坐卧，都要爬来爬去，不过，这样艰苦的环境，也有一点好处，先生从此养成不赖床的习惯。点一盏煤油灯，静坐小桌前，展卷漫读之余，文字如流水般，在他笔下涓涓流淌而至。

> 启功先生为来新夏书斋所题的"邃谷"二字

第一篇史学论文《汉唐改元释例》，即诞生于此。

入此书斋，当命一名，思前想后，仍无定论。于是，致信祖父，来子赐名曰"邃谷楼"。

深秋某夜，先生草撰一文，题为《邃谷楼记》：

非谷而谷，何也？惟其深也。无楼而楼，何也？惟其高也。惟高与深，斯学者所止焉耳。

邃谷楼者，余读书所也。沉酣潜研，钻坚仰高，得乎书而体乎道，邃然而自适焉。晦翁朱氏诗曰："旧学商量加邃密"。朱氏之为是诗也，时方与象山辨致知格物之同异，称商量且以邃密为言，喻其深也。

今余以"邃"名谷，又以"邃谷"名楼，盖亦示志学端倪而专攻史学之志略尔！古有"愚公谷"，以人名谷者也，人而以"愚"名，又以"愚公"名其谷，是以返朴之意为寄耳！战国有王诩者，居"鬼谷"，因号"鬼谷子"，终其身传九流之学，当其人丐其馀润，即以其术名于世，后之人奉为大匠焉。隋季之王通，论道河汾，遂铸十八学士，厥功益宏矣。唐有李愿者，隐"盘谷"，其后复有司空图者，居"王官谷"，皆负高世之志者。宋诗人黄庭坚号"山谷"，亦以谷自况其胸襟者，皆以虚谷之怀蕲乎深造者耳！余既以读史为治学入德之门，无中外古今，演绎也，抽象也，悉不得离乎邃密之意而又自勖以虚谷之怀，由是而得窥班马刘章之毫末则幸矣！余居北既久，颇缔交燕赵之士，得有同道数人，共聚于邃谷楼，或抵掌高论，相与驰骋于典籍，辨析其异同；或促膝谈往，旧事复资于谈柄，斯余所以踌躇而满志也。

章氏实斋称史所贵者"义"也，而所具者"事"也，所凭者"文"也，固已为治学者立大纲矣。余性不敏，而学谫陋。其事粗知，其"文"则未，其"义"则愈益远矣！今而后深自勖于事以期其贯通，于"文"则务其朴质，于"义"则宗之于求真求实。若是，于学方庶或可得，而"邃谷"之称亦庶几无负，余又焉得不勉乎哉！

"邃谷"二字，原有深义，先生书房最初布置在楼梯间内，一眼望去，光影幽暗，宛如秘境，故有"邃谷"之喻。且学海无涯，更为深邃，一心向学者，当居"邃谷"，以求深远。

文中，先生表示："余既以读史为治学入德之门"。

文成，先生犹有忐忑之心，再邮寄给祖父过目。来子读后，颇加赞许，略加修改，终于定稿。然后，先生用墨笔将它写成斗方，悬挂在书斋的墙壁上，并在左右配以朱熹联语：

"旧学商量加邃密，新知培养转深沉。"

物换星移，他的书房不断改善，但是在先生心目中，那个斜三角的黑屋子，才是自己学术上的"龙兴之地"。

1940年 18岁

谢国捷师

1940年，先生18岁，升入高中二年级。广东旅津中学校长罗光道曾邀请辅仁大学教授高步瀛先生前来讲学。

高步瀛（1873—1940），字阆仙，河北霸县人，是吴汝纶（1840—1903）先生的弟子。遵循师法，擅长考据。

当时，一些日本学者把高先生的考据之学与广东黄节之诗学、桐城吴闿生（吴汝纶之子）之古文，并称"中国三绝"。

讲座中，高先生旁征博引、论证谨密，令先生视野大开。自称："初窥学术堂奥"。

在高中阶段，对先生求学影响巨大者，首推谢国捷。

谢国捷（1915—1989），字戍生，河南安阳人，祖籍江苏武进，他的堂兄谢国桢是我国著名的清史专家，弟弟谢辰生为我国文物界权威人士，是中国第一部《文物法》的起草人之一。

谢师初到广东中学，25岁，毕业于辅仁大学哲学系，教国文。先生几堂课听下来，倾心折服。

彼此年龄相差不超十岁，交流无滞，故常去谢师家中请益。先生与夫人李贞，就是在谢家相识。当时，李贞是谢师另一个班上的学生，在谢师撮合下，两人相知相爱。

当年，谢国桢住在天津马场道和昆明路转角处路北的一座小楼，家富藏书，先生在这里，系统阅读了前四史，他日后评价这一阶段的读书，直言"对我日后能参与学术工作，起到了不可估量的奠基作用，使我一生受用不尽。"

先生年少才高，谢师因材施教，某日，先生访谢师，谈话间，谢师从抽屉中拿出一纸，用墨笔写上"弢盫"二字，认真地说："你很有才华，但有些锋芒毕露，所以用'弢盫'作你的'字'，来新夏，字'弢盫'，警示你能敛才就范，自我韬晦。"

是年冬，先生以"弢盫"之名，在天津《庸报》副刊上发表一篇文章，题目是《诗经的删诗问题》。

据《史记·孔子世家》记载，诗经原本三千余篇，孔子去其重，选可施于礼仪者，删剩三百零五篇。

这种说法流传了两千年。但先生却有所质疑。他认为，《诗经》不可能原有三千篇之多。

首先，取材不符条件。

按照《史记》的说法，孔子删诗标准是"取可施于礼仪者"。按照这个标准，《诗经》所选之作，应该是规行矩步、文以载道的庄严作品，但实际情况却大相径庭，内中有大量情歌、恋歌存在，桑间、濮上之音靡靡，充满生活气息，似乎与治道得失相关不大。

其次，记载工具不备。

纸笔的发明，都在秦后，《诗经》文章，皆在秦先。以诸如简牍等记载保存三千余篇的皇皇巨著，似乎很难做到。

最后，它书不见引用。

如果《诗经》果然有三千篇之多，由孔子删定而为三百篇，那么为什么其他古书很少引用三百篇以外的作品呢？

先生引用清代学者赵翼的考证：左丘明引及孔子所删定的《诗经》篇目为四十八条，而逸诗不过三条。其余列国公卿引诗百余条，逸诗不过五条。"由此可知诗三百篇绝不是某一个时期陡然由三千篇删余下来的，而仍是自然淘汰的结果。"进而，先生又认为，孔子不是《诗经》的删除者，而是使《诗经》成为系统化之整理者……

谢师毕业于辅仁大学，所以，特别建议先生，要多关注辅仁历史系，尤其要特别留心于陈垣师。先生研读陈垣多部作品，对其"释例"诸作用力最深，并仿《史讳举例》一书，写作了自己第一篇史学论文——《汉唐改元释例》，前后历经一年时间。后来，这篇论文，经陈垣师再次指点，成为先生在辅仁的毕业论文。

在运动年代，先生因所谓政治问题，接受审查，亲朋故旧渐渐疏远，甚至断绝往来，但谢师如故，每遇伤心事，先生多与之倾诉，他说自己没有荒废光阴，"不能不怀念谢老师的良苦用心"。

这种交往，一直保持到1989年谢国捷师辞世。

师生之间，有如父子，堪称"师父"也。

1941年 —— 19岁

一、教会大学

1941年,先生19岁。9月,升入高中三年级。

此刻,先生正为《东亚晨报》副刊撰写《邃谷楼读书笔记》。

可日军侵华日甚,国土步步沦丧,中国教育事业受到严重损害。沦陷区内,大批学校内迁,向西南、西北转移,如西南联大、西北联大,在极端恶劣的境遇下,仍然坚持教学与科研。

据罗永萱《抗战时期国民政府大学教育政策述评》一文统计,当时,沦陷区108所高等院校,有94所迁移内地。

就北平而言,"七七事变"前,全市共有19所高校,沦陷以后,10所迁至后方,2所停办,尚有7所继续办学,但坚持到抗战胜利而仍然屹立不倒者,仅余4所,分别是私立北平辅仁大学、私立中国大学、私立北平国医学院、私立华北国医学院。先生身处天津,南下投学,有日军阻遏,而北上,则非辅仁莫属。

辅仁有教会背景,天主教有"南马北英"。"南马"者,马相伯,"北英"

者，英敛之，二人与辅仁大学均有渊源。

1912年9月20日，二人联名，上书罗马教皇庇护十世（Saint Pius X），请求在华创办公教大学。教皇同意，欲实施，但两年后骤然去世，一战又起，故无奈中止。

1913年，英敛之退居京西香山静宜园，创办静宜小学、辅仁社。所谓"辅仁"，语出《论语·颜渊》，"曾子曰：'君子以文会友，以友辅仁'"，他虽笃信天主，却也可见孔耶同源。

然创学四年，举步维艰，碍于规模有限、资源有限，加上天灾频仍，战乱不已，故难遂初衷，乃于1917年再次致书罗马教廷，撰写《劝学罪言》，疾呼在华尽快创办公教大学。

基督教自诞生起，起伏流变，经罗马帝国分裂、近代宗教改革等，分化为天主教、新教、东正教等三大教派。

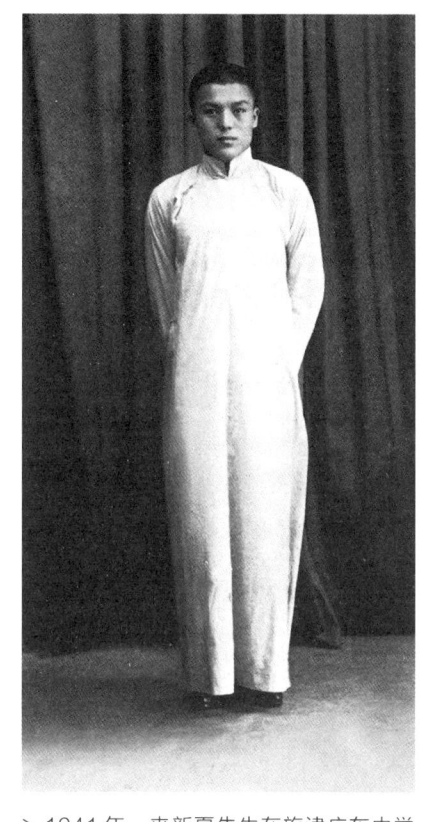

> 1941年，来新夏先生在旅津广东中学读书时留影

在中国，天主教亦称旧教、公教；新教称基督教、耶教、更正教；东正教又称希腊教。三个教派在华传教方略差异很大，新教特别注重推广教育，尤其推重高等教育，意在中国培养具备宗教意识的精英，以期自上而下传教布道；而公教却相反，其所施为自下而上，传化重心在下层民众，以热心慈善救人为要；至于东正教，主要是依靠俄国政府推动，带有浓厚的政治色彩。

当时，公教在华事业，被法国教会垄断，传教主张带有明显的殖民色彩，宣称"读中国书无用"，敛之先生痛批此等传教方略：不通中国文字，何以接人？何以应世？将来"在中国天主教会内求一司铎能作数行平常通顺之信者，几如晨星矣！"

此次上书，终有所得。1921年12月，教皇正式谕令，在华创办大学，并将此事，委托美国本笃会承办。1925年10月1日，辅仁社开学，这是正式大学招生前先行成立的预备科，其全称为"公教大学附属辅仁社"，亦被称为"国学专修科"。

英敛之任社长，学生23人，均为教会子弟。教师有教育部次长陈垣、地理学家张相文、清进士郭家声、史学家李泰棻等，"总以辅翼道德、开拓识见及接人应世必需之常识为目的"。

1926年1月10日，噩耗传来，英敛之因患肝癌辞世，罗马教廷追封他为"圣大揆国骑尉"荣爵。

1927年9月26日，辅仁大学正式开学。

在亚洲，该校是唯一一所由罗马教廷直接设立的高等学府。筹办经费来自美国本笃会圣文森会院，该院与罗马教廷共同出资，成立专项基金，以基金所生利息维持学校每年用度。

1929至1933年，经济危机席卷欧美。辅仁大学赖以维持的基金严重贬值。生息难济，学校入不敷出。美国募资受挫，学校改由经济稍宽裕的德国天主教圣言会（Society of the Divine Word）接办。德、意、日三国在二战中结盟，是谓"轴心国"。因此，"七七事变"后，辅仁大学得以保留。当时，在该校内，可以不必悬挂日本国旗。仅此一点，就有许多沦陷区的学子心向往之。

二、陈垣志业

先生选择辅仁，直接的原因是陈垣。

得谢国桢师引导，先生心慕其学久矣。陈垣，当时与陈寅恪并列，称"南北二陈"，后被毛泽东誉为"国宝"。

1880年，陈先生出生于广东新会（现广东省江门市），字援庵，又字星藩、援国、圆庵等，别号圆庵居士。

陈父经营药材，家有余资，购书无吝。22岁，中秀才，再考举人，有同乡甄某请托代考，遂连作两文。发榜日，甄某名列顺天府第62名，而他却名落"孙山"外。论诸原因，他的思想新锐，不入俗套，反而落榜，逐俗应付之章，竟能得中。见此状况，心灰意冷，渐与科考无缘！

后来，陈垣加入同盟会，参与创办《时事画报》《震旦日报》等，言民权，启民智，以革命推翻旧朝廷。

除热心时局外，他还想为良医，悬壶济世。1907年，考入美国教会创办的博济医院，转年退学，又自办光华医学校，此为粤人办的第一所西医学院，他是创办者，也是首届学生。学成留校，讲授解剖学、细菌学，致力于医学、医学史研究。

1911年10月10日，武昌事起，革命如星火燎原，席卷全国，最后清帝退位，代之而来的是中华民国。陈垣因办报反清，以革命报人跻身众议院，1913年3月，离粤赴京，从此常住北京，弃医从政，并于1922年担任了5个月的教育次长。

周旋于官场，看尽沉浮。尽管换了民国，依旧雾霭重重。军阀连年混战，总统轮流坐庄，朝野上下一团乌烟。

1923年，曹锟贿选，陈垣被裹挟其中。身处染缸，如何不污？可怜其抱负，却被当头一棒，他对政治再无眷恋。

于是，静下心来，埋头去读《四库全书》。

1915年，文渊阁《四库全书》迁至京师图书馆，陈垣师幼年即读《四库提要》，得此机遇，便由政府转入《四库》。京师图书馆位于国子监前街大方家胡同，在北京东北角，陈垣师住宣武门，在北京西南角。每日晨起，便租一架驴车，风雪不改，总是在图书馆刚开门的时候赶到，带着午饭，闭馆以后离开。

日复一日，日日如此，一读就是十年！

在阅读过程中，他发现《四库全书》中，没有收录基督教之类的书籍，便发愿，"仿朱彝尊《经义考》、谢启昆《小学考》之例，作《乾隆基督教录》，以补《四库总目》之阙"。

搜集资料，进展缓慢，某日偶读英敛之《善言录》，知敛之先生所藏此类书籍甚多，急急致书索借。二人素昧平生，敛之先生竟能慷慨无吝，尽其所藏以助，此为二人交往之始。

某日，陈垣于辅仁社课业中，见有《元也里可温考》一题，叩其端绪，归而发箧陈书，考证源流，竟成一著。

《元史》屡见"也里可温"四字，数百年，无人知其具体含义，陈垣在"也里可温"条旁，证引笔记、典章、方志、碑帖等，考证出"也里可温"就是元代基督教各派的统称。

敛之读罢，非常兴奋，急约马相伯，商讨付印。

此书撰写于1917年5月，成稿3天后，便以单行本出版，足见敛之推广急切！"南马北英"，因此得以尽窥陈垣学术，遂聘陈垣为讲师，当敛之弥留之际，又将辅仁大学校务全盘托付。可陈垣并非天主教徒，孔耶本来同源，又何必分得那么清楚？

梁士诒与陈垣皆为粤人，有同乡之谊。他对陈垣弃政从文，感叹特多："援庵著述甚多，人将爱之，诒将哀之。因袭近人诗赠之曰：'消磨一代英雄尽，故纸堆中问死生'。是耶？非耶？"

的确，是与非，当真值此一问。陈垣学术造诣非常，梁氏却于官场骤升骤降，曾经风光无两的交通系首领，随袁世凯帝业一起破碎。人生志趣殊同，何必比较？而陈垣所选择的是"以我之笔，写我之心"，其人生抱负，不过一书生事业，如是而已。

三、陈垣抗日

当卢沟桥枪声响起的时候，陈垣也想南下。

"黄昏斗室话时艰，相约联吟到巴山"。

他与弟子柴德赓约定，共同离开北平。身处沦陷区，如亡国奴一般，每日与日寇、特务、汉奸周旋，身心俱疲。但是，他想走，却走不得。若离去，辅仁数千名学子，谁可托付？还有，家中那万卷藏书，又该如何处置？

不如留在北平，在校一日，便可斗争一日。陈垣在辅仁，坚持着三个原则：行政独立，学术自由，不悬伪旗。

1938年5月，徐州沦陷时，日军强令北平全体民众上街庆祝，各处皆要悬挂伪旗。辅仁对抗，不庆祝、不挂旗。日本人大怒，强令停课三天。并派人质问："你们为何不执行命令？"陈垣答曰："自己国土沦丧，只感悲痛，若要庆祝，办不到！"

有人威胁："你不怕死吗？"对曰："生我所欲也，义亦我所欲也，二者不可得兼，舍生而取义者也。"

某次，校礼堂播放电影，在加映体育新闻片时，荧幕上突然出现了中国的国旗。顿时，师生沸腾，掌声响起。

事后，日本宪兵队追究责任，令陈垣交出鼓掌师生。陈垣理直气壮："带头鼓掌的就是我，要逮捕就把我带走。"

有一次，日本人邀请陈垣去某机关谈话，他当即回绝："你们把我抓走，送进宪兵队去吧。请我去，我不去。"

日本人请他参加东洋史地学会，担任大东亚文化同盟会会长，月薪数千元，他说："莫说几千，就是几万也不干！"

在1942年，辅仁大学举行返校节运动会。

人群中，成员复杂，有日伪官员，有战败投敌分子，至于投机倒把而大发国难财的奸商，同样，不乏其数。

陈垣致辞，以孔子开运动会为隐喻，讥讽彼等。

他说，孔子当年曾经举行射箭比赛，先令学生子路告示参与运动会条件。子路宣布："凡是败军之将，投降事敌之人和贪财好利而认贼作父者，皆不得入，除去此三种人，都可进场。"话毕，一群人灰溜溜地走了，进者只剩半数。

比赛即将开始，孔子又令学生公罔之裘宣布："幼壮孝悌，年老好礼，不随俗流，修身洁己之人，请登众宾之位。"此言一出，又有来者离去，再减去一半人数。

最后，孔子令学生序点宣布："好学不倦，好礼不变，坚守志节之人，请登众宾之位。"此言一出，剩者寥寥无几。

言者有心，听者明白。那些沐猴而冠、认贼作父、见利忘义之徒，被羞得面红耳赤，或悄然离开，或低头不语。

连日本人也不得不隐忍，人家是在讲历史。

在十四年抗战期间，陈垣先生思想与学术路径随之变化，不再专注于考证、辨伪，而是更加注重经世致用，其自言曰：

> 九一八以前，为同学讲嘉定钱氏之学；九一八以后，世变日亟，乃改顾氏《日知录》，注意事功，以为经世之学在是矣。北京沦陷后，北方士气菱靡，乃讲全谢山之学以振之。谢山排斥降人，激发

> 1941年，来新夏先生（右一）在天津与家人合影

> 故国思想。所有《辑覆》《佛考》《诤记》《道考》《表微》等，皆此时作品，以为报国之道止此矣。所著已刊者数十万言，言道、言僧、言史、言考据，皆托词，其实斥汉奸、斥日寇、责当政耳。

陈垣认为，从来敌人消灭一个民族，必从消灭它的民族历史文化着手。其间，因经费不足，《辅仁学志》面临停刊，可陈垣力挺，连续发文，不收稿费，以此学阵，作文明抗战。

其间，陈垣著有《明季滇黔佛教考》《清初僧诤记》《南宋初河北新道教考》（以上称为"宗教三书"）和《通鉴胡注表微》。

《明季滇黔佛教考》，所言虽系明季滇黔佛教之盛、遗民逃禅之众，其实是在表彰明末遗民，并非单纯记录佛教史事。

《清初僧诤记》，以佛门中"故国派"与"新朝派"的"门户之争"，抨击明亡之后的变节僧人，直指沦陷区的汉奸。

《南宋初河北新道教考》，言宋金、宋元之际抗节不仕之遗民，载其事，颂其德，表扬其抗争异族、匡扶天下之志。

《通鉴胡注表微》，成书于1945年7月，是陈垣先生在抗战时期的最后一部专著。有关胡三省的生平，在《宋史》《元史》中，都无传记，而他的思想、学术等，更加湮没无闻。彼时，胡三省身处宋元更替之世，身经两朝，而心怀故国，终身不仕异族，遂隐居山林，为《资治通鉴》作注，常一盏孤灯伴两行清泪，奋笔耕耘，前后凡三十年。当书成之日，喟然而叹，"死而无憾"。

此时，陈垣自己身处日本殖民之下，压抑苦闷，读胡注《资治通鉴》，感慨顿生。彼时彼刻，恰如此时此分，两位伤心人穿越古今，思想碰撞。他乃下定决心，对胡三省生平、处境以及为什么注《通鉴》，用什么方法来表达自己的意志等，作一全面研究。

《通鉴胡注表微》，有大量按语，既是解释说明，又是阐发议论。此书之目的，可以概括为四个方面：尊中国、攘夷狄、斥降臣、表遗民。他以胡三省自比，抒发其忧愤意识与抗争精神。

因其之故，辅仁虽陷日寇，却昂扬了抗战精神。

教授沈兼士、张怀、董洗凡、英千里等，秘设"炎社"，以研讨顾炎武学术为名，激发师生"天下兴亡，匹夫有责"之爱国情怀。

1939年夏，"炎社"改组为"华北文化教育协会"，从事抗日活动。在1944年，英千里被捕，他是英敛之先生之子。

旋即，华北文教协会骨干几乎全部被抓，辅仁大学张怀、董洗凡、赵光贤等30余人入狱，被判15年至20年不等。他们在狱中苦挨一年多，直至抗日胜利才获自由。

在日本占领的北平，还有着这样一群有血性、有骨气的读书人，叫先生如何不倾心？于是，立定志向，报考辅仁。

1942年 —— 20岁

一、张星烺门下

1942年，先生20岁。

3月，撰成一文——《记近事丛残》，这是先生撰写笔记提要的开端。8月，顺利考入辅仁大学史学系。

抗战时期，为辅仁艰难而又辉煌的时刻。

言之艰难，因其深陷敌统区，师生们心怀亡国恨，惴惴于恐怖中，气不得舒，志不得申，斗争却举步维艰；说它辉煌，是因其办学，尚能独立，且能保国格而不屈，扬志气于沦陷。

一时间，贤哲雅聚，学校各项事业稳步上升。下面略举一组数字，试作比较：

据孙邦华《陈垣与抗日战争时期的北平辅仁大学》所载，1936年，辅仁招生总数331人，在校生总数810人；1938年，在校生达1265人，中外教职员人数183人；1941年，在校生总计2267人，中外教职人员增加至283人；1942年，在校生总数为2413人，中外教职人员进一步增加至396人。

而教师，多为一时贤哲，有陈垣、刘复、沈兼士、余嘉锡、朱希祖、马衡、台静农、张星烺、伦明、赵万里、周作人、沈尹默、郑振铎、朱师辙、范文澜、朱光潜、周祖谟、于省吾、顾随、高步瀛、溥雪斋、张怀、余逊、柴德赓、启功等等！

先生向往良久，终于开学。入系报到，填写选课单后，要系主任签字，遂往，至则见一白发长者，慈眉善目，满脸和煦，开口询问，语调轻和，翩然有世外风，他就是张星烺。

张星烺（1883—1951），字亮尘，江苏泗阳人，时任辅仁大学历史系系主任，是先生于该校识得的第一位名师。

"非神亦非仙，鹤发童颜古无比"。

亮尘师的气质、风度，不仅令先生折服，即使如大军阀张宗昌手下的骄横大兵，也被震慑得服服帖帖。

张宗昌乃何许人？号曰"三不知将军"：不知自己有多少兵，不知自己有多少钱，更不知自己有多少女人。所谓"上梁不正下梁歪"，他的士兵，大多纪律涣散，且狂暴凶狠。

某日，亮尘师乘坐胶济铁路线火车，从济南至青岛。车厢内有很多张氏大兵，个个横倒竖歪，空占了许多座位。亮尘师上车后，站在一边，也不言语，只是宁肃，紧蹙双眉。大兵们见这位先生卓然而立，以为必是富贵人物，立即收敛军容，竟主动让出座位来。其实，在当年，亮尘先生尚不满四十岁，却有如此风采。

亮尘师学兼文理。先学采矿，1906年，被选派留美，入哈佛大学化学系。1909年毕业，又到德国柏林大学攻读生理化学，是我国第一位学习生理化学的留学生，辛亥革命后，他放弃了正在攻读的博士学位，毅然回国，因患肺病，在青岛静养。

一边养病，一边读书，对文史兴趣陡生，其父亲张相文，乃著名地理学家，为中国地学会创始人之一，家富藏书。于是，亮尘师通过自学，卓然成家，主攻中西交通史方向。

因他兼通英、德、法、日诸语，又具舆地家学，故其学术，中西相益，文理相合，能将中外史籍，一一对照，或用外国记载，证以中国事实，或以中国记载，证以外国事实。

茹苦十年，著成《中西交通史料汇编》。

《汇编》约120万字，参考书籍，中文274种，外文42种，穷其见闻，尽力搜罗，"凡朝廷通聘，商贾游客，僧侣教士之记载，东鳞西爪，可以互证者，无不爬罗剔抉"，远叙上古，近述至明代，东起葱岭，西及印度、欧洲、非洲之中西交通。

此外，亮尘师还著有《欧化东渐史》《马可波罗》以及译著《马可波罗游记》与《历史地理基础》等著作。

当年，先生听亮尘师讲课，真是大开眼界。

有时候，亮尘师脱口而出一些英语、德语、法语之类，令人骇其浩博。更有甚者，他还常常讲一些化学术语。例如在讲中国发明火药的时候，他信手在黑板上写了许多化学方程式，将古代火药与近代火药的成分两相对比，先生等听得目瞪口呆。他更以之所学的自然科学知识，展开对正史《五行志》的研究。

二、跟启功学画

先生在辅仁，受启功师照顾良多。

亦有未能圆满者，跟启功师学画未成而遗憾。

启功（1912—2005），字元白，也作元伯，满族人，属正蓝旗，皇族后裔，其先祖为清世宗雍正皇帝的第五子弘昼。

辛亥革命以后，"爱新觉罗"多改"金"姓，他却不肯，始终表示自己姓启名功，不以皇族自诩。探究缘由，旧时或许不想为政情所累，待成名以后，更不屑以祖上之名荣荫自身。先生考入辅仁之际，启功在该校执教四年，教大一国文公共课。

谈起这段入职经历，启功师真是充满了坎坷。

他虽为皇族出身，但属于支系，世袭禄位，越传越低，至曾祖溥良，爵位是奉国将军，却连养家糊口都很艰难。

清朝旧制，凡有爵位者，均不能参加科举。

于是，溥良自请革除，以白丁身份应试，果然得中，曾任江苏及广东学政，以及理藩院左侍郎、户部右侍郎、都察院左都御史、礼部尚书等。启功祖父名毓隆，翰林出身，曾任典礼院学士、四川学政等。父亲恒同，在启功刚满周岁时去世。启功跟随曾祖、祖父生活。又值辛亥革命，清廷崩塌，家境一落千丈。

1922年，溥良病逝于除夕夜，次年，毓隆又逝世。原本多难的家庭，可谓雪上加霜，入项皆无，甚至连丧葬费用也难以筹措，启功母亲克连珍和姑姑恒季华典卖字画，发丧殓殡。

霜媳弱女，同抚孤儿，靠亲友周济，勉强度日。

为了培养启功成才，恒季华甚至终生未嫁。

启功幼承家教，衷心文史，尤好书画。

1926年，他考入汇文中学，进入商科。当时，生计所迫，他急于谋生，以减轻母亲、姑母负担，对于诗文、书画等，只能先放一旁，可在校五年，仍未毕业，因其数学、英语全无基础，所以经常挂科。最后，只能辍学。追随戴姜福先生学习古文，习作诗词文章。戴先生曾参与编写《续修四库全书》，乃学术大家。书画得贾羲民、吴镜汀、溥心畬、齐白石等大师指点，技艺日增。但他没有固定职业，疲于糊口，只能教家馆，偶尔卖些字画度日。

1933年，由傅增湘举荐，启功得遇陈垣师。

傅增湘（1872—1949），字沅叔，号润元，四川江安人，曾任教育总长，与陈垣为多年好友，也是辅仁大学校董。

陈垣观启功诗作，赞曰"写作俱佳"，遂悉心栽培。先是安排启功在辅仁大学附属中学教初中一年级国文，但仅两年光景，该校即以启功初中肄业，学历太低，不符规矩为由，将他开除。

垣老执拗，既然教不了初中，那就教大学吧。

于是，再次安排，直接让启功进入辅仁大学美术系，任助教。可美术系依旧不能容人，又两年，再次将他除名。

那是抗战刚刚开始的日子，北平沦陷，物价飞涨，启功却丢了饭碗，无奈下，连教两份家馆。困厄之际，又是陈垣搭救，启功学有其才，识有其能，岂因区区一纸文凭将之埋没？

1938年，辅仁大学秋季开学，学校聘请启功教授大一国文。这门功课由陈垣直接负责，启功这才终于站稳了讲台。

当先生入学辅仁之际，启功师已经蜚声京城。

启师爱才，喜与学生交流，适逢周末，启家人满，多是前来请益的学生，当然，也有很多求字、求画的仰慕者。

启功师性情随和，于师友、弟子有求必应。

先生常来，兴之所至，坐忘时间，便留下吃饭。某次，先生刚进门，启功高兴："你来得正好，今天吃煮饽饽！"

"棒子面饽饽有什么稀罕？"在那个年代，上、下顿都吃粗粮，打个饱嗝都会冒酸水，实在吃怕了。碗筷摆上桌来，先生没有期盼，但当师母将热气腾腾的"饽饽"放到餐桌上，着实令他大吃一惊："这哪里是什么饽饽啊，不是饺子吗？"

启师哈哈大笑。原来，饺子在满族人的称呼里，就叫作"饽饽"。俗语所谓"吃子孙饽饽"的原意，也是指吃饺子。

当时，启功师家里，共有四口人，母亲克连珍，姑姑恒季华，妻子章宝琛。先生对于启功师的母亲，记忆较深。

老人家慈祥、和善，对青年学生尤其关照，不辞辛苦地为他们缝补、浆洗衣物之类。姑母性格豪爽，人称"虎二爷"。

先生记得，有一次穿了一件棉袍，衣罩有三月未洗，衣服大襟脏污不堪，甚至粘着饭粒儿。那"虎二爷"看不过，一把揪住，硬是把衣服给扒了下来，洗熨晾干后，才让重新穿上。

流落在外，谁管你吃饱穿暖，还替你浆洗缝补？一行清泪，顺颊而下，"虎二爷"却拍拍先生的肩膀，若无其事。

启功妻子贤良，终日默默，操持家务，侍奉婆、姑，对启功更是照顾有加。因为不能生养，每每自责，有一次，甚至留下一张字条，离家出走，目的是让启功再娶，延续血脉。启功师当然不弃，两人相濡以沫，直到终老。

先生记得，师母常常微笑，对学生优礼有加，没有半点儿架子。启功师与学生交谈，她从不插话，却时常过来倒水，令学生局促不已，纷纷起身道谢，她则淡淡一笑，以示不必客气。

来向启功师学画的人有很多，先生也斗胆，请跟老师学画画。

启师随手从抽屉里拿出几张纸来，寥寥数笔，画些枯枝、山峦等简单皴法，令先生练习。并嘱咐："每天摹写《黄庭经》《乐毅论》各一页。"按启功师教的画法，先生画了两个扇面。1944年，先生将这两幅画作呈送在天津举办的"启功个人画展"，因其有"启功补笔"字样，而被人购去，得到足够两个月的饭钱。

到了晚年，先生后悔："当初要是留下这两个扇面，应该是多么珍贵的纪念！"先生学画，没能坚持下来，引为深憾："如能掌握，亦可作陶冶身心的渠道，不负启先生当年教诲之劳。"

先生认为，启功师留给自己最大的财富，就是对困境、厄运持之一种淡然的态度，"也许我能遇事不惊，也是在启府几年间的熏陶所致。我感谢老师和他的两位老人平和处世的身教。"

三、余嘉锡的作业

高中时，先生经常闲逛书肆。

有一次，在一个旧书摊上，偶获清人王鸣盛所著《十七史商榷》。

打开扉页，开卷第一条："目录之学，学中第一紧要事，必从此问途，方能得其门而入。"继续翻阅，卷七又曰："凡读书最切要者，目录之学，目录明，方可读书，不明终是乱读。"

对于这几句话，先生一直铭记，懵懵懂懂，自己既然以学术为志业，目录学如何不学？遂留心，却未得要领。

辅仁开学，先生观察课表，见中文系有一位教师开设了"目录学"课，此位夫子名叫余嘉锡。但先生是史学专业的学生，该专业没有目录学的课程安排，纵然向往，也只能怅怅。

回到宿舍，有高年级学长介绍说，余嘉锡是文学院的院长，学问极好，称得上是国内目录学研究的顶级大师。得此信息，机会难求，管他中文、历史，遂跨系选课，攻读目录学。

究竟何为目录？实际上，"目"与"录"是两种体裁，"目"是指篇名或书名；"录"是对"目"的说明和编次。把一批"篇名"或"书名"与"说明"等编次在一起，这就是目录。

有些学者认为，目录仅仅是记撰者、分篇帙、识书名、别版本而已，如何以"学"谓之？应该将目录学纳入校雠学的范围。持此论者如郑樵（宋）、全祖望（清）、章学诚（清）等。而先生则不以为然，认为目录学能独立成学，无须纳入校雠学中。

"校雠"，如《昭明文选·魏都赋》言："一人读书，校其上下，得其谬误为校；一人持本，一人读书，若怨家相对为雠。"其本意，是指校勘文本上文字的错误，与"目录"截然不同。

实际上，目录学也并非"记撰者""录书名""别版本"那么简单，若按照刘向的说法，它至少还包括"条其篇目，撮其旨要，录而奏之"等工作，然后，再"别集众录"而成书。

也就是说，一部目录形成，需要整理篇次，校正文字，撰写书录，提要梗概，更以辨伪和考证贯穿其全过程，因此，目录学不但可谓"专学"，且能于浩瀚古籍中为治学指引门径，故余嘉锡《目录学发微》说："治学之士，无不先窥目录学以为津逮。"

其作用，一语概括，曰"辨章学术，考镜源流"。

余嘉锡（1884—1955），字季豫，湖南常德人，号狷庵，又称狷翁。他瘦削身材，长须飘然，行必矩步，字必工楷，超然于俗外。本课程，以余师自著《目录学发微》和范希曾所著《书目答问补正》为教材，课堂上，余师授课，手无片纸，滔滔不绝。

余师批改学生作业，会在作业上，留有批语。

某次，先生作业，误将《孙子十家注》记为清人，余师在清人旁边，画一墨叉，眉批曰："十家注皆宋以前人。"

另有一次，先生读《目录学用书》，加注语曰："近人姚明达有《目录学年表》《中国目录学史》，但仅系言目录学发展经过，非言目录学本身之书也。"余师将此批注一笔勾去，曰："姚某之书，大抵剽窃余之《目录学发微》，改头换面。余以其不足齿数，故未尝一言及之。该生自以意窜入此数句，余所不敢与闻也。"

先生逡巡于余师门外，心向往之，未得门径。尤其《书目答问补正》，满纸书名，彼此无关，千头万绪，如何是好？

于是，拜访柴德赓师。柴德赓（1908—1970），字青峰，祖籍浙江诸暨，故宅近临浦镇，当时，临浦属萧山与绍兴共管，镇内以大庙为界，左侧江阴街，属绍兴，右侧萧山街，归萧山。

柴师遂以贵阳本《书目答问》借读，嘱咐曰："关于《书目答问》，贵阳本较善，你可以将这个版本与你手中的版本进行比较阅读，校订错误，补正不足，读过之后，应该会很有收获！"

又特别叮嘱："你一定要向季豫先生直接请教，季豫先生虽然不喜欢应酬，但是对于学生的请教，从来都能认真解答。"

先生将两种《书目答问》比对着读，果有所得，遂在自己的那本《书目答问补正》卷尾，以墨笔小字记其事，云：

癸未三月二十七日，京师尚有风沙，走柴青峰先生寓，借其贵阳雕版之《书目答问》，反舍手校著述姓名略，正其纰缪，补其不足，竣识于后。

三十二年　来新夏识于邃谷寄舍

时值战乱，季豫师杜门谢客，潜心著述，最不喜闲谈，尝自曰："赋性疏愚，不通人事，雅好读书，时时作为考证文字，偶有会心，辄欣然独笑，自以为得意，举以告人，人或不解。而余读书愈多，于世事益无所解，遂愤然不复与世接。"先生足足酝酿了三日，终于鼓足勇气，敲响余师家门。当日情景，终身不忘。

余师衣冠整洁，端坐案前，问先生有何疑难？

先生告之，余师遂令先生从书架上取《三国志》，读《董遇传》，中有"读书百遍，其义自见"一句，以之教先生。

还特别强调读书要善思，要留意于字里行间！

同时吩咐，要多读与《书目答问》相关的书。

最后，给先生布置作业，为《书目答问》编三套索引，即"人名索引""书名索引"和"姓名略人物著作索引"。

遵此教导，先生反复阅读《书目答问补正》，于字句间，咀嚼其味。又读江人度《书目答问笺补》，《笺补》之作，是在各书目下有"笺"，各类后有"补"。所"笺"者，涉及版本、分类、辨证、计数及评论诸方面；所"补"者，增补不足之书目。

1943年，先生利用暑假，完成了三套索引。

新学年开学，先生将作业呈上，余师欣然。

四、余师"辨证法"

陈垣之外，对先生影响最深之人，莫过余嘉锡。

自登门请教后，先生随时请益，无不圆满。

余师指点先生读书，不拘一格，先生有疑，当下便告知当读何书，释疑应在第几册第几卷第几页。

余师幼承家学，随父开蒙。其父嵩庆公，字子澂，为光绪二年丙子进士，颇通经史。师年十四，即有著述之志，作《孔子弟子年表》，年十六，注《吴越春秋》，又好读刘伯温《郁离子》，遂仿其体例，著书数万余言。然，因其嗜读，遂生目翳。

1901年，乡试中举，拜主考官柯劭忞为师。

时年十八，后入京师，任职吏部文选司主事。

嵩庆公去世以后，返籍丁忧，从此绝意仕途。

民国初年，经座师柯劭忞举荐，余师再来北京，坐馆于赵尔巽家，一面为赵氏子弟课业，一面审阅《清史稿》。

1928年，陈垣授课于北大历史系，余嘉锡之子余逊为之门生。陈垣读余逊文章，发现法度谨严，又能旁征博引，而文思俱佳。详细了解后，知其家学，心生敬畏，进而结识余嘉锡。

两师学理所宗，皆以考据为本，于目录学均格外推重，彼此相惜。经陈垣特别推荐，余师入职辅仁，教授目录学。

论读书，余师自称："史、子两部，宋以前书未见者少，元、明以后，亦颇涉猎。"遍读子、史二部，蔚然一大家矣！

以至于女儿、女婿说他"终日读书不辍"，无论在"餐桌"上，还是"厕上"，"皆一书在手"。

一本书读过，必还于原处，书满屋，而井井有条。

有人以孤本、奇书为荣，余师对此不以为然，他读书逾五千部，藏书更多，却将自己的书房，名为"读已见书斋"。

其读书，不另作笔记，就在原书上作批注，以五色笔区分，五色小楷与原书字体相辉映，十分悦目，只是太费心力。

观其一生著述，主要有《四库提要辨证》《目录学发微》《古书通例》《余嘉锡论学杂著》和《世说新语笺疏》等。

余师16岁，曾读张之洞《輶轩语》，当他读到"今为诸生指一良师，将《四库全书提要》读一过，即略知学问门径矣"一语时，不禁欢呼起来，若言有一语而为终身师者，这便是了。

次年，其父购得《提要》，嗜读之，遇有疑难，便核对原书，有所发现，则记于书眉，年仅17岁，就开始了《四库提要辨证》的写作。到了18岁，余师将其研究所得，录订成册，"而后读书续有所得，复应时修改，密行细字，册之上下四周皆满，朱墨淋漓，不可辨识，则别易一稿。如此三十余年，积稿至二十余册。"

从 1900 年到 1952 年作者写成此书，用时 53 年。

在每册书页上，详加注疏，逐条疏记，有的长达二三百字，密行细字，充盈其间，楷法精细，大者如豆，小者如粟，稠密无间。用心之专，殆非常人所能及。如此前后五十余年，一生精力，全在此书。

半个世纪，余师颠沛流离，经历妻亡家散，战乱兵燹，却无一时懈怠，中间三次大病，每一次都在阎罗殿上滚过。

第一次，1949 年冬，余师考证《东林点将录》及《天鉴录》，因用思过度而患疾。病情重时，神情恍惚，如坠云雾，眩晕之间，忽觉病榻前后左右，所陈列者，全是图书。待病愈，仍不爱惜自身，反而愈发觉得生命短促，著述更勤，考索愈力。

未几，二次病发。旧疾转为风痹，卧床数月始愈。言之苦状："自是以后，精神疲顿，虽发奋著述，早兴夜寐，手自抄录，但以右臂麻痹，手颤作书不易，往往经一月始成一篇。"

启功回忆，余师病重时，说话都不利索，小便也常失禁，但所撰新条，字迹虽然颤抖，却依然整洁，没有涂抹！

第三次病发于 1952 年秋。当时，余师正在撰写《元和姓纂提要辨证》，不慎跌损右腿，突发脑出血，转成瘫痪，从此卧床，脑力益衰。一生学问，至此方罢，非不愿也，实不能也。

这种勤韧精神，对先生影响极大，先生治目录学，皆遵季豫先生之法，例如汇补《书目答问》，也是以墨笔细字在书页上作注解，一书若满，再易一本，一记就是几十年，终成巨著。

大学四年，先生学费皆靠奖学金支撑，所以特别注重分数，各科成绩，基本是"A"，唯独目录学得了"B"。

遂以请教为名，前去诘问余师，师肃颜正色，道："我读了一辈子的书，也只有半个 B，你得了一个 B，还不知足！"

先生脸红耳赤，赶紧退将出来。后来从高年级学长那里得知，余师给学生评分，一般都是"C"，最高分就是"B"。

毕业时，余师应先生所请，亲写一副隶书大堂联以赠，先生一直珍藏，然而，在特殊年代，却被人抢去，付之一炬。

1943年　21岁

陈垣"为人之学"

1943年，先生21岁，升入大学二年级，终于等到了援庵师亲自授课的时候。能列于门墙，先生渴望久矣。

是年，陈垣已经63岁，年逾花甲，仪貌慈严。

入学前，先生已经读了一些援庵师的著作，如《中西回史日历》《二十史朔闰表》等，在学期间，又听了援庵师讲授《中国史学名著评论》《中国佛教史籍概论》和《史源学实习》。

援庵师同时担任几门课程的主讲，深谙教学方法，关于教学，援庵师曾这样教导启功，足可作为陈氏教法的总结：

1、教一班中学生与在私塾里教几个小孩不同，一个人站在讲台上要有一个样子。人脸是对立的，但感情不可对立。

2、万不可有偏爱、偏恶，万不许讥诮学生。

3、以鼓励夸奖为主。不好的学生，包括淘气的或成绩不好的，

> 1943 年，来新夏先生在北平辅仁大学历史学系读书时留影

都要尽力找他们一小点好处，加以夸奖。

4、不要发脾气。你发一次，即使有效，再有更坏的事件发生，又怎么发更大的脾气？万一发了脾气之后无效，又怎么下场？你还年轻，但在讲台上即是师表，要取得学生的佩服。

5、教一课书要把这一课的各方面都预备到，设想学生会问什么。备课不但要准备教些什么，还要考虑怎样教。哪些话写黑板，哪些话不用写，易懂的写了是浪费，不易懂的不写则学生不明白。黑板上的字，不能潦草，也不要写到黑板下框处，避免坐在后面的学生看不见。

6、批改作文，不要多改，多改了不如你替他作一篇。改多了他们也不看。要改重要的关键处。

7、要有教课日记。自己和学生有某些优缺点，都记下来，包括作文中的问题，记下来以备比较。

8、发作文时，要举例讲解。缺点尽力在堂下个别谈；缺点改好了，有所进步的，尽力在堂上表扬。

9、要疏通课堂空气，你总在台上坐着，学生总是在台下听着，成了套子。学生打哈欠，或者在抄别人的作业，或看小说，你讲得多么用力也是白费。不但作文课要在学生座位行间走走，讲课时，写了板书之后，也可下台看看。既回头看看自己板书的效果如何，也看看学生会记不会记。有不会写的或写错了的字，在他们座位上给他们指点，对于被指点的人，会有较深的印象，旁边的人也会感觉兴趣，不怕来问了。

援庵师教学，每重示范，布置课业，往往亲自完成，并与学生作业一起张贴展览，由学生品评、比较。

孰优孰劣，谁短谁长，立刻昭然。

弟子们每读援庵师之作，无不服膺，而援庵师则以浩瀚之学、邃密之思，于无形中，为学生开示治学法门。

陈师批改作业，尤其认真。

先生记得，自己作业中若有别字，都能被一一勾画出来，比如，作业中有一"本"字，却在"木"下多了一"勾"。援庵师就在那个"勾"处画叉，又加眉批，曰："'本'字无勾。"

援庵师布置作业也很有特色，从来只发一张红格作文纸，目的是锻炼学生凝练语言、紧凑结构，杜绝铺陈曲绕。

先生不明就里，以小楷在同一格内写成双行，自以为得意，如此，一生二，可以多发议论。结果，不能通过，退回重写。并被告诫：只有能写小文，才能放开来写大文章。

治学，要能收能放，还要有定力，援庵师对先生说：一篇论文和专著完稿，不要急于发表，要给三类人看，一是水平高于自己之人，二是和自己平行之人，三是不如自己之人。

他们师生之间，曾有一段难忘的故事。

某年迎新晚会，先生是班长，组织会务、排练节目等，责无旁贷。他与同学徐福申（徐树铮之孙）合编一段相声，内容是模拟辅仁诸位著名教授讲课时的方言、语态及手势习惯等。为了增强搞笑程度，当然要大肆渲染，极尽夸张之能事。例如，他们模仿陈垣先生的动作是：漫步讲台，一手捋须，吟哦晃脑。

堂下哄然大笑。本为娱乐，学生都不以为意。

可翌日，援庵师却把两人叫到办公室，说：以嘲笑别人取乐，并非幽默，而是不懂道德，尤其学生对师长进行讽刺、挖苦，更是绝不允许，不懂得尊师重道，就不可能做好学问。

不但做人要厚道，做学问也要厚道，为此，援庵师主张"为人之学"，对先生影响至深。在"一家之言"外，能否造就公共学术平台？师曰："滋事甚细，智者不为，不为终不得其用。"他将"工具""材料""方法"并列，称之为"治学三大要件"。

1945年 —— 23岁

为兼职所累

1945年，先生23岁，升入大学三年级。

8月15日，日本天皇宣布无条件投降。

9月2日，辅仁大学举行隆重的开学典礼，这是自1937年以来的首次。八年乌云压顶，如履薄冰，辅仁始终独立办学，于沦陷之地，与日伪周旋，顽强抗争，终于迎来了国土光复的时刻，怎不欢欣雀跃？

10月，先生在中国文化服务社北平分社编辑部兼职，筹办《文化月刊》，但该刊最后未能出版，至年底，即离职。

大学生活，先生学余，以兼职贴补家用，前一年（1944）先生与李贞女士完婚，并于当年5月22日生下一女，取名"明一"，再转年（1946）9月23日，又诞下一子，取名明善。夫妻二人飘零北平，又要抚养孩子，柴米之炊、学习之用，处处艰难。

那时，一家生活用度，主要靠先生的稿费和兼差，为了买玉米面，先生骑着自行车，从北平东城跑到西城，又从西城跑回东城，询问哪家便宜，往

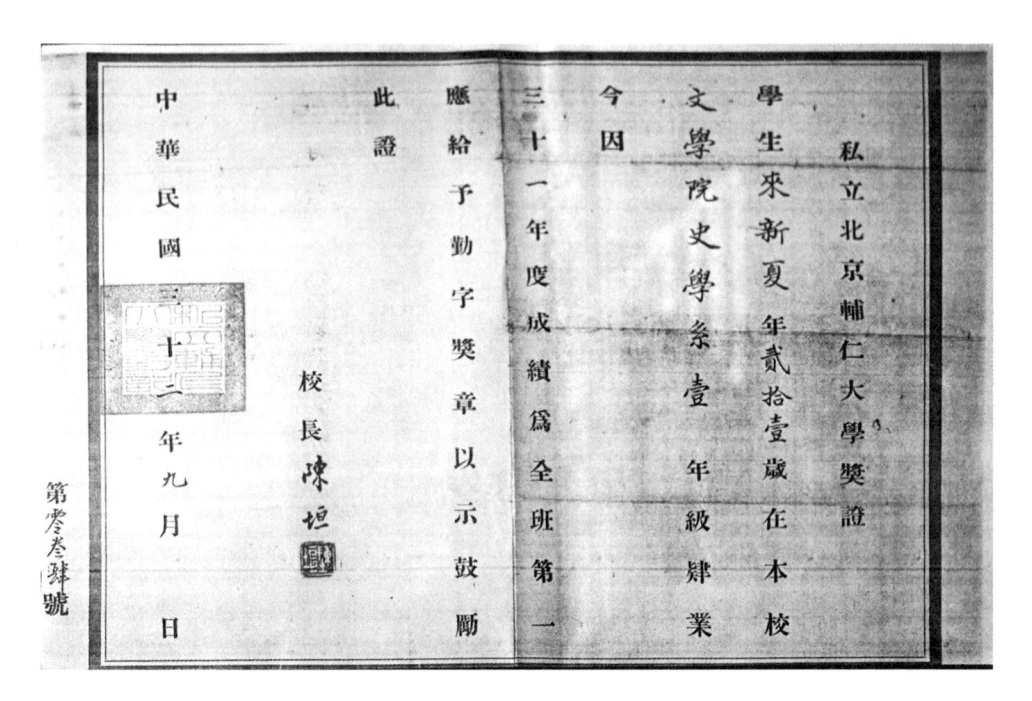

> 新夏先生在辅仁大学大一期间所获得的学业第一名奖状（复印件）

返一遭，却只能省下两分钱。

先生天性自强，从不仰人鼻息，遇有困难，一般都要自己解决。那时，他常有文章发表，但稿费或有或无，难以依仗。夫人李贞，则以编织毛衣贴补家用，耗时耗力，辛苦之外，又有多少存余？能支撑学业，最根本的，还是奖学金。所以，他对余嘉锡先生那个"B"级评分，是那么在意。

因为努力，凡有考试，每每第一，在学期间，先生获得了四年的奖学金以及"勤"字奖章。

至于兼职，时有时无。1946年，先生又找到了一份差事，在一份名为《文艺与生活》的杂志社内做编辑。此份兼差，是经同学陈鏊介绍。陈氏先于先生在此供职，知道先生家庭负担重，需要用钱，于是才热情引荐。

《文艺与生活》杂志社后院，有一空房，正可安身。那时候，先生与夫人困顿北平，居无定所。最多时候，一年搬家七次，都是某同学有空宅，然后暂住数月，别人若有需要，就再搬走。他的全部家当，只用两个皮箱就可以装下，一个人力车便可拉走，除书墨笔记外，更无长物。得此住处，不再东西颠沛，亦是生活所必需。

但万万没有想到，就是如此一份兼差，竟然影响了先生十八年之久。《文艺与生活》杂志似有国民党军统背景，一部分经费，来源于军统资助。当年，先生在该杂志社内任助理编辑，不参与实质业务，况是兼职，工作时间仅仅4个月，并不清楚此中微妙。

日后，该事披露，先生受累，虽未定罪，却被"投闲置散"，不准发表文章，不准讲授主课，落下十八年的寂寞。

1946年 —— 24岁

陈垣心法

1946年，先生24岁，大学四年，即将毕业。

一次，向援庵师提交作业，先生带去一张空白扇面，恳请恩师题字，以资纪念。在论文答辩的口试当日，援庵师请先生到寓所晤谈，然后，将写好的扇面交与先生，所写如下：

> 曾南丰《徐孺子祠堂记》引《图记》言：晋永安中，于孺子墓碑旁立思贤亭，至拓跋魏时，谓之聘君亭。孺子墓在江南，与拓跋氏何涉？南丰盖以此语出《水经注》，元文"至今"，故改为至拓跋魏时。然《水经注》文，本引自雷次宗《豫章记》。所谓"今"者，指宋元嘉间也。南丰文有语病，不能为之讳。

该短文，似与离别无关，却可见援庵师对先生的期许。

先生读书如饥似渴，难免贪多、贪快，援庵师总会适时提醒，书不但要

> 陈垣师为来新夏先生所题写的扇面

多读，还要多问，故临别留言，竟以一篇考证相赠。

曾南丰即曾巩，为唐宋八大家之一，陈师以其言误，提示先生读书心法，文中之教，意在言外。先生深谙师意，于此扇面，格外珍惜，每每观览，如师面提，时刻自省。

毕业论文，先生题作《汉唐改元释例》。

此为旧作，高中时，已得谢国桢师指导，仿援庵师《史讳举例》而作，此次得师亲自指导，脱胎换骨，终于完成。

何为"释例"？乃依例而释也。具体来说，就是通过举例说明的方式，来解释某个问题或某种现象。

改元，是改年号，何以选择汉、唐？

年号，始于汉武帝，此前，历代君王仅有纪年，而自武帝以后，年号遂成定制，迄于清末宣统，年号随王朝而终。

历朝历代，年号变更最为频繁者，当属唐代，故于改元一事，汉、唐二代，最具代表性。

> 1946 年，来新夏先生毕业于北平辅仁大学时留影

此篇论文所引资料以正史为宗，旁参别籍，得例三十四条，类分八章，详论汉唐两代更改年号的各种原因。

如"得国改年号"一例，政权更换或君主易位，必然要革故鼎新，但具体情况又可以细分为"易朝改元""继位改元""传位改元""僭位改元""反正改元"等五种，对于每种具体情况，先生又分别加以举例说明，少则一例，多则三四例。

例如"僭位改元"一条，先生举例如下：

> 唐隆《旧唐书》卷七中宗纪云："（景龙）四年……六月壬午，帝遇毒，崩于神龙殿，年五十五，秘不发丧，皇后新总庶政。……立温王重茂为皇太子。甲申，发丧于太极殿，宣遗制，皇太后临朝，大赦天下，改元为唐隆。"

所谓"僭位"，是指利用某种非正当影响，如权臣擅政、宦官外戚当权等，或太后当朝拥立非正统嫡嗣为君等。先生将该例一列，无须别作解释，何以改元，就被说得非常通透了。

类似其他改元的情况还有：废立君主改元，吉礼改元，嘉礼改元，祥瑞改元，去不祥改元，播迁改元等，每种情况，独列一章，每章之下，再细分若干，然后，分别举例说明。

论文最后一章，题为"杂例"，列举了汉、唐两代改元的某些特殊情况。例如，拟议年号却最终不用的、废除年号的、同年二个年号或三个年号的、多字的年号，一个年号在史书记载中却不相同的、一位皇帝多次改元的例子等，与前七章相比，在论述体例上并不一致，应是对全文的补充说明，增补前述之不足。

《汉唐改元释例》仅以两万余字，述说汉、唐改元历史，条分缕析，从容得体，以举例为主，看似不难，实则读史功夫深矣！要能于浩瀚群书中，以极简治要，而有举鼎学力。

故论文答辩时，师以"颇有作意"相勖。

1947年 —— 25岁

外交梦残

1947年,先生25岁。

毕业即失业,先生的一腔学术抱负迎来一头冷水——战争爆发。先生开始求职,理想是当外交官。

为成此愿,外塑形象,内修气质。

先生得家风之传,翩然有古君子之风。

平日,头发一丝不乱,衣必整洁、笔挺,仪貌堂堂。很适于外交职业,以一国之仪自律,不可稍有懈怠。

先生认为,历史学科最难,因其需多学科汇通,若学有所成,便足以应对各国、各地、各阶级的政经状况。

为此,先生还着力训练演讲,苦学外语。英语可以听、写,日语听、说也有相当的程度,后来,他还自学俄语。

可惜,战火纷飞之际,一切理想都遥不可及。

苦闷中,读二十四史,历时两年,浏览一遍。

> 1947 年，来新夏先生与祖母黄仁寿（中坐者）、父来大雄（右坐者）、母周玉如（左坐者）、妻李贞（后右）、二弟来新阳（后左）、三弟来新三（前右）及子来明善（前中）、女来明一（前左）合影

其间，经人介绍，受聘于某公司，担任文秘工作，月入仅敷一人开销，仅半年后，该公司因资金周转不灵而倒闭。

先生第一份正式工作是教师。

1948年2月，天津新学中学招聘，先生前去应聘。当时，该中学连续辞去了几位新上任的教师，要求之严，令人生畏。

应聘，先要试讲，先生只带两支粉笔，便在讲台上滔滔不绝，堂下，满座师生，皆为侧目，于是顺利入职。

新学中学是近代天津的一所名校。由英国基督教伦敦会创办于1902年，原名新学书院，坐落于法租界，创办人英人赫立德，曾在英国勘伯黎基大学获文科硕士，又在剑桥大学获理科博士，是自行车飞轮的发明者。

1892年，赫立德来华传教，结交袁世凯，在新学书院创办之际，袁氏为赞助者之一。当年，在学校大礼堂内挂有袁氏的巨幅肖像，并配有一匾，上书四个大字——"袁宫保堂"。

创办之初，该院依大学学制，分文、理二部，设格致、博学、化学专门、文学专门等科，学制四年。1919年，第一次世界大战爆发以后，该书院在河北省教育厅立案时，被认为科系太少，不符大学建制，降格成为"新学中学"。

1930年，该校脱离宗教背景，变更为私立，易名为"天津私立新学中学"。当时校董皆一时名宿，如顾维钧、林语堂、张伯苓、卞俶成、黄仲良、颜惠庆、施肇基、王正廷、王宠惠等。设9个班，计预科3个班，初中3个班，高中3个班，学生500余人。

日军侵占天津，私立新学中学也未能幸免。1942年8月30日，被日军占用，改名为天津特别市立第三中学。

1945年，日本投降。11月2日，市立三中改组为天津市立二中。

1947年，市立二中迁出，与市立一中合并而成天津市立中学（今天津一中）。同年8月1日，天津私立新学中学正式恢复。先生入职之际，正是复校不久。

历史上，新学中学以英语及体育两科最为著名。除国文、中国史地使用中文教材外，其余课程一律用英文。

该校外教众多，高中英语全由英国教师讲授，学校一切应用公文也都采用英文书写。体育成绩在华北乃至全国都很闻名，是天津最早开展足球、篮球运动的学校。当时该校足球队员，身着长袍马褂，脚蹬长靴，头上盘着一条大辫子，这是天津也是中国最早的足球队——"辫子"足球队。

新学中学培养出许多专家学者，如著名物理学家袁家骝，著名翻译家《红楼梦》英译者杨宪益，著名电影戏剧家黄佐临，著名教育家罗光道等。

初登讲台，先生倾尽全力，讲课、备课，一丝不苟。

时在新学中学读书的刘桂升回忆，新学中学每个学年组分为甲乙丙三个班，每班40多人，总计约150人，全校学生大约500人。刘桂升被分在乙班，对先生的教学至今不忘：

> 来老师讲课和别的老师很不一样，别的老师拿着课本，照本宣科，来老师讲课完全是靠板书。他手里握的不是课本，是卡片，但他几乎不看，知识全在脑海里。黑板上，一些重要的引文资料，他能大段地写出，一些难查的古字，也能信口而答。查阅资料，可以告诉我们在哪本书里能够查到，因为他对典籍特别熟悉，他的课总是那么生动，一看就是专家。

那时，先生在新学中学教书的日子并不轻松。他身兼数科，教授高中历史、地理及中国文学史等课。一周之内，上午四节，下午二至三节不等，课业满满。

1948年 —— 26岁

战乱分别

1948年,先生26岁。

年末,解放战争渐入尾声,解放军迫近京津。是去是留?这是盘桓在陈垣脑海内一个极其紧迫的问题。

援庵师曾教先生,写文章要给"三种人"看,他自己也依此而行,在其心中,胡适、陈寅恪、伦明可谓知己。

这三位,在"三种人"中,属于他自认为比自己强的那一种人,胡适、陈寅恪名闻天下,自不待言,那位"伦明",则如隐逸高士,淡出学林,其学术价值,仅为二三知己所知。

此君,一生嗜书,无所不览,读书执教之余,访书为乐,中年后,自通目录之学,一连十余年,日赴琉璃厂,皆满载而归,将京华珍本、孤本罗致门下,其足迹所至,遍及各地,所到之处,皆得善本,藏书竟达数百万卷,储书箱400余只。

还常备二三人为之抄写,一人为之修补。

他认为《四库全书》，以清代最为疏漏，欲续修，自名书斋曰"续书楼"："余藏书可作续修四库资料之八九矣。"以此，援庵师将他与胡、陈二人同列为"第一种"人，为学术之诤友，师曰："文成必须有不客气之诤友指摘之，惜胡、陈、伦诸先生均离平，吾文遂无可请教之人矣。非无人也，无不客气之人矣。"

陈垣与胡适，自1932年8月，两人共住北平后门内米粮库胡同，胡住4号，陈住1号，做了五年邻居，经常往来。

1934年，陈垣先生刻印《元典章校补释例》，请胡适为之序。胡适写了一篇两万字长序，盛赞此作是中国校勘学的一部最重要的方法论，张尔田对胡序不满，某日宴会，当面质问陈垣："君新书极佳，何为冠以某序？我一看这序言，立刻把书撕了！"此人，曾参与《清史稿》撰写，在史学领域，堪称重镇，然而，陈垣师却敛色道："君购之，君撕之，乃君之自由，他人何能干预？"

胡适准备离开北平，在临行前两夜，还曾特意写信给陈垣，邀请陈垣一同离开，但陈师是学者，不愿意跟着政治走。

1949年1月8日，蒋介石第三次派人接陈垣去机场，为了避免被强掳，他一早，便躲到刘乃和家中，一直到夜深，方回寓所。可第二天，北平、南京，却都发出了"中央社"消息："陈垣等人离平飞京"，这是公开撒谎，陈垣与胡适，竟因此而决裂。

1949年5月11日，陈垣在《人民日报》上发表一篇题为《北平辅仁大学校长陈垣致胡适之的一封公开信》，在文章末尾，陈垣对胡适说："再见吧！希望我们将来能在一条路上相见。"这封公开信，胡适读到时，已是6月18日，彼时，他身在美国。

经过大半年沉淀，胡适冷静下来，提笔回应。

他认为，所谓"绝交书"，乃他人伪造，并考证了若干理由。他从情感上不愿意相信自己与陈垣的友谊就此破裂。

胡适言中，但该文虽非陈垣亲笔，却为其授意。

解放军入北平后，石家庄《新华日报》上，发表了一封《蓝公武与胡适的一封信》，陈垣也想表明一下自己的态度。遂以学生刘乃和执笔，经陈垣亲笔改定后发出。此为陈垣师裔孙陈智超所言，而修改此信的手稿，陈智超至今保留。

完稿后，交范文澜，在《人民日报》上发表。

1962年，胡适因心脏病猝发，逝于台北；1971年，陈垣病逝。两人最终也没能在同一条路上再相见……

因政治之故，相分相离者，还有骨肉亲情。

先生身逢那个年代，亦遭此痛。

来新阳，1931年12月12日生于天津，是先生的小弟，比先生小8岁。1948年，新阳毕业于天津工商附中，随即被保送至工商学院（津沽大学）土木工程系，旋又考入兵工学校兵工工程学院战车工程系，校址在上海。两校之间，择选其一。这是人生的转折点，新阳自己也难于定夺，询之父兄，亦有分歧。

先生以为，战乱时期，最好不要远离，他为弟弟的安全所忧，内心实不愿弟弟从军。大雄公却另有所向，长子新夏毕业于辅仁，专习历史，人生当以学术为宗；而次子新阳若能进入军校，专习兵工之业，以武报国。二子，一文一武，格局砥定。

孝悌之道，莫敢不从。先生虽心有所忤，亦以父愿为先。多年以后，新阳先生回忆道："临行之日，大哥帮我打点行囊，整理铺盖，送我到塘沽上船。"分别时，先生絮叨："连铺盖你都不会整理，将来如何独立？"听似责怪，实为不舍，他对时局有自己的判断，此去关山万重，凶险环伺，又怎么能够放心得下呢？

船锚起碇，风雨难料。此一别，竟是四十年。

1949年，国民党败局已定。解放军未至上海，新阳等即被送往台湾。

从此，国有难，家难回！

1949年 —— 27岁

一、被范文澜选中

1949年1月,天津解放。

1949年,先生27岁。

他报名,在华北大学二部史地系学习。一同报名者,还有新学中学同事张公骕。

张公骕,为清末重臣张之万嫡孙,先生入新学中学第一日,便与张氏结识,彼此引为知己。此时,两人同时接受推荐,同受政治培训,还一同准备南下,赶赴战争最前线。

先生能做这样的选择,其实非常不易。

抛弃优厚的工薪,参加革命,对于常为衣食所忧的来家而言,无异于断绝经济来源。更何况,当时国民党军盘踞长江,南下,意味着迎向枪林弹雨,此去,生死未卜。

但是,决心已定,死当捐躯。

为示此志不改,先生与张公骕一齐改名。

张公骓改名为马奔,取"骓"字马旁为姓,同时寓意,"要在马克思主义的大道上、在中国革命的大道上,策马奔腾"。

先生改名"禹一宁",因"夏""禹"相连,大禹传位于启,方有夏朝一代。所谓"一宁",是以"列宁"自况,暗含两意:其一,"彼一宁也,我一宁也";其二,"王侯将相宁有种乎?"

在华北大学二部,先生脱去长袍,改穿制服,吃小米大锅灶,住集体宿舍,边学革命理论以及政策文件,边准备南下。

4月21日,解放军突破长江防线。23日,攻入南京,蒋介石退守台湾。

8月,政治培训基本结束,先生顺利结业,本以为马上要南下,可突然又生变化。系主任尚钺告诉先生,华北大学副校长范文澜准备从学员中挑选几位历史系毕业的本科生,去钻研中国近代史,享受供给制待遇,经调阅档案选择,先生被选中。对范文澜师,先生早已敬仰,以此机缘,得列门墙,当即表示同意。

当年,范文澜逃离南开,落脚于北平,辗转于北大、辅仁等各大学校任教,后来,中共中原局书记刘少奇找到范文澜,建议他赴延安,还亲笔修书,致信毛泽东,郑重推荐。

范师上路,途经陕西商南县龙驹寨,正逢国民党兵搜查。他们本想搜些鸦片之类,却误打误撞,搜到了《联共党史》《斯大林选集》。当时,范文澜恰好不在现场,他去吃饭了,行李交役夫照看。返回途中,见大兵手中拿着自己的书籍,立刻警醒,急忙销毁刘少奇的亲笔信,然后上前理论,却被扣押,羁于西安。

因查无实证,被释放,一路辗转,终到延安。

在延安,范师历任马列学院历史研究室主任、中央研究院副院长等职,在此期间,他最大的成就,就是出版了《中国通史简编》及《中国近代史》上册。此二书,是国内学者第一次运用马克思主义系统论述中国通史的学术著作,该书所确立的历史框架和提出的一系列论断,影响了中国史学研究长达数十年。

二、整理北洋档案

9月初,先生到北京东厂胡同1号报到。这里是历史研究室所在地,范文澜在此。

范师,高瘦身材,戴着深度近视眼镜。当年,在延安窑洞内,青灯展卷,著作文章,使他熬瞎了一只眼睛。

他是绍兴人,口音很重,别人听他讲课甚感吃力,而先生却能轻松应对,所谓"萧绍同乡",口音相近也。

故而,在相熟之后,先生便成了范老讲课时的助理,在台上帮忙写板书,在台下向同学解释,某话为何意。

报到第二天,召开全室大会。

一为宣布规章、纪律,二则动员、鼓励。范文澜说,钻研学问,要有"二冷精神",即"坐冷板凳"和"吃冷猪肉"。

"坐冷板凳"尚可理解,唯一"勤"字而已,心无旁骛,要耐得住寂寞。而那"冷猪肉"的出处在文庙,原来只有大学问家,有资格在文庙廊庑间占

> 1949年,来新夏先生(前左二)在华北大学学习期间与同小组成员合影

有一席，分享祭孔的冷猪肉。

当时研究室有着极为严格的管理制度，由刘桂五主抓思想和生活，荣孟源主管业务与学习。每周只休一天，周日正常上课，该日无科研任务，主要举行生活检讨会，自省与监督。

平素，研究生们食大灶，住集体宿舍，学校工会偶有福利，发一些影票之类。范文澜却明令，研究生们不许看电影，他是担心学生一旦接触娱乐之类，难以平静心态，从而荒废学业。

当年，先生等住在后院厢房，范老住在前院。

而研究室却只有一扇大门，出入必经范老窗前。

学员们有时候也想偷懒，打算到街上转转，但是都在范师的眼皮底下。每每遥望，见范老正襟端坐，手不释卷。学生们遂收敛心神，也乖乖地坐在了自己的书桌旁，认真苦学。

室里，所有人员只分两级：研究员和研究生。

研究员，为资历较深之专家，多数从延安时代即已加入研究，学识兼具，如范文澜、刘大年、王南、荣孟源、刘桂五等。而研究生则如先生，资历尚浅，初登学术奥堂，不免慌张。

研究室分通史组和近代史组两个方向，先生被分配至近代史组。当时，凡新入学者，都师从范文澜。然范老不暇，又为每一位研究生专门指定一位研究员作指导，先生的指导老师是荣孟源。

在辅仁，先生专攻汉唐，突然转至近代，如何下手？遂向范老请教，范老说：你是援庵先生的学生，当知专攻一经。

先生赧然："初学此门，不知应该选择哪部！"

范师建议，可以先读《三朝筹办夷务始末》。

谨记师教，又得荣孟源介绍，从资料室内借得该书，逐页展读，随章札记。年余，终卷，得三大册读书笔记。

这三本笔记，先生一直珍藏，可惜，在特殊年代，频繁被抄家，能抢走的都抢走了，认为无用者烧之。三大册札记，被焚了两本，唯其第一册，因积压在烂纸堆中，得以幸存。

经此一番札录，先生不但深谙近代史事，且熟知晚清国家经制，读《筹办夷务始末》，常见"廷寄"二字，从《凡例》中，略知此乃皇帝下达，不经内阁，由军机大臣直接发授的密旨。后读《枢垣记略》，关于"廷寄"又有详解："上谕亦有二：巡幸、上陵、经筵、蠲赈，及内臣自侍郎以上，外臣自总兵知府以上黜陟、调补暨晓谕中外，谓之明发；告诫臣工，指授方略，查核政事，责问刑罚之不当者，谓之廷寄。明发交内阁，以次交于部科；廷寄密封交兵部用马递，或三百里，或四五六百，或至八百里以行。"

先生总结道："专攻一经，不仅有奠定基础之效，且能由此伸延博览，可窥学术殿堂。"读罢三朝《筹办夷务始末》，又读《清季外交史料》，但其首要任务是整理档案。解放军入北平后，由前政府移交而来了若干北洋档案，皆为原始档，尚无人翻阅，用麻袋装来，一袋袋，杂乱无章，满纸灰尘，抖一下，乌烟瘴气。

整理地点，设在黎元洪旧宅花园八角亭，参与整理者，有先生、贾岩、唐彪、傅耕野、王涛、陈振藩、方鸿机等。

他们逐册翻检，个个灰头垢面，兴致勃勃。范文澜说，从档案中搜求资料，如披沙拣金，确实很艰难，但这是研究工作"从根做起"的重要一步。只有这样，才能基础广泛而扎实。

"从根做起"，遂扎根于先生心中，奉为圭臬。

经过四个月的整理，袋装档案大体分类，如私人信札、公文批件、电报、电稿、密报、图片和杂类等，捆束成卷，摆列上架，编次序号，此为初步，尚需进一步整理，分类入目。

到了爬梳史料阶段，资料又被移至于干面胡同一所通敞的大院内。以政治、经济、军事、文化四分，依类入目。

众人把一捆捆档案打开，然后仔细阅读，在特定卡片上写上文件名称、成件时间、编号及内容摘要等，然后签字封存。

先生阅读此类档案，每有所会，辄悉心记录。工作之余，与同学分享，听有触动，立即札记，甚且翌日再查原档，补录其中。积一年之功，写有札记二百余篇，积存卡片数百张。

1950年 —— 28岁

参与新史学

1950年，先生28岁。

追随范文澜，学习"新史学"。试以"新观点""新方法"研究中国历史。

"新"与"旧"，其实是一种"政治化"表述，新政权建立后，要以新意识形态摒弃旧史观，"新史学"应运而生。

此年，正值金田起义一百周年，范文澜等拟以专刊纪念。先生作《太平天国底商业政策》，于本年2月完成，署名"禹一宁"，是他当年参加南下政治培训时所改用的笔名。

这是先生学习马列主义之后的第一篇论文。

对于太平天国运动，范文澜评价甚高，他认为，1851年的金田起义，影响空前，迥异于秦汉以来任何一次，因为它破天荒地提出了"消灭封建制度的土地纲领"，同时，起义又敢于发动群众，有别于后来资产阶级所领导的"旧民主主义革命"。

在这里，范氏以阶级斗争之眼，看待中国民主进程，以是否触碰封建土地制度为标准，来评判斗争的先进性。依此标准，他甚至认为，太平天国运动比辛亥革命还要意义重大。基于此，先生作《太平天国底商业政策》。

全文分三章，"太平天国底国内商业政策""太平天国底对外商业政策""外国侵略者对太平天国商业政策底态度"。

对内，太平天国轻税薄征，且手续完善，纳税者给予凭照，不再重复征缴。军队实行公营买卖。商品来源有三种：民众献纳，缴获物资，不守规定而没收之货。同时，又鼓励民间自由贸易，禁绝搜刮、迫害，尤重公平。"士农商贾，各安生产"，"非出相当代价，虽一鸡蛋，亦不敢妄取"。

对外，允许外国商旅来华，但贸易自主，不受钳制，并且严格禁烟，所谓"百物可商量，惟于鸦片绝对禁止"。

外国侵略者对太平天国，初始观望，自称中立。他们看重中国市场，而满清政府严格限制对外贸易，所以，他们颇为欣赏太平军的对外贸易政策。

太平天国禁烟，触及一些外商利益，不过，他们保持"中立"，还是在等待利益最大化，是扶清，还是助太平军，先观望。

1858 年、1860 年，清政府先后与外国签订《天津条约》《北京条约》，外国人不仅可以随意到中国内地通商、传教与游历，并且他们从清政府取得了关税管理权和内河航行权。从这阶段以后，西方人对华态度发生转变，转而助清镇压太平军。

以上，是《太平天国底商业政策》一文的基本梗概，文中资料翔实，全文以马列主义为指导，但通篇没有一句"硬塞"的口号，而是在咀嚼消化以后的自觉运用，并非机械地贴附与罗列原典。这在当时，实属难得。

6 月 25 日，朝鲜战争爆发。

美国出兵进行武装干涉，海军第七舰队开进台湾海峡，阻止解放台湾。中国科学院召开声援大会，并号召青年积极参军，先生早有投戎之心，当场报名，但因政审未过，只能作罢。

退而撰述，作《美帝侵略台湾简纪》，历时半年，12 月，交范师审阅。

这本书是先生的第一部史学专著。署名"来新夏"，从此，不再使用"禹一宁"笔名。全文 2.5 万字，分 5 章。

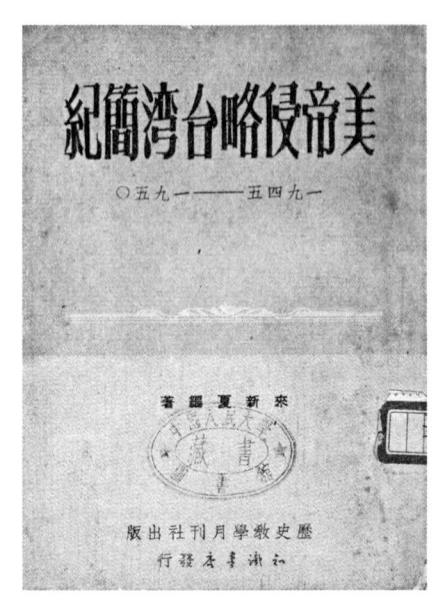

>《美帝侵略台湾简纪》，天津历史教学月刊社 1951 年 8 月出版，知识书店发行

第一章：美帝侵略台湾，是为了实现其独霸亚洲独霸世界的企图；第二章：美帝进行各种恶毒的政治阴谋，以实现其独占台湾的目的；第三章：美帝政府及其独占企业操纵了台湾的经济命脉；第四章：美帝武装力量侵占了台湾，这就构成了对中国公开直接的武装侵略行为；第五章：中国人民坚持战斗，取得伟大的民族独立斗争的最后胜利。

本书章节名称甚长，似乎不符合出版习惯。实则有意为之，其名称皆引用伍修权在联合国安理会上的发言。

中国人民志愿军入朝作战，与美国所主导的联合国军在朝鲜半岛上周旋。美国向联合国提出所谓中共"对大韩民国侵略案"，中国亦提出"控诉美国侵略中国案"，两份提案你告我、我告你。

当时，中华人民共和国在联合国尚无合法席位，此次伍修权在联大的发言，是中共政权在国际外交上难得的一次发声机会，伍氏义正辞严，与反对者针锋相对。

毛泽东评价说，伍修权是"大闹天宫"去了。

伍氏之发言，在国内引发轩然大波，一时间，人们争相议论。先生以该发言之原句作为该书小标题，一来醒目，直指人心；二来详加诠释，为伍氏发言作注脚。

台湾，号曰"宝岛"，得益于它的物产富饶与海洋地缘的重要，先生指出，美国有觊觎之心。

论诸物产，首要煤炭，美国若能在加利福尼亚、日本和中国之间开辟航线，这里的煤源最为好用。

台湾东临太平洋，东北邻琉球群岛，南界巴士海峡与菲律宾群岛相对，西隔台湾海峡与福建遥望，扼守咽喉，交通位置极其重要。麦克阿瑟将之喻为"天然的航空母舰"。

先生指出，美国欲把台湾作为军事跳板，并将它打造成总枢纽，从阿留申群岛、日本、中国台湾、冲绳岛以及菲律宾一直到大洋洲西南部，建立一条防范亚洲共产势力的防线。

美国助力蒋氏政权，控制台湾经济命脉，掠夺特产，倾销产品，或直接、或间接，有次序、分步骤渗透，甚至规定，如蒋介石在军事上失败，台湾即以请求联合国代管为名，由美军占领。

今天看来，本书更类政论长篇，属于经邦济世之文，先生用手中的笔，以自己的专长，参与抗美援朝。

本年，华北大学历史研究室被改为中国科学院历史研究所第三所。

1951年 —— 29岁

一、吴廷璆提携

1951年，先生29岁。

2月，吴廷璆赴京，为南开大学历史系招聘师资。

吴廷璆也是范文澜高足，毕业于北大，得范老资助，留学于日本京都帝国大学，回国后，任教南开，为历史系主任。

南开办学，有两个重点，那就是张伯苓说的"古为今用"和"洋为中用"，在学科建设上，就表现为历史和外语。

1919年，私立南开大学甫立，设立文、理、商三科，文科有历史系，没有中文系，张伯苓说"文史不分家"，就用历史取代中文了，所以，有人就说，南开缺少名士风流，就因为当年张伯苓没设中文系，同北大的名家风范和名士风流形成了鲜明对照。

但历史系却群星灿烂，梁启超、凌冰、范文澜、徐谟、汤用彤、何廉、萧公权、黄珏生、蒋廷黻等，先后在此执教。

1937年，日军全面侵华，公然轰炸南开，南开遂与北大、清华迁往大西南，组成西南联大。同时，有著名学者皮名举、蔡维藩、杨志玖等加盟历史学系，1946年，抗战胜利，西南联大宣告结束，南开大学被改为国立，复校于天津八里台旧址，黎国彬、王玉哲、杨生茂等于此时，陆续加盟南开历史系，1949年，吴廷璆代任南开历史系主任，他是当时唯物史家的标杆人物之一。

此次赴京，拜登师门，有一事相求，即请范师推荐学生。范文澜当时就想到了先生，对于自己老师的推荐，吴廷璆欣然接纳。

将离之际，范老这样向先生介绍吴廷璆："他是我的旧交，是进步人士，他会照顾你的，你要好好工作，努力进取。"

新学期开学，先生持介绍信报到，吴廷璆在家中接待，他建议，先生可以从助教做起，兼任系主任秘书。

——应承。

吴老披上外套，要亲送先生入校办理手续。先生连忙推辞，吴老却执意要去："我陪你去，比你自己要顺当得多！"经吴老引荐，结识秘书长黄珏生，并拿到了南开大学的正式聘书。

在朝鲜战场上，中美鏖战，牵掣每个人的神经。

吴老准备赴朝慰问。此去凶险，先生提醒，吴老却很严肃地回答："这是义不容辞的事情！"当时，中国近代史课程为吴老亲授，此去前线，谁来顶替？他推荐了先生。入系未久，且无大学讲授经历，如何胜任？吴老鼓励："大姑娘总有上轿的一天！"

他把自己的授课记录交给先生，以为示范。

先生展卷细看，写得密密麻麻，细致又精深。

对于近代史，由于在范文澜门下，已然通读诸作，上下贯通，得吴老鼓励，遂尽力备课，愈讲愈发从容自信。

当吴老由前线返回，按理，先生当退回二线，可吴老发现，先生讲课已经应付自如，效果亦佳，遂正式移交，并鼓励说："人生总要选择一条生活之路和事业之路，你就走这条吧！"这样，中国近代史成了先生在历史学研究领域终生所从事的事业。

吴老律己严，待人宽，只唯理，不畏权。

吴老钻研东西交通史、亚洲史等，尤精日本史。

1949年以后，中国日本学研究领域有"三老"，分别是周一良、吴廷璆与邹友恒，三人分别在北京大学、南开大学、东北师范大学培养了一大批日本史研究人员，是该领域的奠基者。

1955年，吴老在《南开大学学报》创刊号上发表了题为《大化改新前后日本的社会性质问题》一文，这是中国学术界首次提出"大化改新封建说"；1964年，他又发表了《明治维新与维新政权》一文，认定明治维新是一场没有完成的资产阶级革命。

两文皆具开创意义，对国内日本史研究影响深远。

20世纪80年代初，吴廷璆担任中国日本史研究会会长，受教育部委托，主持中国学者编著了第一部日本通史——《日本史》。

前后经历十年，这本《日本史》是国内该领域第一部具有极大影响力的通史性著作，为国内日本学研究奠定了基础。

如今，南开大学专设日本研究院，是全国独一无二的院级日本史教学与科研机构，而该院的拓荒者，正是吴廷璆。

"我之所以有五十多年安身立命之所，不能忘记吴先生的引进之恩；但是，吴先生从来没有片言只语示恩于我，似乎从来没有为我做过什么。"

二、青云乡土改

9月，在新学期开始的第一周，文学院院长冯文潜教授约请先生谈话，大意是，经南开校方同意，委派先生参加土改。

先生亲历"土改"，是参与者与见证者。

土改运动千头万绪，可概括为"取"与"施"两大环节。取者，将地主、富农的耕地留足自用以后，没收其余；施者，将没收来的耕地再次分配，分给那些无地少地的贫农、雇农。看似简单，一取、一施，操作起来非常复杂，关键在于核定"标准"。

先生被编在土改 23 团，赴湖南，团长是当时天津市政工程局王华棠。在长沙，先集训，学习土改大纲，听取湖南省委农耕部部长杜润生作报告。集训完毕后，先生被分配至常德专区。

至常德，又培训，首先要了解当地社情及土改进度等。培训完成，被派往桃源县，具体是在三阳区青云乡。

桃源县，古属武陵郡。相传，晋人陶潜名篇《桃花源记》所描述的那方净土，就在这里。当时，先生在青云乡任土改秘书，队长为山东南下干部霍宪俊。开始，工作核心是调查。

主要了解两方面：一是地主罪恶；二是农民苦楚。工作内容为三句话："访贫问苦""三同一片""扎根串联"。"访贫问苦"，就是依靠贫农、雇农，与之"三同"，同吃、同住、同劳动，并打成"一片"，"扎根"在他们中间，使之"串联"起来。

先生等白天走访、记录，晚间汇报、讨论，梳理出若干"辫子"（问题），第二天再根据这些"辫子"，去群众中印证，并搜集证据等。经过多日走访，将问题逐渐集中，也初步确定了对象，接下来便要开始划分成分，然后经上报审批，张榜公布。

土改的第三阶段是"挖浮财，分果实"。

工作组分为若干小组，分别到地主家没收土地以外的"浮财"，主要是家具、衣物、首饰、法币、银元、牲畜、农具等。按照政策，除了留够地主家必需用品以外，其余一切均要没收。

分果实大会，是在农历腊月廿三举行，乡邻基本都分到了一些东西，挖浮财最大的新闻，是在程家祠堂大门槛下，挖出两缸盐，计有近千斤，每户分得一斤。

盐是当地最难得的东西之一。据说，"程谦曾以一两黄金一斤盐"的天价垄断，如今乡邻不仅分到了盐，以后还能自由买到平价官盐，这是土改给当地带来的切实福祉。当天下午，举行分田、分地等工作，对地主、富农的处置办法是，先核对户口，留下应得部分，没收多余部分；对于贫农、雇农，则是有分、有补。

待一切工作办妥后,已经是除夕前一天,工作队放假,从腊月廿九到正月初三可以自由活动,但必须三人以上同行,彼此监督,不准吃请。先生等人利用这段时间到集市上闲逛,见有农民摆摊,里面有许多是分果实留下来的东西,工艺都很精美,尤其是石雕,价格相当便宜。于是,大家购买了许多,除了自留,还可以分送亲友。孰料,这一行为却在后来遭到严厉批评。

事情经过如下:土改工作完结以后,分赴各地的工作团都返回长沙开总结整风大会。先生所在团的突出问题就是购买桃源石雕。总团认为这是严重的违纪,甚至有些人上纲上线,说这是乘人之危,是用国家的工薪去抢夺农民的胜利果实,还进一步分析,为什么地主家可以有珍玩,贫农雇农就不能有?有人痛哭流涕地骂自己是地主恶霸的帮凶,表示愿意无偿上缴石雕,接受处理。经过9个月的"奋战",土改宣告结束,工作队解散,先生重返南开。

1952年　30岁

院系大调整

1952年，先生30岁。

而立之年，立业南开。

5月，土改工作结束，先生重返校园，继续教学与研究。

新政权初立，中苏交好。南开大学号召师生学习俄语，先生集中突击，每日强记单词百余，历经两月而过关，结业考试，竟获全校第二名。为了巩固学习成果，翻译《美国是武装干涉苏俄的积极组织者与参与者（1918—1920）》一书。该书作者是苏联学者别辽兹金，记述自十月革命以来，美国操控或直接遏制俄国苏维埃政权的有关历史。

先生学习俄文，本是临时抱佛脚，远未达到可以自如翻译原版著作的程度，只好手捧字典，一句一句地进行，进展缓慢，持续四年方得告竣，全书共十五万字，至1958年才正式出版。他后来才知道，因为翻译错误太多，三联书店又专门邀请了专家审改，方达出版水平。

是年9月，先生除了继续讲授中国近代史课程，又增加了中国革命史一

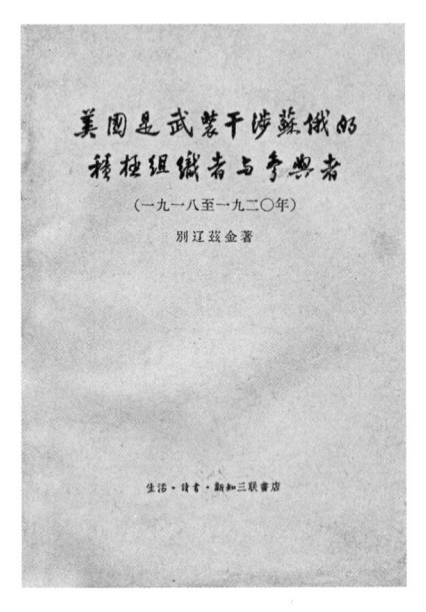

>《美国是武装干涉苏俄的积极组织者与参与者（1918—1920）》，生活·读书·新知三联书店 1958 年 3 月版

门新课，因此，他还要赴京参加培训，每周往返于津、京，听取著名党史专家胡华先生讲座。

是年，中国高等教育界还有一件大事，6 月至 9 月，政府全盘调整高校系统，以苏联"专才模式"为宗，强调专业性和计划性，要求大学教育服务于政治，服务于经济建设。

其实，国家对高校系统的改造，早在 1950 年便已开始。当时打造了两个样板，一为中国人民大学，一为哈尔滨工业大学。之所以在 1952 年突然全面展开，这与抗美援朝有关。当时，美国对中国高等教育影响很大，特别是一些私立高校，经费来源于美方资助，这在全民抗美、上下动员之际，显然不合时宜。

所以，中国高校改革，首先指向私立大学。

无论是个人资助兴办，还是教会主办，一律改为公立，全面纳入国家体制。中国的民间私学传统，至此中断。

其次，从综合性大学转向专科化学校。

全国仅保留如北京大学、南开大学、复旦大学、南京大学、山东大学、东北人民大学、中山大学、武汉大学等文理综合高等学府。大力组建多科性高等工业学校,如清华大学、南京工学院、上海交通大学、同济大学,合并专业,组建工科学院,如北京大学地质系、清华大学地质系、唐山铁道学院地质系、天津大学地质工程系合并组建北京地质学院(中国地质大学);天津大学冶金系、唐山铁道学院冶金系、山西大学冶金系、西北工学院矿冶系冶金组、北京工业学院冶金系、北京工业学院采矿系、天津大学采矿系金属组合并而成北京钢铁学院(北京科技大学)等。

再次,压缩人文社会科学,取消部分专业。政治学、社会学、心理学、人类学被取消,财经与政法学科被削减。

最后,改革高校管理体制。所有高等院校全部纳入国家统一管理,高度一元化的高等教育管理体制形成。某具体大学,或为教育部直接主管,或为国家相关部委管辖,或为地方政府管辖。并且改变了过去大学基本教学体制,以系为大学管理基本单位,系下设教研室,教研室不仅是教学单位,还担负政治任务。

据包丹丹《1952年院系调整再解读》一文介绍,调整后,全国高校总数,由211所,改为182所,综合性大学大幅减少,由此前55所,减至12所,占8.5%(1953年),当时,中国成为世界上综合性大学、文科在校学生和文科教育比重最小的国家。

院系调整,从短期看,以行政手段,迅速充实国家经济建设与国防建设急需的工科院校,培养一大批工程技术人才,对经济发展、政权巩固,皆有促进之效。从长期看,弊端亦显。

大学理、工分家,专业细化,难以培养通才,因拆分,各大学各自原有的独特性和治学传统,也会随之而消失。

按教研室建构,把某一课程机械切割若干。

例如,一部中国文学史,被硬性划分成先秦、两汉、魏晋南北朝、隋唐、两宋、金元、明清等。各个阶段教师不准跨越自己领域,讲授唐诗者不能讲宋诗,讲授宋词者不能讲清词,否则就是越权。文学艺术的发展,是不会按照王朝更迭而迭代的，以表现"人"为核心的文学史有独特的内在表达，怎么能以王朝为时间背景任性划分呢？当时，彼此监督，谁也不敢越雷池一步。

教学体制就成了一件按图纸组装的机器，每个人只是它上面的一个孤立零件，各自只管拧紧自己的螺丝而已。

此时，辅仁大学已经不复存在。

其中三个学院、十一个系、两千多名师生，除哲学、经济、社会三系和西语系部分师生分别并入北京大学、中国人民大学、中央财经学院、北京外语学院外，其余皆并入北京师范大学。

南开大学变动也很大。师资从北大、清华、北师大、燕京、唐山及沪江等校作了调配。历史系在院系调整中得到加强。著名史学家郑天挺、雷海宗分别从北大、清华调来。

郑天挺（1899—1981），字毅生，福建长乐人，未到南开前，任北京大学秘书长。精于考证，博通古文字学、古地理学、校勘学、训诂学，尤以明清史研究见长。

雷海宗（1902—1962），字伯伦，河北永清人，曾任清华大学历史系主任。出身基督教家庭，留学美国，精通多种外语，在哲学、宗教、文学、地理、气象等方面造诣精深。

郑、雷二先生，皆为泰斗级人物，再加上杨翼骧等一批中青年教师陆续充实，南开史苑，声望大增。

1953年 —— 31岁

责编《历史教学》

1953年,先生31岁。

那时候,他身兼数职,授课之外,另任辅导员,还兼职《历史教学》杂志的编辑,终日匆匆碌碌。

在先生长女来明一的记忆里,父亲当时常穿一件白色上衣,腋下总夹着一本书,神采飞扬。

做辅导员,晚上还要辅导学生晚自习之类,每天回到家里,总在夜里10点以后。翌日清晨,天色尚暗就会起床。

那时候,家里有个收音机,先生用它学外语,边听边念,就这样,俄语与日语自学而成。

在来明一的记忆里,父亲最爱带她去的地方有两个,一处是南市,另一处是劝业场,都与买书有关。

某次,先生又在南市书摊上看中一本旧书,已大半腐朽不堪。明一不理解,为什么要买它呢?而且价格不菲。

>《林则徐年谱》部分手稿

关于读书,来家有一条规矩,不许卧读。

先生终其一生,除非病重难以起身外,从不卧读。每每展卷,必正襟危坐,恭敬而虔诚。

受父亲影响,明一也爱看书、买书。在她自己房间内,堆满各色书籍。尤其是那些名篇名著,恨不得都能买下。有人问她,买那么多书,你读得完吗?明一却回答,书不是天天举着看的,要用的时候,一拿就有。这种观念,正是受她父亲所熏染。

先生身体有两处病患,一是眼睛,二是腰间盘。他坐得太久了,藤椅都坐散了,每日几乎没有余暇,不停地写。

20世纪50年代节粮度荒,生活困难。他写书,纸墨难敷用度。于是,什么样的纸张都能用来写作。明一记得,父亲有一部书稿,写在一堆烂纸上,那纸类似现在的包装纸,背面是红格。特殊年代时,在床底下的那捆书稿被抄家者翻腾出来,还以为是垃圾,直接扔在地上,竟意外免于火焚,此稿就是《林则徐年谱》。

整个50年代,先生在各色报纸、杂志上陆续发表文章(专著除外)约

34篇。其中，有23篇是发表在《历史教学》上，占比68%，可见《历史教学》是他此时学术活动的主要阵地。

《历史教学》创刊于1951年1月，顾名思义，该刊着力研讨历史学科"教"与"学"两方面的内容，意在启迪教法，宣传新史观、新理念。刊内文章以普及为主，兼顾提高。

创刊之时，主要人员有七位，分别为傅尚文、杨生茂、李光璧、张政烺、孙作云、丁则良、关德栋。

当时，这是一本"同人杂志"，没有财政专项支持，所有开销，都由以上七人拼凑，往往捉襟见肘。

七人各自都将自己的工资贡献出来，依然不够，李光璧忍痛卖了自己收藏的善本书，张政烺也将自己珍藏的百衲本《廿四史》卖掉，踉踉跄跄，勉强支撑着办了起来。

1952年，经历社会主义改造运动，李光璧和傅尚文觉得《历史教学》属于私营性质，应交由国家统一经营。

文教部同意接收，自此，该杂志改为公办，隶属中国史学会天津史学分会，原编辑人员仍然留岗，并增聘了一些大、中学校教师，建立编委会，由天津史学会会长吴廷璆任总编辑。

先生正是在此时加盟了《历史教学》，并进入编委会，入职之初，他承担着值班责编的工作。

当时，《历史教学》特别注重与读者互动，开辟了"问题解答栏"。读者若有请教，则请全国著名专家回答：

请夏鼐解答青铜器时代的问题。

请任继愈解答诸子百家的问题。

请唐长儒解答两晋之"占田制"。

请雷海宗解答德国"容克地主"。

请杨翼骧解答两汉时代诸问题。

请杨志玖解答隋唐时代诸问题。

请黎国彬解答地理方面的问题。

请罗尔纲解答太平天国诸问题。

在《历史教学》杂志第二卷第五期（1951年11月1日出版），刊有如下一则消息：

> 本刊已请得中国史学会天津分会同意帮助，自下期起增辟问题解答栏，请读者如有问题即刻寄至天津南开大学北院来新夏同志处。

仅一便笺，记录了先生当年的繁务。

编辑"问题解答栏"，任务不轻，累在琐碎。信件络绎不绝，且每一篇都要细读，扼要记录问题的主要内容之后，再交由编辑部讨论，最后确定该内容将由谁来解答。

如此繁复，实是苦差，先生却不以为意。

除了统筹、策划、编辑、校对，他还积极撰稿。仔细分析在《历史教学》上发表的诸篇文章，可以清晰地考察出先生在这一时期内的学术研究轨迹。

1951年发表两篇文章

（1）《日本侵略台湾后的统治者——总督》。载于《历史教学》杂志1951年第1卷第6期。

（2）《纪念"一二·九"运动十六周年》，署名禹一宁（先生笔名），载于《历史教学》1951年第2卷第6期。

1952年发表六篇文章

（1）《南昌教案》，载于《历史教学》第3卷第1期。

（2）《学习"为动员一切力量争取抗战胜利"》，载于《历史教学》第19期。

（3）《中国革命武装的重要意义》，署名禹一宁（先生笔名），载于《历史教学》1952年第8期。

（4）《北洋军阀统治时期——中国近代史讲课记录（一）》，载于

《历史教学》1952年第8期。

（5）《北洋军阀统治时期——中国近代史讲课记录（二）》，载于《历史教学》1952年第9期。

（6）《北洋军阀统治时期——中国近代史讲课记录（三）》，载于《历史教学》1952年第10期。

1953年发表七篇文章

（1）《文学社武昌首义纪实》，署名禹一宁（先生笔名），载于《历史教学》1953年第1期。

（2）《纪念"二七"工人运动三十周年》，载于《历史教学》1953年第2期。

（3）《斯大林著作中的中国革命问题（一）》，与魏宏运合译，载于《历史教学》1953年第4期。

（4）《斯大林著作中的中国革命问题（二）》，与魏宏运合译，载于《历史教学》1953年第5期。

（5）《斯大林著作中的中国革命问题（三）》，与魏宏运合译，载于《历史教学》1953年第6期。

（6）《1922—1927年中国共产党领导的反军阀斗争》，载于《历史教学》1953年第7期。

（7）《中日甲午战争后台湾人民抗日始末》，载于《历史教学》1953年第12期。

1954年发表两篇文章

（1）《中英第一次鸦片战争》，载于《历史教学》1954年第7期。

（2）《关于第二次鸦片战争后中外反动势力结合的问题》，载于《历史教学》1954年第11期。

1955年发表四篇文章

（1）《鸦片战争前的中英贸易关系》，载于《历史教学》1955年第2期。

（2）《谈谈对"天朝田亩制度"中农业社会主义思想的理解》，

载于《历史教学》1955年第9期。

（3）《中日甲午战争后各国划分的势力范围》，载于《历史教学》1955年第2期。

（4）《同盟会及其政纲》，载于《历史教学》1955年第6期。

1956年发表两篇文章

（1）《鸦片战争前后银贵钱贱的情况和影响》，载于《历史教学》1956年第9期。

（2）《反清的秘密结社》，载于《历史教学》1956年第10期。

以上篇目，统计时间起自《历史教学》创刊的1951年，终自《历史教学》休刊的1966年。

分析这些篇目，可以看出，先生早期的学术研究当在1953至1954年间发生转变。

但从1954年以后，先生自我思想逐渐成熟。学术研究变得更加自主与自觉。自主于课题选择，自觉于历史研究本身。对鸦片战争的思考、对太平天国运动的研究，对反清秘密结社的探讨等，都是对历史问题本身的解构，学术独立性渐渐显现。

1954年 —— 32岁

批判俞平伯与胡适

1954年,先生32岁。
11月22日,《天津日报》刊载以下一则消息:

> 南开大学19日下午召开关于"红楼梦"研讨会的座谈会。参加的有中文、历史、外文三个系的全体教师以及其他系的部分教师共八十余人。副校长杨石先、刘披云,科学研究委员会副主任吴廷璆,副教务长滕维藻也参加了座谈会。
>
> 座谈会由中文系主任李何林主持。他说:今天对俞平伯在"红楼梦"研究中资产阶级唯心论的观点的批判,正是要肃清这种资产阶级唯心观点的影响,以便在学术研究的领域中树立起马克思列宁主义的立场、观点和方法。因此,这次座谈在南开大学同样是有着重要意义的。在会上相继发言的有朱一玄、孟志荪、来新夏、王达津、王玉章、杨善荃等。他们都在发言中批判和揭露了以俞平

伯为代表的胡适资产阶级唯心论观点在古典文学研究中的影响和毒害……

据此报道，先生在这次座谈会上的发言，大意是说，胡适派的资产阶级唯心观点，今天还不仅仅反映在"红楼梦"研究上，而且也反映在历史科学及其他学术的研究中，倡导继续对胡适、俞平伯等深入批判……

1955年 —— 33岁

余嘉锡去世

1955年，先生33岁。

是年除夕夜，先生恩师余嘉锡去世，享年71岁。

余师贤婿周祖谟记曰：

> 先生（余嘉锡）秉性正直，狷洁自好，不阿谀媚上，不苟合求同。对人对事，一秉大公，不存偏见，是非曲直，自有权衡，不曲附他人，对洋人、对领导莫不如此。……时先生已年近古稀，终身从事教育事业之志未遂，被谗言所毁，对他的道德文章，统加以"封建"的罪名，有人为了表明自己的革命，必曰他人不革命，以"莫须有"之罪名，命令夺去先生终身所从事的教育事业的职务，发工资百分之六十，真不知所犯何罪，罪属哪条？

余嘉锡从此闲居，心情抑郁，无以排解，唯有著述而已。

他奋力撰写《四库提要辨证》，不顾身体，夜以继日，以命相搏，终于拖垮了自己，先是中风，继而瘫痪，从此卧床，再难拿笔。

晚年之中，备受折磨，身心俱受戕害。

半生荣誉，一如烟散，以"老封建"收尾，情何以堪？哲嗣余逊，于1952年突发脑出血，失去工作能力。余师一生心血，皆在学术，然其所作，难于出版，只好藏在家中。

此年，他蜗居斗室，行动不便，身边照料乏人，只有在为他送饭与取碗的时候，才能稍与外界接触。"离活着的人有五重门之隔，数十米之遥"，这个距离很远吗？却是生与死。

除夕夜，余师吃馒头，被噎住，身旁无一人，当时挣扎之惨，无法描述，直到有人来取碗，才被发现，早已气绝。

一代学者，如此而殁，能不悲乎？

他被安葬在北京阜成门外西黄村之福田公墓。

经过十年浩劫，墓碑被毁，他的后人甚至连他的坟墓都找不到了，多年以后，查索公墓地图，才得以确定墓穴位置。

余师一生学问，尤以目录学为最，为学海指针。

闻余嘉锡逝世，陈寅恪作诗以悼：

当年初复旧山河，道故倾谈屡见过。
岂意滔天沈赤县，竟符掘地出苍鹅。
东城老父机先烛，南渡残生梦独多。
衰泪已因家国尽，人亡学废更如何。

此诗，极难读懂，若非寅恪先生自己，其他人恐怕很难解读，但其中一句"人亡学废"，当是伤心人之伤心语也。

余师晚年所著《元和姓纂校补》八卷，"蝇头细字，行间几满，既无力雇抄胥别缮清本，又不能觅刻工付之枣木"，"将来不知何人以之覆酱瓿"，"则数年心血付诸流水矣"。不幸，一语成谶。在余嘉锡逝世以后，该稿辗转流离，至今下落不明……

1956年 —— 34岁

一、近代史分期大讨论

1956年，先生34岁。

国家提出"双百方针"。

在艺术问题上，百花齐放；在学术问题上，百家争鸣。

"双百方针"，在一定程度上舒缓了当时沉闷的学风，知识分子独立思考、自由辩论的风气有所恢复。

自1949年9月师从范文澜开始，至此，先生从事中国近代史研究已经七个年头。七年笔耕，他在《历史教学》《历史研究》《天津日报》《南开学报》上，发表论文三十余篇。

先生治学，一直关注着学术最前沿。

当时，关于近代史分期问题，是近代史学科研究领域最早展开的学术性讨论课题之一，先生也积极参与。

本年10月27日，他在《天津日报》学术专刊上发文，题为《读"我们对中国近代史分期问题的初步意见"一文的笔记》，讨论逐步深入，先生又在1957年3月22日的《天津日报》学术专刊上发表《关于中国近代史的划阶段问题》一文。

最早提出这一问题的学者是胡绳。

他于1954年在《历史研究》创刊号上发文，题为《中国近代历史的分期问题》，文中列举了过去几位学者的看法。

李泰棻《新著中国近百年史》（1924年出版），是以皇位更迭来划分，如"道光时代""咸丰时代""同治时代"等。

孟世杰《中国最近世史》（1926年出版）把鸦片战争到戊戌维新前的历史称为"积弱时期"，把戊戌维新到辛亥革命之间的历史称为"变政时期"，把辛亥革命以后的历史称为"共和时期"。

也有不进行近代史分期的研究者，他们以近代若干突出事件为中心，采取类似于纪事本末的方式编排。

而胡绳等"新史学"研究者，对以往近代史分期方法最大的否定，就是提出了以"阶级斗争"为标准的划分方式。

该问题一经抛出，立刻引发了学界的一场大讨论。讨论主要归结于三个方面，即划分标准、起止时间与划分阶段。

50年代的这次关于近代史分期问题的大讨论，以《历史研究》杂志为主阵地。1957年，该杂志编辑部将有关文章汇辑，由三联书店公开出版，书名为《中国近代史分期问题讨论集》，以该讨论集所收录的文章为据，进行初步统计，参与这次讨论的学者主要有胡绳、孙守任、黄一良、范文澜、金冲及、戴逸、荣孟源、李新、王任忱、章开沅、杨遵道、毛健予等，先生也在其中。

上述学者，基本认同以"阶级斗争"为主要的划分标准，当然，也有不同意见，例如孙守任在《中国近代史的分期问题的商榷》一文中就提出了"以中国近代社会的主要矛盾的发展及其质的某些变化为标准"；金冲及在《对于中国近代历史分期问题的意见》一文中提出了"以社会经济的表征与阶级斗争的表征相结合作为分期标准，以阶级斗争的重大事件作为分期的界标"。

但这种"异样"声音，终属少数，如果仔细分析这些主张，就会发现，他们同样没能跨越"阶级斗争"的思维模式。

学者们所争论的焦点,主要是在界标的确认以及具体起止时间的划分上。当时,主要有四种主张,分别是七分,五分,四分,三分。为此,先生在《中国近代史分期问题讨论综述》一文中列有一表,具体如下:

分法	具体阶段	主张者
三分	1840—1873 1873—1901 1901—1919	戴　逸
四分	1840—1864 1864—1894 1894—1905 1905—1919	孙守任 范文澜
四分	1840—1864 1864—1901 1901—1913 1913—1921	荣孟源
四分	1839—1864 1864—1901 1901—1912 1912—1919	来新夏
五分	1840—1864 1864—1901 1901—1912 1912—1919	金冲及
七分	1840—1850 1851—1864 1864—1895 1895—1900 1901—1905 1905—1912 1912—1919	胡　绳

(范文澜基本上与孙说一致,所异者只是:①第二、三段的交界是1895年;②范说在大段下又分小段。)

各家主张,各有根据,争论不已。

先生的主张,最大特色在于,他认为中国近代史开端于1839年。以

1839年为中国近代史的开端,持此说者还有孙守仁。但孙先生并没有标明,而是在行文中不止一次地以1839年作为开端年代;牟安世主张鸦片战争的开始年代也是在1839年,他在1982年出版的《鸦片战争》一书的前言中进行了论证,指出在1839年,广东已经爆发了中英九龙之战、穿鼻之战以及官涌之战等事实。

先生的理由主要有以下四个方面:从反侵略的意义上看,应以"禁烟运动"为起点,而禁烟事件开始于1839年;从英国发动战争的事实来看,正如牟安世所指出的,1839年,英国已经开始了对中国的武装侵略,1840年只不过是1839年军事进攻的继续和扩大;从英国资产阶级和政府决定侵华政策的时间上看,英国资产阶级从1839年9月以后纷纷上书政府,要求对中国采取武力措施。而英国政府决定侵华,是在1839年10月确定。从清政府对外态度的变化来看,清政府在1839年12月13日下令停止中英贸易。

1839或1840,时间仅差一年,看似无关宏旨,但先生却认为,意义重大。前者,表明中国人民是以英勇抗击侵略者作为自己近代史的开端,从而显示出了中国近代史的光荣性;而后者,则是以战争本身为标志,带有被动性和屈辱色彩。

关于近代史分期问题,20世纪50年代进行了第一次大讨论;在80年代又进行了一次,先生仍然积极参与。

1984年,他在《文史知识》杂志第9期上发表一文,题目是《中国近代史分期问题讨论综述》,将自己从前的主张再予申明,同时,对这两个阶段的讨论进行了综括性的介绍。

其实,即使是现在,关于近代史分期问题的争论也仍然在持续。再以近代史开端为例,1839年也好,1840年也罢,二者都不能完全脱离"阶级史观"的研究思维,若以社会发展的近代性为依据,从近代经济、社会、文化、思想的转型来分析,那么中国近代史的开端当可再行商榷。先生所处的时代,自有时代局限,若以当时史观、依照当时的学术氛围来判断,先生能突破1840年的"公论",已见其学术创新性一面!

二、拓荒"北洋军阀史"

本年，先生有两部著作出版，分别是《第二次鸦片战争》与《北洋军阀史略》。

《第二次鸦片战争》由北京通俗读物出版社出版，11万字。

"大学问家"写"小册子"，却能举重若轻，全书以知识普及为目的，写得深入浅出。

先生之于中国近代史研究，真正具有拓荒性质的，是《北洋军阀史略》，钻研北洋军阀史，始于师从范文澜时，他在北京黎元洪旧所花园八角亭翻检原始档案之际，已奠定初基。

1952年，他在《历史教学》杂志（第8—10期）上，连续发表《北洋军阀统治时期》的讲课记录，这是1949年中华人民共和国成立后，国内第一篇对北洋军阀做系统性研究的文章。

>《第二次鸦片战争》，通俗读物出版社 1956年1月版

>《北洋军阀史略》，湖北人民出版社 1957年5月版

时人多不屑于北洋军阀，以研究鸦片战争、太平天国运动、义和团运动为"正途"，以研究北洋军阀为"偏门"。

先生也曾有过顾虑，但机缘总是推着他前进。

20世纪50年代初，在范文澜、翦伯赞等主持下，中国史学会着手汇编一套《中国近代史资料丛刊》，内容涵盖鸦片战争等十二个专题。鉴于先生在"北洋军阀"领域所取得的初步成绩，《北洋军阀》卷编委荣孟源、谢国桢力邀先生参与筹划。

荣孟源，是先生在中国科学院历史研究所第三所时期的指导教师之一，是先生步入近代史研究领域的领路人。

谢国桢，那时任教南开，又是谢国捷师的堂兄，故而，此二位对先生的学识、人品等，皆非常熟悉。

担此大任，不遑辞让，唯有日夜辛劳。先生积极搜罗，往返于京津各书肆、档案馆之间，收集了一大批珍贵资料。但不久，因人事变换等诸多因素，该工作被迫中辍。先生无奈，遂将辛苦所集，全部交付给南开大学图书馆，未尝私留一物。

任务虽未如愿完成，但研究仍在进行。

1955年，在荣孟源先生的鼓励与推荐下，应湖北人民出版社之约，先生开始着手著述《北洋军阀史略》。

将北洋军阀置入专史研究领域，是一件开拓性工作，过往研究者，研究北洋军阀史，或从某人着手，如陈伯达《窃国大盗袁世凯》，白蕉《袁世凯与中华民国》，马震东《袁氏当国史》等；或从某方面着手，如丁文江《民国军事近纪》，谢彬《民国政党史》。而先生则将北洋军阀集团兴衰变化，作为一个历史整体进行考查，首次完整叙述了北洋军阀形成、发展和覆灭的全过程。

"北洋军"脱胎于清朝"湘军""淮军"，从袁世凯小站练兵开始，到"北洋军"兴起，其历程大致如下：

1898年，袁世凯"新建陆军"与董福祥"甘军"、聂士成"武毅军"，并称"北洋三军"，共同隶属于荣禄。

1901年，袁世凯署理直隶总督，次年，以直隶总督兼北洋大臣身份，继有北洋地位，北洋军政治势力开始形成。

袁氏在直隶总督任上，将武卫右军调回小站，扩充后，改名"北洋常备军"。至此，"北洋军"名称，为袁氏专用。

辛亥革命后，袁氏凭借"北洋军"建立"北洋"政权，"北洋军阀统治时期"从此开始。

北洋立国，袁氏废约法，行帝制，引发二次革命、护法运动、护国运动等。袁氏殒丧，北洋军阀分裂：段祺瑞、冯国璋分别为皖系、直系军阀首领，张作霖统帅东北，为奉系军阀。

直、皖、奉三系，是北洋军阀中的主要派系。

除三系之外，还有一些依附于他们的小派系。如，从直系分裂出国民军系和依附于直系的江苏军阀；浙江、陕西军阀，则依附于皖系；奉系军阀，又分出新直军和鲁军等。

同时，在北洋军阀以外，又有大小军阀不等，分别割据一省或两省，如山西晋系军阀，云南滇系军阀，广西桂系军阀，广东粤系军阀，四川川系军阀等。甚至在某一地区，只要某人有兵、有地盘，就可以形成某一军阀割据的局面。

军阀割据，伴之而来的是军阀混战。

诸如直皖战争、两次直奉战争、江浙战争等等，所有这些，都是为了扩充本派势力而进行。1927、1928年，奉、直两系相继覆灭，"北洋军阀"统治时期就此结束。

透过军阀割据表面，先生对其内在关联性作了分析，注重对军阀背后各外国势力的考察。如，直系军阀投靠英美；奉、皖系军阀共同投靠日本；其他小军阀背后，各有所依。

《北洋军阀史略》出版后，不仅成为国内相关学者研究该领域时，案头所必备之书，而且还受到国外学界关注。

日本明治大学岩崎富久男教授，在与先生未谋一面、未通一信的情况下，从该书的学术价值出发，于1969年毅然翻译，并增加了随文插图，更

>《中国军阀の兴亡》,东京都中央区日本桥蛎殻町1-12 株式会社桃源社 1969 年 2 月版

名为《中国军阀の兴亡》,由日本桃源社出版。

1989 年,《中国军阀の兴亡》又由日本光风社再版。

一部著作,拓荒于国内,传播于中外,足证影响。

1957年　35岁

拆墙

1957年，先生35岁。

据《天津日报》报道，5月19日在民盟天津市委文教工作委员会上（先生于1952年加入民盟，曾任民盟天津市委文教委员会委员），先生为中年教师而"鸣"。

他被"鸣放"热情所鼓舞，发言也就愈发大胆起来："有些党员在一些会上不发表意见，只是听取意见，我认为，无论是党员，还是民主党派的成员，无论是'权威'，还是'无名小卒'，至少都是公民，所有的人都有鸣的权利。"

在这次会议上，先生还批评天津市文化局不重视处理历史资料工作。历年来，文化局接收了社会人士捐献的许多历史资料，但不让专家分享，也不征求内行意见，只是在报纸上随便发个消息，做做宣传，有些宝贵资料，长年装在麻包里。

6月1日，中共天津市委教育部举行座谈会，听取大学教师的批评，推

> 1957年6月，来新夏先生（前左二）与即将毕业的历史系学生合影，当时正兼作《历史教学》编委和值班编辑

动整风,邀请对象是天津市非党教师,会议由梁寒冰主持。

据《天津日报》报道,在这次会议上,很多人都谈到了党与非党之间要"拆墙"——消除隔阂的问题。

先生作为民盟盟员,也要发言,他建议说,"墙"不是单方面形成的,党有责任,群众有责任,民主党派也有责任,民主党派是党的助手,拆墙时也应当做助手。

1959年 —— 37岁

一、"火烧望海楼"

1959年，先生37岁。

中华人民共和国成立十周年，拿什么献礼？

各行各业都在冥思苦想。

天津戏剧界提出创作"新剧"的主张。要求推陈出新。但是，这一"新"字，到底应该落在何处？

思想性、艺术性当然要与时代贴切，立场也要站在劳苦大众中间，讴歌反抗精神，发扬斗争品质，这样才有新气象！

应时代要求，剧本作者的人选也与以往大不相同。

这次创作新剧，采取专业与业余相结合的办法。所谓专业，是指对戏剧有研究的专门人才，他们对于戏剧的唱腔念白、剧情起转等业务，样样精通；而所谓业余，是指那些从未涉猎过戏剧创作的人，他们对于戏剧创作未曾涉猎，半知半解。

为什么要这样做呢？莫非噱头？非也！

戏剧创作家对于戏剧规律固然稔熟，但戏剧如历史一样，如镜照人、鉴往识今，这种视野和见识，戏剧创作者本身未必擅长，若能再与历史学家合作，使新剧兼有戏剧的生动性、普及性，又有学术基础上的思想性、艺术性，岂不两美？

先生何幸，成为被选的第一位历史学者，参与创作，成就一部历史剧；但又何其不幸，十八年坎坷，皆源于此。

他从小就喜欢戏剧。加之丰富的阅读与广博的知识储备，配合流畅而生动的文笔，总而言之，驾轻就熟。

时在六、七月之间，距离十月一日庆典已经很切近了。既为奉命之作，亦为应急之作，不可能没有压力。

先生与天津京剧团戏曲作家张文轩合作，新剧草成，定名为《火烧望海楼》。先生在史料选择、主题思想、故事编排、人物塑造上掌舵，张文轩在唱、念、做、打上把关。佟振江、张海兴、于学森、郭立昌等编制曲谱，著名京剧表演艺术家厉慧良亲任导演，并在剧中饰演主角。

望海楼，坐落于天津三岔河口附近，建于1859年，是天主教传入天津后所建立的第一座教堂。

《火烧望海楼》，故事取材于"天津教案"。教案发生于同治九年（1870）。传言外国传教士迷拐、折割幼童。所谓"迷拐"，就是用"迷药"或者"妖术"拐骗；而所谓"折割"，"折割采生也"，就是在活人身上采摘器官，挖眼、剖心，炼制洋药。

风言起时，有板有眼。

津门上下，一时惶惶。百姓聚集在教堂，探问虚实。事态紧急，法国驻天津领事丰大业急忙赶至三口大臣崇厚处交涉，要求崇厚立刻派兵镇压，归来途中，遇天津知县刘杰，二人龃龉，丰大业竟然开枪，射伤刘杰侍从。

消息传来，民情激愤，以至于不可遏制。

愤怒的人群殴死丰大业及随从一员，火烧教堂，同时杀死法国教士与修女多名，在混乱中误杀俄、英、比、意等数名外国人。

事件发生，满朝震惊，各国也纷纷抗议。清廷急派直隶总督曾国藩出面调查，法国已经将兵舰开抵天津大沽口外，鸣炮示威。

于是，清廷将天津道周家勋革职，将天津知府张光藻、知县刘杰充军至黑龙江，派崇厚为钦差大臣赴法道歉，并赔银21万两，另付抚恤金25万两，对俄商付抚恤金3万两，将参与火烧教堂的群众马宏亮、刘黑儿、于麻子、崔秃、范永等16人斩首。

《火烧望海楼》一剧，正是以上述历史事件为蓝本，经过艺术化加工，铺陈、渲染，凝练而成十二场大戏。

九月公演，历时一月不衰。

宣传海报贴得到处都是，报纸电台，讯息连连，盛况所至，虽非"万人空巷"，却也"街头巷尾，交相议论"。

十月，剧组赴京演出，荣获文化部优秀作品二等奖。

1961年，为了纪念辛亥革命50周年，《火烧望海楼》剧组再次受邀进京，在人民大会堂内演出，朱德、董必武、李先念、邵力子、廖承志等出席观看。

人民大会堂于1959年9月24日落成，它是当时中国人心目中最神圣的舞台，《火烧望海楼》能在这里公演，足见轰动。

《人民日报》发表一篇戏评如下：

> 《火烧望海楼》，百花文艺出版社1960年2月版

对待帝国主义的侵略行为，不同阶级的不同人物，表现了极其不同的态度。剧本就是把这些处在特定历史条件之下，出身与教养各不相同，各自按照本身思想行为的逻辑方式活动着的人们，组织在这出戏里，以对待侵略者的不同态度以及他们之间的互相关系为纽带，构

成了这场既尖锐、强烈而又纵横交错、环环相扣的戏剧冲突。

先生在《火烧望海楼》序言中也解释道,该剧主题贴切于近代中国社会的主要矛盾,即帝国主义和中华民族的矛盾,封建主义和人民大众的矛盾。以此为切入点,本剧着重宣扬中国人民的反抗精神。

官、民、夷,三环连锁,环环相扣,共谱悲歌。

先生说,本剧宗旨有三:第一,揭露外国侵略者的罪恶;第二,歌颂中国人民的反抗;第三,进一步刻画清政府洋务派与守旧派的冲突。

中国戏剧艺术,源远流长,京剧被誉为国粹,特别是在京津冀区域,喜爱者众多。经过百余年传承淬炼,保留下来的经典剧目有很多,但取材多为古代故事,剧中帝王将相是绝对的主角,所讴歌的内容,在当年那个时代,大多是要被剔除和反对的"糟粕",而能反映出共产主义思想及其价值观念的作品,实在匮乏。因此,该剧甫成,就在政治思想上占据了优势,被大力推扬。

本剧艺术表现丰富,剧情引人入胜。

戏剧不同于历史研究,它可以适当夸张,富于表现张力,冲突性带来的感染性会更强烈。纵观《火烧望海楼》一剧,剧情紧凑,悬念迭起,主要人物如范勇,妻子被强暴,孩子被拐杀,国虽未破家已亡,观众的心弦自始至终为他紧绷。

其他主要人物如马宏亮、崔大脚等,各个形象鲜明,甚至泼皮无赖武二、安三等,也被刻画得活灵活现。

在这部戏剧里,有几处艺术创造是开拓性的。

开创了"津味戏"的先河。京剧,顾名思义,讲求京韵、京白,一板一眼,精致而考究。能在京戏中加入天津方言土语,这在京剧表演形式上,算是一次突破。天津话被引入念白,直接拉近了表演者与观众的距离,像崔大脚这一天津市井女性的形象及性格,表现得生动细腻、惟妙惟肖。

在表演形式上也大有创新之处,著名京剧表演艺术家厉慧良先生在舞台上展演了一种"甩辫"神技。

在排演时，厉先生一直琢磨，如何将主人公悲愤的心情表现出来？若是表现古代戏剧人物，可以甩发、甩袖，但在清代，戏剧人物的头发都被编成了辫子，清一色的短衫马褂，这该怎么表现呢？

思前想后，可否把头上的辫子甩起来？

想法是有了，但操作谈何容易？辫子柔软，根本没办法随心舞动。最后，厉慧良想出一个点子，在辫子里暗藏一个砂坠，使头发有了重量，终于可以甩动了。

于是，厉慧良在传统表演技巧的基础上，翻新出异，脱化出抢、踢、盘、绕等种种耍辫子的动作……

一部成功的戏剧，是一代人的记忆。

戏曲研究专家马铁汉介绍，在厉慧良之后，其弟子马少良继续演出，使《火烧望海楼》得以传承。"在以近代史事件为题材的京剧作品中，此剧生命力最强，成为天津市京剧团的保留剧目"。

先生至此时，声名远扬，一切似乎都那么顺遂，学术事业稳步推进，戏剧创作虽然初试牛刀，却也一展锋芒。

二、查无实证

"我不是特务。"

这句话，先生或许不止一次地说。面对组织审查，他曾反复申辩。结果却是一次又一次地失望。

事情还要从《火烧望海楼》说起。

据先生长女来明一回忆，当年在天津百货大楼对面，竖着一块巨大的广告牌，《火烧望海楼》的剧照就贴在上面，"来新夏"三个大字赫然在列，作为女儿的她，当然自豪，时不时也会向同龄人炫耀，"那个编剧可是我爸爸！"

先生正春风得意，他是南开大学最年轻的教研室主任，加之《火烧望海楼》的效应，当然惹人羡慕。

1959年9月，因建国十周年大庆，政府曾特赦一批犯人，有战争犯，也有反革命，还有一部分刑事犯。

其中一位被特赦者，与先生并不相识，他当年也曾供职于《文艺与生活》杂志社，只因"来"姓过于少见，所以被他牢记于心。他之所以锒铛入狱，就是由于《文艺与生活》的牵连，该刊似有"军统"背景，在这里供职，当然就有了"特务"嫌疑。

刚刚出狱，怨气未消，却看到很多地方都张贴着印有"来新夏"的海报，他难免不忿："我在监狱里吃苦受罪，来新夏凭什么'逍遥法外'？还当上了大学教授？"

心态失衡，他最终还是举报了先生。尽管他们彼此无冤无仇。甚至，先生连他名字都不清楚。

调查组很快入驻南开。

到底是不是"特务"？要回答这个问题，一定要先弄清楚《文艺与生活》究竟是不是特务机构？如果是，先生兼职此处，是否事先知情？如果先生知情且有特务行为，那么他又参与了哪些具体行动？造成了怎样的危害？

上述问题，一个也不能回避，必须查证。

《文艺与生活》创刊于1946年，是由中华全国美术协会北平分会、世界科学社青年辅导部、中华全国文艺作家协会北平分会联合主办，由北平世界科学社编印，杂志发行人是唐嗣尧。

之所以说该刊疑有军统背景，原因就在"世界科学社"以及"唐嗣尧"身上。

1949年为配合解放南京，书报简讯社编印《南京概况》，作为内部资料供接管南京参考，其中有一条：

（世界科学社）一九三五年由军统特务唐嗣尧等发起组织，总社现设北平，为保密局的掩护机关，专司研究毒药、燃烧剂、炸弹、情报器材（如密写药品、情报用纸等）、培植细菌及瓦斯手枪弹等。

对于上述史料，有几个概念需要解释一下，军统的全称是"国民政府军事委员会调查统计局"，简称为"军统"，是情报机关，成立于1938年，早期领导人为戴笠，后继者是毛人凤，以监视、绑架、逮捕和暗杀等为主要手段。

"保密局"与"军统"又是什么关系呢？

1946年6月，军统改组，公开武装部分划归当时的国防部，情报系统等秘密核心部分改组为国防部保密局。

据时任北平市长何思源（1896—1982）的回忆文章披露，唐嗣尧（1902—1987）原是河南复兴社的一员，后来加入军统，任少将通讯员。

事实上，唐嗣尧除了军统背景之外，也是一位学人，他毕业于北京大学，又去德国、日本留学，有哲学和文学博士学位，曾任教于中央大学、北京大学、中国大学等，至于某某协会理事长、某某书画学会理事长之类的荣衔，也有许多，无须一一列举。

游走于政、学两界，唐嗣尧的军统行动，也主要在这两个领域内进行。

"世界科学社"是由蔡元培发起创办，唐嗣尧任社长。于是，唐暗用自己身份，利用这个平台，联络一些大学教授，作为幌子来装饰门面，将这个机构伪装成一个学术团体，事实上，是专为对付学生的机关。

"七五惨案"的始作俑者，就是唐嗣尧。

1948年，北平市参议会开会期间，唐嗣尧约同几位议员共同提案，要求对东北流亡而来的学生集中训练，严加甄别，原因是他们当中可能有共产党员。学生们在报上看到相关内容后，极其愤怒，立刻集会请愿，北平警备司令陈继承调动青年军208师装甲部队向学生开枪，当场打死8人，打伤40余人……

唐嗣尧在军统任上，另一行径，是破坏北平和平解放。

1949年1月，解放军发起平津战役。北平解放前夕，何思源任北平市和平谈判首席代表。

1月17日，也就是何氏与解放军相约出城正式接洽的前一天，唐嗣尧突然前来拜访，嘘寒问暖之后，参观何氏宅邸一番，即告离开。"结果，当天夜里约三点钟，两颗定时炸弹爆炸，我全家6口1死5伤，死者粉身，伤者浴血！悲惨之状，至今难忘。"

两颗炸弹，内屋先响，何思源睡在外屋，赶紧起身去救，离开卧榻才几步，外屋床顶附近的炸弹又响……

死者是何思源的小女儿，名唤"鲁美"，才读高中。

事后，何氏由协和医院转移到北平医院地下室，身上带伤，仍偷偷出城，继续与解放军接触。因炸弹一事，谈判日期推迟一日，他大约是在1月19日出城，20日才回来。

《文艺与生活》杂志既然是世界科学社主办，主编及发行人又是唐嗣尧，很难说没有军统背景。

国家图书馆现存部分《文艺与生活》杂志，仔细翻检，内容以学术为主，实在看不出有多少政治意味。

杂志每月出版1册，每季3册为1卷，全年12册。开设的主要栏目有：文艺理论、青年辅导、学术论著、随笔记跋、创作小说（也有翻译小说）等。征稿启事曰："文字多寡不限，白话文言不拘；凡关于学术思想、文艺理论之专著、文化界动态之调查报告、青年修养之指导及创作小说诗词等，均所欢迎。"

当年，调查组对先生讲，《文艺与生活》一部分经费是由军统供给。但需要指出的是，军统资助并非该杂志经费全部来源，杂志维系，仍以市场为主，广告及订阅才是营收主渠。所以，在运行中，资费常有不足，例如，最后几卷，一度因经费紧张而迁延出版，有编后说明如下：

> 在这物价高涨中，我们的刊物也受到了莫大的打击，它的命运正在风雨飘摇之中，但我们无论如何要努力挣扎，一直到实在没有办法挣扎的时候为止。

一页页翻校，无论是作者与编者，甚至发行人员等，均查不到先生的名字，也就是说，在这本杂志里，先生连署名的资格都没有。

那谁有资格在这里发表文章呢？

每期封面及题字不固定，分请书画名家等创作。如，第二卷第三期的封面题画是启元白（启功），封面题字是林宰平。在所存卷册里，曾为该刊撰文的主要作者有：张东荪、徐祖正、沈宝基、陈介白、李清泉、李濂、冯友兰、张公望、丰子恺、谢冰莹、南星、梁实秋、陈幼兰、沈从文等。

其实，唐嗣尧为发行人，并非直接策划特务行动，而是借此平台，拉拢京城文化、艺术名流，以达控制思想之效。

训诫，谈话，翻阅档案，调查组发现，先生早已向组织汇报过自己曾在《文艺与生活》兼职的事实。当年，他是受同学推荐，才兼职在此，谋求薪资以外，还想借居此处闲屋，以安顿妻女，实在是生活所迫，根本不了解杂志社的特殊背景。

而且，先生在杂志社中，仅为勤杂人员，职务是"助理编辑"，收发信件，校对稿件，初筛投稿，连业务核心都无法介入！

在军统的人员名单里，调查组并没有发现先生的名字，但是在一份军统工资单里，曾有先生兼职领薪的记录。

拿过国民党特务机构的工资，凭此一条，便成污点。但是，"特务"之说毕竟"查无实证"！

依照常理，既然没有足够的证据定罪，那么这个事情也就应该至此结束了吧？但当时的逻辑却不是这样，虽然没有证据证明有罪，但也没有证据证明无罪，所以不能"枉纵"。

不准先生讲授主课，不准提拔重用，不准署名发表文章，更不能听政治报告，唯保留工资而已。这是很有"特色"的处理方式，谓之"内控"，先生被"挂"了起来。

1960年 ── 38岁

停止教学

1960年，先生38岁。

9月，在审干过程中，因《文艺与生活》杂志兼职问题，他被正式宣布"内控"，停止教学与科研工作，不能参与社会活动，不能写署名文章。

当时，先生女儿明一正在读高中。她不明白，为什么父亲突然性情大变。终日默默，一言不发，先生消沉着，或者脾气暴躁，雷霆万钧，却是无端发火，让人莫名其妙。

明一心里奇怪，却不敢发问，只好小心翼翼地与父亲相处，生怕惹他不高兴。

当年，天津征兵，招收女生，全河西区去了100多位应征者，她也报名参加。一轮一轮筛选、淘汰，最后只剩13人入围，她依旧名列其中。似乎参军的事情没有悬念了，母亲李贞边为女儿整理行装边难过，因为要分别。

可是，一天晚上，一位军代表突然造访，由明一的班主任老师陪同，他们告知，因"政审"缘故，明一的入伍资格被取消。

直到此时，明一才意识到，父亲消沉另有隐情。她不但参军不被允许，加入共青团也不能被批准，她叔叔（来新阳）在台湾，爷爷（来大雄）任过国民党警察医疗所的医生，父亲被怀疑是特务。在这样的家庭背景下，她一次又一次被"拖累"。

父亲怎么可能是"特务"呢？他时时要求进步，事事都积极，"怎么可能？"心里有疑问，却不敢找父亲求证。

先生也倔强，从来不会对子女做任何解释，清者自清。

他消沉，是因为看不到希望；他愤懑，是因为无处宣泄。记得有一次，历史系组织师生听"反修"报告，先生按要求排队入场。忽然，某位干部在人群中大吼："来新夏，是谁让你来的？"

大庭广众，在众目睽睽之下，情何以堪？

"这是一种难以言说的痛苦。"先生事后回忆。

所幸者，还有几位师友不时加以鼓励。

汤纲（1928—2005），浙江诸暨人。当年在复旦毕业，任教南开，因乡音之故，与先生自然亲近。

如今遭逢变故，正处潦倒背运之时，一般人避之犹恐不及，而汤纲却不以先生"内控"为忤，仍能执礼相待。

启功，先生授业恩师，于此时也并不顺遂，他于1957年被打成右派，在1959年11月刚被改正。

身在风潮中，随时可能倾覆，启功先生深居简行，唯求不招惹是非而已，但是面对先生，仍能礼待如初。

先生自辅仁毕业后，与启功师从未中断来往。但凡入京，必去拜望，但是，如今不同以往，他自己就是个"问题"与"麻烦"，再也不能给老师增烦添乱，逐渐与恩师疏远。

某次入京，启功宴请，招待比以往更隆重，地点是在那种高档饭店。宴席上，启功师温情暖语，或忆故往，或论学术，但对于自己平生所遇不平之事以及时务政治等，一字不提。

落难之际，仍有师友在他身侧，耳提面命，深深嘱望，句句肺腑。人生能得如此良师益友,幸甚至哉!

百卷所学,莫非学无所用?师友所望,何忍辜负?他不甘心啊,且绝不认命,遂重燃旧志,重理旧章。

困顿之际,填词一首,题曰:《咏梅·调寄卜算子》。

> 丝丝香飘雪,岁岁阳春报。
> 五岭寒天冰雪中,万点横枝笑。
> 解识众芳愁,心暖寒凝貌。
> 自是生来瘦骨清,烟雨千峰峭。

自此,蛰居斗室,俯首书案。

1961年 —— 39岁

学术逆行者

1961年，先生39岁。

开始时，他有些消沉。

忧思愁虑，终日惶惶。案头放着昔年所编的《林则徐年谱》，虽是残稿，但也凝浸心力，痴痴矻矻，四方搜索，如今草成规模，却难以面世。

一日，忽有所悟，"林公伟业被冤，犹遍历荒漠，为民造福，寄情诗文，怡然自得，我何得自废如此？"于是，斗志焕然，趁被"内控"赋闲之际，全身心投入学术研究中。

正逢辛亥革命50周年祭，《天津日报》急需一篇应急文章，求稿于南开大学历史系。时间紧迫，竟无人应承。

有所专长者，或被迫害，不能自由；或心存忌惮，不愿公诸于世。因言获罪，前车之鉴，后来者无不战战兢兢。

推来推去，忽然有人想起先生："他是研究近代史的，可以让他来写！"但先生已被明令"内控"，不准公开发表文章。

> 1958 年，来新夏先生在东村寓所编撰《林则徐年谱》时留影

如何是好？如果因为无人能写而回绝，南开历史系何以担当？最终，经系党总支批准，还是交由先生执笔，以笔名形式发表。

于是，先生受命，急急草就一篇，题目是《辛亥革命时期有关天津的革命活动》，发表在《天津日报》上，署名"周南"。当然不敢取《国风·周南》之意，而是先生母亲姓周，"南"则是南开大学之意。整个六十年代，先生只发表了这一篇文章。

本年，南开大学历史系主办"中国土地制度史研讨会"。那个时代绝少有学术会议，承担主办角色，表明历史系将以本课题作为主要研究方向。为此，专门划拨人员、设立机构，进行专项研究，具体落实时间在1963年，成立了"土地制度史研究室"。

据南开大学历史学院冯尔康教授在《学习来先生"不搁笔"精神》一文中回忆，那时，杨志玖先生任"土地制度史研究室"负责人，同时还有先生、陈振江和冯尔康。

四人共处一间小屋，被人们戏称为"土地庙"。他们除了业务研究，每天上班还要进行思想学习。每个人都要向党交心，先生在不经意间谈到了"恕道"，希望党"不为已甚"。

"不为已甚"，语出《孟子·离娄下》，"孟子曰：仲尼不为已甚者"，多用于劝诫对人的责备或处罚应当适可而止。

先生这样说，反映了他在"内控"之中，希望能够被党和国家重新认可。

在"土地庙"，四人集体写文章，杨志玖先生是主笔，先生参与意见，最后使用"南文田"的笔名披露。

外面风声雨声，还是读书、写书吧！

来明一记得，虽然父亲当年已无出书的可能，但是依旧不停地写作！重点投入《林则徐年谱》的写作。

求学辅仁时，先生读过魏应麒编著的《林文忠公年谱》。可惜，该书内容未尽，有欠翔实，与林公历史功绩相较，实难相称，先生一直惦记着增补。任教南开，从事近代史领域专项研究，所读资料日广，其中所涉及林公者为数不少。于是，他采取书页签条的办法，读凡所遇，就在魏著有关书页上标注贴列。

日积月累，字里行间，满满批注，以至再也无处下笔。于是，如法炮制，再取一书，重新标贴，未几，一书又满……

1958年6月，中华书局计划出版一套《林则徐全集》，全稿送至先生处审读。他发现，该书稿于年谱可资采择者，俯首皆是。

真乃天赐良机！

林谱编写，积累至此，已经有了坚厚的支撑。

过去，身有自由，但心受牵绊，种种琐碎，无论系务，还是各种社会活动，拖累了研究，故而进展缓慢；如今，身受监控，讲课受限，反而有了大把空闲时间，可以心无旁骛，一味钻研。

积一年之功，《林则徐年谱》初稿草成，凡30万字。又历时一年，群校典籍，增补缺漏，订正错讹，誊为二稿。

但在当时无法付梓。

《林则徐年谱》是先生受难期间完稿之作，另一部学术巨著《近三百年人物年谱知见录》，亦成稿于此时。

1956年6月，先生检读南开大学图书馆所藏清人年谱，随读随写提要，有感触，或见精彩之处，再补按语。馆长冯文潜（1896—1963），见先生读录清人文献，特别感触，对先生言："清人年谱一类之书，读者不多，且不需人人去读，你既然在看，何不清个底数，写出提要，以节他人翻检之劳？"正合先生本意。

历时五六个寒暑，1962年，完成初稿，初名《清人年谱知见录》，但仔细推敲，总有不妥。明末清初，有一些人入清而不顺清，若以清人名之，何忍辜负他们的抗清之志？遂改名为《近三百年人物年谱知见录》，凡870余篇书录，近50万字规模。

交于冯文潜师审阅，其时，冯师重病在身，不顾"内控"，认真阅读，叮嘱先生，仔细修改，以备付梓，定可嘉善后学，为人所用！次年，冯师病逝，但冯师言犹在耳，先生谨记不忘。

"内控"难耐，自定12字座右铭：低头走路，埋头读书，退而结网。

后来，大抓阶级斗争，先生又被批"耕种自留地"。那又如何？任尔东风、西风，我自岿然不动！依旧读书、写作。

除了上述两部书稿，先生另有两部作品也在此际完成，一本为《结网录》，一本为《清人笔记随录》。

从1963年起，先生在南开大学图书馆翻校清人文集、笔记。每读文集一种，辄写题录一篇，历时两年余，成《结网录》两册；每读笔记一种，又写提要一篇，名曰《清人笔记随录》，成一册。

四部著作，皆成于人生最低谷之际，期待着陆续出版，但没想到，等来更多的坎坷。四部书稿，尽被查没与焚毁。

1962年 —— 40岁

盘点历史文选课的库存

1962年，先生40岁。

子曰，"四十而不惑"，但现实却令他充满疑惑。

苦学多年，莫非学无所用？"内控"中，不准发表文章，不准教课，唯有偷耕"自留地"，他确信，一切都将回到正常轨道。

秋天，南开大学历史系中国史专业本科二年级开设了"历史文选"课。可是意外发生了，主讲教师被学生们轰下讲台，一时间，竟无人顶替，于是，先生"临危受命"。

此事，由著名清史专家、南开大学教授白新良在《观于海者难为水——怀念来新夏先生》一文中提起。

当年，白新良是"历史文选"课的课代表。

先生以"戴罪之身"来代课，压力可以想知。

"历史文选"是史学专业一门重要的基础课程，目标为培养学生阅读和使用古典文献的能力。先生依旧按照历史顺序，选择经典文献，取最有代表性的

> 特殊年代期间,来新夏先生照片基本被毁,图为1963年11月来先生在南开大学教工医疗证上的照片

章节,先讲《尚书》《诗经》,然后《国语》《战国策》《史记》《汉书》等。

登台第一讲为《尚书·牧誓》。

先生讲授得如何呢?据白新良描述:

> 来先生登台伊始,即深入浅出,广征博引,将课文《尚书》中的《牧誓》从字词到主旨,讲得十分清楚,明白易晓,如同演奏美妙乐章,引人入胜。两个钟头,全教室鸦雀无声,屏息受读。课后,征求同学意见,全都感到是一次难得的享受。

学生尽被折服。

接下来,续讲《诗经·七月》《诗经·东山》《国语·楚昭王问礼于观射父》等篇目,篇篇精彩。

学生"皆觉心灵经受了一次净化和洗礼,以至于系内系外许多青年教师闻讯,也纷纷赶来听课"……

先生深有感触,运动结束后,他曾对白新良强调说:"希望从事中国古代史本科教学的青年教师都能教一至两年'历史文选'课,从通史和文献学的角度看，历史文选与古代汉语不同，研习原始文献对青年教师来说是非常重要的基本功，通过备课、教学的过程，使自己的知识更扎实、眼界更开阔。"

南开大学图书馆古籍部主任江晓敏，1978年考入南开大学历史系，她的第一堂课就是听先生主讲"历史文选"。她在《我在来师领导下工作》纪念文中，谈了听课的感受：

> 每讲一篇，来师总要就其时代背景多加介绍，而不只拘泥于字词的讲解。来师思维敏捷，学识渊博，讲起课来旁征博引，鞭辟入里，兼之口才极佳，言语中永远保持着一份自信和洒脱。每每谈及历史事件或历史人物，似亲临其境，如数家珍，且言之有物、深入浅出，逐渐引领我们走进博大精深的中国史学领域。

对于先生的口才，白新良同样印象深刻。

他听先生演讲，感受最深的就是，几个钟头下来，先生从不看讲稿，随口而出却逻辑缜密。"且一口标准的普通话，字正腔圆。凡听其讲演者，皆觉置身广寒仙境，观嫦娥舒袖，又如坐于江州司马之侧，闻霓裳羽衣之曲，无不感叹'观于海者难为水'"。

如此连贯，除却口才因素，还因成竹在胸。

有关先生备课的情况，现存资料缺少直接性描述，但是，可以从当年的教材及参考读物中映射点滴轮廓。

据江晓敏回忆，当年的"历史文选"课其实没有专门教材，只是随堂发油印的单页节选，节选篇目，皆由先生亲自选定，取材于十三经、二十四史及历代笔记、政书、家训等等。

选篇的过程，就是先生备课的过程。

"历史文选"教材，选篇多集中于经典文献，而先生的选篇却不限于经典，开放新史源，如笔记、政书、家训等，都能被选入。其另一大特色，就是他对读史工具书的重视。

"历史文选"是培养学生了解、阅读、使用古籍文献的能力，这就要求讲解该课，要从基础的疏通文字开始。先生曾赠送白新良一本《词诠》，并指导他如何讲好这门课程。按先生的指点，白教授将所要讲授的每篇课文都进行了背诵、默写，然后反复翻阅各种字典、词典，广泛阅读有关资料，再认真撰写讲稿。

其实，背诵、查找工具书、阅读资料、撰写讲课大纲，这些都是先生备课的必要程序。他站在讲台，可以手不持教案，仅仅攥着几张卡片就能滔滔不绝，将知识在人前尽兴挥洒，那是因为他在幕后进行了扎实储备。

有一份先生当年讲授"历史文选"课时的参考资料，这份资料是由60年代在南开大学历史系就读的张效民先生所收藏，然后又转赠给了陈鑫。在该资料的扉页上，先生录有一段题识：

来新夏于二〇〇八年九月四日获见旧集参考资料，喜为题识于次：
上世纪五六十年代，我任教南开大学历史系，授"中国历史文选"课，为便诸生读书参考，汇集数篇成册，久未获见，今得陈鑫校友持此见示，如见故人，不禁叹光阴之过速也。

这部手写油印资料，六七万字规模，内容包含两部分，一是《读史工具书介绍》，二是《二十四史注补表谱考证书籍简目（初稿）》，后附《中国度量衡沿革简表》《太岁纪年表》《二十六史表》等。

上述诸种，并非先生所著，而是他搜集、整理、汇编之册，例如，《二十四史注补表谱考证书籍简目（初稿）》的作者为"东君"（"东君"是陈乃乾先生的笔名）；《中国度量衡沿革简表》系根据吴承洛《中国度量衡史》（1937年商务本和1957年商务修订本）绘制；《太岁纪年表》则是采自万国鼎所编的《中国历史纪年表》等。

而汇编内容之丰富、考订之详审，足证先生备课之辛勤、涉猎之广泛以及用心之细致。

例如，关于《读史工具书介绍》，这是对研究历史文选与历史学所要参用的工具性书目的概介，并指出这些书目的特点、使用方法以及考订优缺等。内容涉及辞书类、目录书类、图表书类三部分。

如对辞书的介绍包括：《说文解字》《康熙字典》《辞源》《辞海》《助字辨略》《经传释词》《经籍纂诂》《词诠》《中国地名大辞典》《中国人名大辞典》等十种。

对目录书的介绍包括：《汉书·艺文志》《隋书·经籍志》《四库全书总目提要》《贩书偶记》《中国丛书综录》《中国地方志综录》等六种。

对图表书的介绍包括：《中国历史地图集》（古代部分）、《中国近代史地图》、《新世界地图集》、《中华人民共和国地图集》、《五十世纪中国历年表》、《中国历史纪年表》、《中国历史纪年》、《二十史朔闰表》、《两千年中西对照表》、《近世中西史日对照表》、《中国大事年表》、《世界大事年表》、《中外历史年表》、《历代纪元编》、《历代职官表》等。

对于上述书目的介绍，先生绝非仅仅停留在简介层面，同时又包含了考辨与分析，有评价也有建议。

例如，先生对《说文解字》的介绍，足足用了 5000 余字的篇幅，先简介该书作者许慎，再讲该书的参考依据（《史籀篇》《仓颉篇》）、主要理论（六书）、主要内容等。然后再细分体例："《说文解字》共分十四篇（加上"叙"即为十五篇），收字九千三百五十，内有重文一千一百六十三，许慎作的解说计十三万三千四百四十一字。全书按文字的偏旁，分为五百四十部，这是许慎的一个创造性的发明。"

文中篇幅最大的部分，就是对《说文解字》中"说解"的体例进行解析，详列了如"引用古文""引用籀文""引用经书"等二十种情况，其实这部分就是在讲解怎样具体使用这本工具书。

关于考辨方面，先生特别指出了《说文解字》中的若干错误：

> 由于当时谶纬之书的流行与迷信风气的影响，他（许慎）在自己的著作中，也一样有谬说。如谓"一贯三为王"，"推十合一为士"以及"甲象人头""乙象人颈"等等，都是迷信唯心的无稽之言。其他方面，把文字解释错误的，也很不少。例如矢部"躲"字（"躲"

即"射"之古字）的说解云："躲，弓弩发于身而中于远也。从矢，从身。射，篆文射，从寸。寸，法度也，亦手也。"事实上，甲骨文、钟鼎文的"射"字都写成箭搭在弓上要射出去的形状，根本不是什么"从身，从寸"，许慎的解显然是穿凿傅合。

但先生也强调，"《说文解字》尽管存在着错误，但仍不失为一部有用的工具书，是研究古文字学的必不可少的材料；如果没有这部书的流传，我们将不能认识秦汉的篆书，更不要说辨认商代甲骨文和商周的钟鼎文以及战国时的古文了。"

意犹未尽，先生又将历史上对《说文解字》进行研究的主要参考书目进行了罗列，以便学生日后进一步检索与利用。这些书目有：南唐徐铉校本（"大徐本"），即现在通行的《说文解字》，徐锴所著的《说文系传》（"小徐本"）；清代段玉裁著《说文解字注》，王筠著《说文释例》《说文句读》，桂馥撰《说文义证》，朱骏声撰《说文通训定声》等；近人丁福保曾把研究《说文解字》的许多专著汇为一编，叫作《说文解字诂林》（上述诸书，都被包括在内）。

至此，对《说文解字》的介绍与分析才告完毕，而介绍其他工具书皆若此类，不惮烦琐，以求学生方便。

至于陈乃乾先生所撰的《二十四史注补表谱考证书籍简目（初稿）》的内容也极为丰富，该书将历朝历代对二十四史进行研究的书目进行汇编，再注明版本，从而为学生提供一些搜集线索。

例如，书中对《史记》的研究之著列举了82种，《汉书》105种，《后汉书》53种，《三国志》48种，对这前四史的综合研究之著列有26种；《晋书》35种，南北朝各史79种，《唐书》35种，《五代史》23种，《宋史》21种，辽金元三史54种，《明史》24种；对诸史综合研究之著列举了25种。

以对《史记》进行研究的著作为例，该书列举了如：《史记佚文》，王仁俊辑，上海图书馆藏稿本；《订正史记真本凡例》，洪遵，学海类编本、逊敏堂丛书本；《史记缺篇补篇考》，汪继培、孙同元，《诂经精舍文初集》卷

8，汪文又见王端履《重论文斋笔录》卷2；《史记索引》，司马贞，汲古阁刊本、扫叶山房刊本、广雅书局刊本；《小司马索引注误》，杨慎，《升菴文集》卷47；《史记正义》，谭师吉辑，钞本，此书据王本《史记》摘出，并博考他书索引，为之补漏订误。光绪初年，稿本归苏州艺海堂书肆，见叶廷琯《吹网录》。日本人作会注考证时所云得旧钞本《史记正义》，疑即此书；《史记正义校补》，高步瀛，稿本；《史记辨惑》，王若虚，《滹南遗老集》卷9—19……

上述书目，开卷浩然。仅仅是为一门课程的教学之用，却能参阅、汇编这么多资料，如何不窥见先生备课的深度与广度？

原来，世间学问大家与著名教授，哪有什么天才可言？都是在这青灯古卷下慢慢积淀而成。学无捷径，唯一勤字而已。

1964年　42岁

修志中断

1964年，先生42岁。这时候，他心心所系，唯是读书而已。

2月至5月，先生被派往河北丰润、霸县参加"四清运动"。

先生边"运动"，边学习。

手抄《近三百年人物年谱知见录》草稿，誊清后装订成十二本，共五十余万字，是为定稿。

先生才学，岂无知者？

巩绍英（1920—1973），辽宁阜新清河门镇人，先生之知己也。

巩师少读诗史，曾参加"一二·九"运动。1937年"卢沟桥事变"后，加入中国共产党，翌年参加抗日决死队，开启自己的戎马人生。但是，仕途并非所向，一生志趣，唯在读书。在战火纷飞之际，仍能手不释卷，尤好历史。同时，善作诗词，文赋俱美。

1948年12月，他被任命为辽北省教育厅副厅长，工作重心逐步转向学术研究以及教育、教学等。新中国成立后，历任人民教育出版社副总编辑、中华书局副总编辑、南开大学历史系教授、南开图书馆馆长等职，1971年初，被借调至中国历史博物馆，卒于任上。

1963年4月，巩先生初来南开，在历史系开设"中国政治思想史"课程，特赋词一首：

> 十年不识灵山路，鹫岭云深，碧海波深，闲却禅关一片心。拂衣重上青莲座，贝叶经新，桃李枝新，散尽桃花不著尘。

巩绍英评价先生："博学，有特长，是难得的人才。"风雨飘摇之际，别人对先生退避三舍，而巩师对先生，一如既往。

有人批评先生耕种"自留地"，巩师愤愤不平，他找到刘泽华，建议说："不要对来新夏业余的事情管得太多，要放宽！"

在当年，另有一位对先生多加栽培者，是梁寒冰。

梁寒冰（1909—1989），山西定襄人。

先后就读于太原国民师范学校、北平师范大学。1933年入党，也曾参加过"一二·九"运动。他先后担任过天津市军管会文教处副处长，天津市教育局局长，天津市委文教部长，河北省委文教部长兼河北大学校长，中共中央华北局宣传部副部长，中国社会科学院历史研究所分党组书记、副所长等。主要著作有：《唯物论与唯心论》《历史学理论辑要》《中国现代史大事记》《中国现代革命史教学参考提纲》《新编地方志研究》等。

当时，梁寒冰在协调、组织全国地方志编修、纂写工作，正在用人之际。他了解先生的学问才华，于是，力排众议，启用先生。

是否应该接受呢？先生有心理负担，并非能力不逮，而是身在"罪"中，顾虑重重。梁氏苦荐，数次相托，直欲"三顾茅庐"。此番盛意，如何辜负？毅然应承。

方志之学，于先生而言并不陌生。此学，仍开蒙于祖父裕恂公。

来子之学，史志俱佳，所著《萧山县志稿》《萧山人物志》《杭州玉皇山志》等，皆上乘史志之作。故方志一学，可称来氏家学，先生绍承祖志，自然责无旁贷。于是，他于"四清"之中，身至何处，方志学的研究就延伸至何处。

全国大兴社会主义教育运动，对于地方修志而言，倒是难得契机。当时村修村史，家修家史，中共华北局宣传部在梁寒冰领导下，迅速推进该项工作，所下发的《关于全面修志的通知》，即为先生所草拟。新修方志，在河北省试点。

在丰润，先生参与撰写《丰润县志》；在霸县，参与撰写《东台山乡志》；在盐山，参与撰写《南隅志》等。

诸志刚一开头，运动骤起，修志工作被迫中断。

1966年 —— 44岁

手稿被毁

1966年，先生44岁。

6月，先生仍在农村参加四清运动，突然接到通知，立即返校。

先生返校，气氛异常。

偌大的南开园，风光依旧，与以往不同的扎眼处，满校园的大字报。过去师生参加社会实践归来，总是风风光光，学生列队欢迎。如今却格外死寂，别样冷清。人们相视，彼此冷眼，即使有疏落的几个人候在门口，面有微笑，但笑容僵白。

一股不祥的感觉袭来。

回到家里，夫人李贞目光闪烁，没有询问"四清"进展情况，也没有问旅途劳累、身体如何等，却总是话里话外地叮嘱，"要坚强"，"要挺得住"！

午后，先生去系里报到。

历史系走廊，满墙都是大字报，全系教师几乎无所遗漏，先生当然是"重灾区"。一张张地看，一字字琢磨，不免胆战心惊，什么有历史问题，什么有三反言论，宣传封、资、修"黑货"，还有人际关系问题，等等。

有问题，就得改正；要改正，就得学习。

学校办了学习班，学员"泾渭分明"，这也是"因材施教"的一种举措。根据出身成分、历史问题、现实表现等，学员们被分为"革命组""中间组""牛鬼蛇神组"。

那些又"红"又"专"的战斗队，当然都在革命组，先生的特务嫌疑身份还没有洗脱，自然被列入了"牛鬼蛇神"。

环顾左右，多是"一丘之貉"。

先生苦笑，却又无可奈何。

还没等彻底觉悟，却又遭受打击。某日下午，一群人冲进先生家中，高喊革命口号，痛快淋漓地"扫四旧"。

先生等人战战兢兢，束手无策。

他们翻箱倒柜，字画、邮票、唱盘、相册等，一扫皆空。或者被带走，或者被撕毁。

来家有一项传统，每年都会照一张全家福，但是经历特殊年代后，早年相册尽入火中，后来先生出版回忆文集，想刊登一张早年的全家福照片，竟不可得。

以上所悲，还未及痛彻心扉，又，大痛接踵而至，所谓痛入骨髓者，莫若两端，一是书籍，二是文稿。

普通易得的书籍，不必缀说，只是先生珍藏的那些珍贵的线装古书，本本难得，却也没能保存下来。

从求学辅仁开始，先生便收藏古书，范围大抵集中于史部、子部，其次为集部，经部也收有若干。如竹简斋本的前四史，乾嘉时代钱大昕、王鸣盛、赵翼等人的史学著作，桐城、阳湖派作家之文集、画论、书话、年谱、传记以及笔记等等，线装书总数约在2000册。

他是多么爱惜这些古书啊！有卷角处，必抚平；有脱线处，必重订；有破损处，必粘补。

例如，一部湛贻堂刊行的《廿二史劄记》，被蠹虫所蛀，先生甚是惋惜，他把书册拆开，页页铺平压好，找来与原纸相近的纸张，依原尺寸略小，一一托衬，细心粘贴，将破口衔接处用手推平，磨合一体，再用重物压置一昼夜。遇有缺漏处，又去图书馆借来相同版本，影写填充，整旧如旧。

整个过程，小心翼翼，至敬至诚。

这是真正读书之人对待书籍的态度。

先生有一套五洲同文版二十四史，经冯文潜先生介绍，方才购得。六七百册，用樟木书箱装置，排成一方行，安排在一面墙下。当年，能一次购置如此规模的古书，那种激动，人生难忘。

当日，学生组织首先破坏的，正是这套二十四史。

进进出出，来来往往，一箱箱书籍被搬至院前一方空地上。横七竖八，撒落一地，樟木书箱也被砸烂。

书堆成山，一把火焰，熊熊而起。

升腾的浓烟，翻滚的火苗，还有一把老泪，和在一起无比苍凉。

看那些朝夕相处的书籍尽没于火中，有那么一瞬间，先生真想自己也跳进去，和书籍同归于尽。

另一大重创，是先生的手稿。

先生哲嗣明善回忆，当日，逾尺的五十多万字的《近三百年人物年谱知见录》定稿连同先生其他著作的手稿被抄家者一同焚毁。趁乱，明善抓起一部分废稿，偷藏起来。而这些草稿，就是《近三百年人物年谱知见录》的过程稿残篇。

仔细盘点，《林则徐年谱》《近三百年人物年谱知见录》《结网录》《清人笔记随录》等，几部困厄之作，皆被焚毁。前两部有幸，有草稿或笔记留存，经先生再次整理，恢复旧章；后两部终是遗憾，短期之内，无论如何也没有恢复的可能。

1967年 —— 45岁

清扫厕所

1967年，先生45岁。

继续在南开清扫厕所。

不准他读书，他就背诵毛泽东语录，熟读"红宝书"，达到脱口成诵的程度。甚至语录中的哪句话，具体在哪行哪页，他都能大致清楚。有人几次刁难，皆对答如流。

先生记得，一天晚上，突然被提审，"牛鬼蛇神"们被押送到一座楼的过道内，第一个进入审讯室的是郑天挺。

大家在门外候着，战战兢兢。

终于轮到了先生，审讯员姓王，曾为先生的弟子。起初，态度还算温和，在一番阶级分析后，开始清算账目。最后的结论是："你剥削了人民财产6000余元，应该没收。念你尚有妻儿老小，留下一部分补贴家用，但是必须上缴1000元，支持革命。"

先生当年工资是每月126.5元，特殊年代后，改为每月只发12元的补助。生活尚且难敷用度，又哪来的1000元存款？

当时，他口袋里有一个存折，遗憾的是，余额仅仅3元5角。他很诚恳，缴纳了全部家当。

1968年 —— 46岁

非常岁月

1968年,先生46岁。

还在劳动改造中,打扫卫生,清洗厕所。

8月20日、21日,毛泽东思想工人宣传队分两批,共3600多人进驻南开。他们按军队编排序列,3团4连进驻历史系。

先生是"牛鬼蛇神",位列"抗拒从严"组。

"工宣队"再次将先生羁押,关进主楼二楼西侧的第一间朝阴的大教室,同时被关的还有郑天挺、魏宏运、巩绍英、李琛(女)等。

每日审讯,写交代材料。

某日深夜,先生被革命群众揪斗。

不同以往,从前也经常有人夜里突击审查,但基本都是集体行动,而这一次,却只单独提审先生一人。

心里打鼓,却不敢反抗。

"工宣队"用布蒙上先生的眼睛,扭押着他。黑黑乎乎,什么也看不见,大概走了十多分钟,他被推进一处地下室。

扯开遮眼布,屋内有十余人,先生不明所以,呆呆地站立着。审讯者令他先读一段"反动派不打不倒"的语录,然后话锋一转,责令他交代王光美的罪行。

先生1942年才入辅仁,与王光美同校而不同届,又分属历史系与物理系,又哪里知道她的"罪行"呢?

但,不交代不行!

先生思来想去,只得说些与政治不相干的违心的话了:

"王光美爱穿绿色的衣服,爱打扮","在大学里,有很多人注意她",等等。

这算什么揭发呢?

1969年 —— 47岁

与穆旦相交

1969年，先生47岁。

9月，国庆20周年前夕，历史系工宣队再次将先生等集训起来，原因是20年大庆要加强保卫，先生等被确定为重点专政对象，要隔离圈禁。

每日，上午清扫校园，下午、晚上学习毛选，交代问题。

在那段劳动改造的岁月里，先生有一位特殊的难友，他就是穆旦（1918—1977），名查良铮。

查夫人周与良女士也是辅仁毕业，而且与先生同届。所以，相较其他难友，查良铮与先生的交流自然多些。

对于穆旦的诗，先生很熟悉，早年就曾读过。

在这段岁月里，先生与查良铮同住一个牛棚，直到这个时候，他才知道，原来查良铮就是穆旦，穆旦就是查良铮。

查良铮与先生常一起清洗泳池。在泳池开放的时候，能有较长的休息时间，于是，他们所聊的内容也多起来。

聊工作，聊现状，也聊诗，开始倾心交谈。

1970年，先生下放，到农村插队，查良铮被送到天津南郊大苏庄农场劳动，再见面时，已经是四年以后了。

每次偶遇，微微一笑，彼此颔首，算作无语的问候。

1976年初，时局稍有改善，查良铮摔伤，路上偶遇先生，彼此驻足，寥寥相问，然后擦肩而过。不成想，这一面却成永诀……

1977年2月26日，查良铮逝世。又隔一年，南开大学宣布：查良铮的历史身份不应以反革命论处……

1970年 —— 48岁

一、下放劳动

1970年,先生48岁。

5月,先生重获自由。

消息传来时,是一个晚上,学校突然召开落实政策大会,要求家属必须参加。

大会宣布,经历劳动改造与社会主义教育,被监管人员思想意识有所提高,本着"给出路"的原则,解除对这些人的监管。

被监管者的家属纷纷上台表态:"感谢宽大,回到家里,我一定继续监督被管制人员,帮助他改造,让他重新做人!"

先生得以"重回人民中间",内心真是五味杂陈,还没来得及完全平复心绪,另一场风波迅速涌起。

6月1日,南开大学举行全校动员:"战备疏散,下乡插队落户"。

插队,指干部群众下放到农村,接受贫下中农再教育;备战,疏散人才,以待未来之用。但问题出在"落户"上,政策要求,下放农村人员要将城市户口一同迁入农村,入农籍。这就意味着难以回城,大部分人焦虑,开始有思想负担。

10日,历史系第一批疏散名单下达,有郑克晟夫妇、诸庆清夫妇、王明江夫妇。15日,又有陈文林、于可、陈枬、辜燮高以及先生等补充进来。

农历六月初八,是先生的生日。也许是巧合,抑或他人有意安排,在生日这天,先生被勒令携全家下乡。

下放地点是天津南郊太平村翟庄子大队,出发日期亦定,不准更改。至于户口问题,无人通知,先生自己也无暇顾及。

典卖家当,低价处理。身外之物,本不挂记,只是自己辛苦所著的断纸残篇,实在不忍抛弃,于是,但凡有字的,基本都被先生捆扎起来,背着它们一起下乡。

临行前,一位臂上戴着袖章的青年闯入先生家中,是他从前教过的一名学生。先生喜出望外,以为对方前来相送,但熟料,那人横眉冷对,责令先生立刻交出工作证来。

哪敢不从?迅速递过去。对方利索地撕下证件上的照片,然后狠狠甩出一句话来:"工作证收回!"

语罢,扬长而去……

知交故友,大多避嫌,唯巩绍英先生不顾风险,亲来相送。

先生之才,巩老心知,可如今自己也身陷劫难,自顾尚且不暇,与之又焉能几多?患难老友,临风洒泪。"《近三百年人物年谱知见录》,你一定要恢复重写!"巩绍英这样叮嘱。

简单一语,如雪中送炭。

二、干农活的"来大哥"

车马摇晃,终于抵达。

先生被安置在生产小队队长的弟弟家,收拾了一间屋子,供先生一家人居住。

主人，名叫白树发，很热情，帮着抬行李安置，女主人忙着准备晚餐，她在灶台上贴饼子，还用香油拌了半碗萝卜条儿。

菜饭摆上桌时，房东连连致歉："实在对不起，时间仓促，没来得及割肉炒菜！"

这么多年来，在城市里，不是被打就是挨骂，又有多少暖语？如今，受乡邻热情款待，这让先生打心底感激。

没有高音喇叭，没有锣鼓喧天，沉沉一夜，睡得安稳。

三天以后，下放人员基本到齐，大队召开欢迎新社员大会。

大队书记介绍说："这些新社员，是按照毛主席的战略部署疏散下来的。他们都是有学问的知识分子，疏散下来是储存人才，为日后需要准备。他们不会干农活儿，要分配给他们一些力所能及的活儿，耐心地教他们干。他们都带着工资，不参加分配……"

这位书记的讲话很短，却令人钦佩。

疏散人才，迟早要回，稳住了来者的心；自带工资，不参与分配，解除了生产队群众的顾虑。

先生的乡居生活开始了，每日的劳动，都由小队长安排。这位小队长人很随和，称呼先生为"来大哥"。

一声大哥，多少感喟？

先生不谙农活儿，边干边学。

第一份差事是送饭，这可是被照顾的闲差，在农村，属于轻劳动。清晨，别的社员都下地干活儿了，先生则挨家挨户收敛干粮、咸菜。一切准备妥帖后，再和一位农妇每人挑着担子送饭。

先生担子里是两半桶稀粥，分量不沉，但是挑担要很讲究方法。他哪里有这等技巧？摇摇晃晃，不断把粥汤弄洒，有时还烫到自己的后脚。挑几步，停一停，歇歇肩，再挑几步，再歇歇。遇到小沟，女社员一步迈过去。可怜先生，他迈不过去，只得把担子放下来，分次从沟的两侧爬上爬下，分批把粥桶拎了过去……

"慢慢，我掌握了挑担子的技巧，不但胜任了这份差事，而且肩胛骨也被压得平平，不仅挑东西不怕，连日后穿西装，都显得比别人笔挺。"先生这样自嘲，微笑背后，有多少辛酸？

第一次被正式分配的农活儿是拉草。坐在大车上，随土路摇晃，来到麦田地，用木叉把麦草挑上车斗。车上的麦草渐渐高垒起来，仿佛小山一样。再用大绳绑住，捆扎结实，然后自己扯着绳子爬上车顶，躺在麦草堆成的小山上，甭提多舒坦了。

车把式开始吆喝，牛车缓缓移动。身下暖烘烘，阳光刺眼，干脆闭上。

慢慢地遐想，先生似乎看到了一片红色的海洋，有许多双手在高举，众人欢呼，他自己也兴奋地跳跃起来，挤在人群里，和大家一齐高喊。他激动啊，自己已经多年没有参加这么大的集会了，于是要跳得更高，喊得更大声！正在手舞足蹈之际，忽觉一只脚好像被什么东西缠住，猛一挣脱，骤然惊醒，原来是场梦，那只脚被夹在捆麦草的绳子上，难怪动弹不得。大车依然摇晃，心如空空，再想回到"革命群众"中间，恐怕只有梦中⋯⋯

到了麦场，卸下麦草，空车返回，又去拉草。不知为什么，忽然很轻松，有轻风拂面，不见结伙聚众的人群，这不是很自在吗？不必担心提审，也不用接受现场批斗，累是累些，但流的是汗，而不是眼泪。如是，上下午各拉草三趟，就算完工。车板摇晃之间，竟能闲哼几句戏文，即使荒腔散调，也怡然其中⋯⋯

先生最早掌握的农活儿是赶驴车，为生活所迫。

下放农村，仍有工资。不参与生产队分粮，要赶驴车去公社所在地太平村买粮食和蜂窝煤，二十多里的距离，如果背着粮食走路，当然不可想象。向房东、队长请教，渐渐掌握了令驴前进、停止和转弯的口令，只有首次有人陪伴，其余都是自己赶车。渐渐纯熟，可以揣着双手吆喝，甚至叉开双腿，站起身来驾车。先生熟悉历史，联想到春秋战国时，兵车驱驰，武士大概也就是这个样子⋯⋯

经过锻炼，当年秋天，先生已经能和其他农民一样下田劳作了。农忙时节，天色刚亮就要下田，无论掰棒子、掐高粱头，还是浇地、撒化肥，他都干过，也都掌握了基本技巧，甚至推独轮车，也能应付。论农活，先生只有两样干不好，一是耪地，二是扬场。

不能耪地，是因为他腰肌劳损和视力欠佳，因常年读书、写作之故，不能长时间地半弯腰，而视力不好，往往不分良莠地把禾苗锄掉。扬场最讲究技术，先生用木锨扬起一撮麦子，落在地上不是成片儿，而是一小堆儿，虽经老农反复示范，但就是学不好！

先生干活儿，一不嫌脏，二不怕累。

冬天里，井沿结冰，步行都颤颤巍巍，先生挑着水桶，一遍一遍地往复，不仅是为自己挑，更帮乡亲们挑水。

夫人李贞，平素喜欢织毛衣之类，时常织好后送给邻人。于是，乡亲们都愿意与他们夫妇接触，甚至会在半夜里敲他的房门，悄悄送来新打的螃蟹之类。

1971年 —— 49岁

津郊耕读之一

1971年，先生49岁。

9月13日，发生林彪事件。

翟庄子，全称是天津市南郊区太平村公社翟庄子大队。当时一共分有12个生产小队，先生被分在第九小队。

这个村子穷，交通尤其不便。

有一条大河堤，是通向外边最主要的干路。黄土小道儿，雨天泥泞不堪，晴天凸凹不平。

如果要从这里回天津市区，需要从翟庄子步行十二里路，到窦庄子，再从窦庄子步行八里路到太平村，那里有长途汽车站，每天只有两班车，还不是直达，要在咸水沽转车。

如此，一个单程就需要大半天时间。

先生初入农村，自感前所未有的轻松，常自言道：躬耕津南，意兴阑珊，乐乎山水之间也。

乡邻淳朴，晨起暮归。先生有时出河工，清淤河道，先用泵抽干水，人再进入淤泥里挖土，最后用土篮子将淤泥担走。挑着担子上斜坡，每担百余斤，先生歪歪扭扭，鞋子常常陷在泥里。队员们看了忍俊不禁："到底还是知识分子，干这种活儿就应该光着脚丫子。"

于是，先生挽起裤腿儿，打着赤脚，往返于河堤之间，一天下来，累得腰腿生疼，然后钻进窝棚，躺下便睡。

在农村，强体力劳动下，又没有精神折磨，吃得多，睡得香。"运动"初期睡牛棚的岁月，先生身体几乎被摧垮，如今逐渐休养过来，虽年近半百，愈发结实，一斤重的卷子、大饼，一顿能吃一个，咸菜碗里滴上几滴香油，那就是可口的美餐。

后来，先生自侃："耄耋而尚称健壮，这要感谢'四人帮'。"

大约入乡半年以后，历史系通知先生认领在特殊年代被查抄的物品。其中，珍物尽失，仅剩一些普通衣物，林林总总。

先生点数旧物，突然发现杂物堆里尚有零星的断纸残页，展平抚读，那是《近三百年人物年谱知见录》以及《林则徐年谱》的清稿残篇。"老友相晤"，不禁悲从中来。生命不可辜负，读书亦不可荒废，顿生"再作冯妇"之想。

手脑尚健，何不重新开始？

1972年 ── 50岁

津郊耕读之二

1972年，先生50岁。

白天在田里劳动，晚上，他盘腿坐在土炕上，摆起一张小桌，在15瓦的灯光下，奋笔疾书。

摊开旧章、残稿以及卡片，一页页比照、誊清。每至中夜，方才掷笔，纵然腰酸背痛、呵欠连连，仍不以为苦。

来明善回忆，自己每个月都会去翟庄子看望父母，带去一些生活用品，而稿纸是必带之物。见父亲勤苦著述，他也有不理解之处，在知识有罪的年代，这不是在自找苦吃吗？于是常常劝父亲，辛苦一日，不如好好休息，调养身体为上。先生却勃然作色，回答说，一个民族，一个国家，不能没有知识，没有文化。只有厚积，才能薄发。现在下放农村，干扰较少，正可以静心著述，以待用世。如果无所作为，荒废时日，一旦有所启用，腹笥空空，则将遗憾终生，切记"天生我材必有用"这句话。

有一次，先生在砖窑干活儿，忽然一摞砖头掉下来，一共四块，横拍在脑顶，万幸没有把颅骨砸裂，但是也当即把他砸晕。

乡亲们赶紧把先生送回家，让他休息。但当众人散去，他立即爬起来，抽出一本书，仔细翻看，虽然头昏眼花，但感觉思维、视力没有问题，这才放下心，重新躺下休息。

这是不甘啊，书无所成，不能放弃！

《林则徐年谱》初稿因书写在草纸上，在搜查时竟然被"忽略"，所以只需重新点校、誊清即可。

但那《近三百年人物年谱知见录》，定稿尽毁，仅余部分残篇，幸读书卡片及笔记尚存，凡六卷，五十余万字，近乎重写。

该书凝结了先生太多心血，是他半生读书的结晶。

当年，他在辅仁求学时，就养成习惯，"每读书一种，辄以小笺考其撰者生平，录其序跋题识，括其要点卓见，论其评说得失，甚者摘其可备论史、谈助之片段"。

前后十年，时读时辍，所积年谱百余种，又在南开大学图书馆整理清人年谱七百多种，一千卷，内容包含学术、典制、人事、风情、传闻、异说、物产、奇技等。

巩绍英曾赞叹："此书必为传世之作"。

先生前后经年余，竟然真的复原了本书。

10月30日，太平村公社召开下放人员大会，传达天津市委关于下放人员回城政策的文件。

翟庄子村盛传，下放人员即将陆续被调回。

于是，许多人开始坐立难安，他们奔走于城乡之间，托门路、走关系，都在积极争取着早日回城。

先生此刻却很平静，边劳动，边整理书稿。

纷纷扰扰太久了，各种推测都盲目。当年，他离开南开的时候，已经暗下决心，除非组织安排，自己绝不主动回来。

有这样的想法，并非怄气，是因回城又能如何？与其背着"历史反革命"的包袱被继续改造，倒不如现在这样过得安逸：日出而作，日落而息；

青山相和，书本相依。

聒噪了整整半年，那些跑关系的人还在村里。又是一场虚幻……

秋去春来，转眼年底。年终评工分，这是社员非常关心的大事。工分乘以出工日数，就是年终分红数。

先生虽然不参加分配，但也要评工分，因为夏季分瓜果，冬天分白菜，都要按工分来定。而且，早有传言，下放人员很可能取消工资，也参与农村分配。

评工分很民主，但是非常认真，因为这关系到每个人的切身利益。先生被评为9分，这是很高的分数，而且没有争议，一遍就过。有的人争议就很大，闹得面红耳赤。

这是难得的肯定，先生做事认真，即使在南开扫厕所，都要比别人扫得干净，现在下乡插队，也是力争上游。

《林则徐年谱》《近三百年人物年谱知见录》依次整理完成，农事也称娴熟，他开始了新一轮的创作，将自己从南开带来的有关古典目录学的卡片和读书笔记再加整理，开始撰写《古典目录学浅说》。同时，还在努力恢复另一部专著，《清人笔记随录》。

因被"内控"，图书有限，无法旁征博引，先生便采取集中读一类书的办法，然后再撰写读书提要。他选择了私藏较多的清人笔记，每读一书，辄作一篇序录，续读、续写，集腋成裘。

在特殊年代，那部已经初具规模的《清人笔记随录》书稿被毁，所以这次重写，也是心有不甘。这是一个漫长的过程，从此年开始，边读边写，凡经三十年，不废不辍，直至2005年方得告竣，凡经眼清人笔记200余种，成文50余万字。

1974年 —— 52岁

书生回家

1974年，先生52岁。

"批林、批孔、批周公"，斗争依旧。

先生未入"格局"，依旧耕耘"自留地"。3月，《古典目录学浅说》初稿完成，约10万余字，概述目录学。

在辅仁求学四年，曾得余嘉锡师指点，一部张之洞的《书目答问》，先生反复整理，作了三套索引，已入门庭。如今，农闲余暇，而能专心成书。

5月间，调令下达，通知返校。

没有惊喜，也不反抗，有的仅仅是迷茫和忐忑。他到大队部，一位姓赵的支委通知他去公社办理返城手续。在公社，领导开了一张便条，盖上红印，令他去派出所办理户口转移。

先生如其他人一样，奉上五盒事先准备好的牡丹牌香烟，表示感谢，经办人既不推辞，也不接受，香烟就冷冷地躺在桌角……

离开公社，又来派出所。所长是一位山东大汉，果然豪爽，乐呵呵地接过一条香烟中的另外五盒，立即拆分给周围同事，又回头对先生说："受了几年累，吃了几年苦，回城舒展舒展吧！"

一位民警在户口的右角上盖了一方小戳，先生接过来仔细一看，只有三个字——"农转非"。原来，在他不知情的情况下，户口已经在四年前被由城市转为农村。

9月，举家回城。

临行日，乡亲纷纷前来话别。有的送来小米、绿豆，有的拿出山芋、花生……

满满一大堆的礼物，摆进送行的小车。

此情此景，先生竟然语塞，不知该说些什么了，唯有一个劲儿点头。他红着眼圈，嘴里不停地说："谢谢、谢谢，谢谢你啊！"回想四年前，于生日之日被疏解，离开时，相送者寥寥，两相比照，怎不动容？

农民，不会讲那么多道理，他们不相信别人口中的"反革命"，只相信自己的眼睛，眼前这位"来大哥"，能干农活、能吃苦，有学问，人品又好，所以来送，仅此而已……

乡居四年，不长不短。

先生说："我感谢善良的人们四年来给予我的宽容和理解，感谢真正懂得人间情意的憨厚农民兄弟。我在这里得到人生历程中难以得到的乡居生活，享受了恬静，开阔了胸襟，消除了怨恨，细雨的浸润远胜于狂风的摧折。"他更加坚信，不管暴风，还是骤雨，生活终将回到正常轨道上来。

回来了，南开园依旧沸扬。

先生被安顿在农场西大坑边上的一间平房里。

平房是由牲口棚改建而成。地面铺以煤渣、碎石。碎石之下被覆盖着的是含有牛粪、马粪的泥土。虽经夯实，但毕竟臭味儿难掩。晴天尚好，干燥、通风，若是阴雨天，潮气上涨，那丝丝味道，开始慢慢"氤氲"，把人熏得头昏脑涨。

初起，先生很不适应，但日久之后，竟也无碍。

农场偏僻，没有高音喇叭，加上还没有安排工作，可以继续读书、写作了。

> 1974年，来新夏先生（左一）被下放四载，返校归来，暂居南开大学农场时与家人合影

回到学校，但他仍在"另册"内，可以走动，但不能出校园。"罪行"尚无定论，所以依旧限制自由。

10月，先生奉命参加法家著作《曹操诸葛亮选集》的校读工作。这算是他自"内控"以来，为数不多的"贡献"。

在这个牲口棚内，先生住了一年多。

无甚挂碍，那就继续写作吧！

时间充裕，于是，又开始完善他的《林则徐年谱》，检校图籍168种，成文34万余字，是为第四稿。

1975年 —— 53岁

告别张公骕

1975年,先生53岁。

初夏的一个清晨,张公骕之子前来报丧,骕公已于子夜离开人世,享年62岁。

先生急往辞别,见骕公平躺在一块门板上,模样如生,嘴角犹存微笑,遭遇"天磨"后,还能如此平静,看不出任何一丝"怨"和"悔"的痕迹。

对此,先生太熟悉了。

1948年春,先生刚入职新学中学,校长领着他去拜会各位同事,有一位,方脸,连鬓胡须,正是骕公,脸上便浮着这样的微笑。

骕公教国文,先生教历史,文史不分家,两人共同话题很多,于文章,于史事,甚至谈时局或政治,颇有相合。

骕公乃名门之后,祖父张之万,为前清道光二十七年状元,叔祖张之洞,此二人者,皆为晚清重臣,官声显赫。

先生曾亲睹,骕公收藏一册自订白绵纸本,内中所载,密密麻麻,全是菜名。分主、副食两大门类。主食又细分为四类：饭食，面食，粥，面汤；副食则有七类：炒菜，炸菜，烧菜，蒸菜，拌菜，腌菜，汤等，总共二百多种。

这样一份菜谱，是张之万府邸日常饮食的菜单，由一位在他家几十年的老厨师口述，骕公亲笔所录。

骕公贵气，青衫布履，谦谦君子，寡言语，唯以书画寄怀。书学黄庭坚，画得石涛笔意，与先生交契，可谓莫逆。

1949年，新政立，民青工作组入驻，骕公先响应，先生亦随之，脱去长袍，弃薪往华北大学南下政治培训班，且改名，公骕改"马奔"，先生改为"禹一宁"，一以马克思，一以列宁，一如孟子所言，走向"圣之时者也"。

后来，先生留任华北大学，投师范文澜，改回原名"来新夏"；骕公则南下支教，后回津，任教于耀华中学，其"马奔"之名，一直未改，终身不弃。

其间，骕公确诊鼻癌，医判可活半年，他知道病情，却异常平静，说"有信心活下去，只要家人能帮助他找草药"。

于是，边读医书，边寻药方，不但自己给自己开药，还记录病情以及用药变化，留下一本抗癌日记。

先生父亲大雄公亦为中医，有时也来给骕公释疑，一起探讨病情，并托人在江西为骕公采购猕猴桃根，托水产部门打听鱼寄生等。

骕公再也不去医院，先生责他偏执，他解释道：我为绝症，求医无益，自下重药，是想置之死地而后生，若由别人插手，设有不测，岂非嫁祸于人？他不服医判——自己生死，自我了断，故务必抗争一回。闻其言，先生落泪。

过了半年，骕公怡然来见先生，进门就喊"草药见效了"，原来，夜半打喷嚏，从鼻腔里喷出来两块肉瘤。

自疗时，他读李商隐诗，谈起《锦瑟》，评读各家诗论，对郭沫若则颇多微词。生死之际，向学心切，肉瘤续落，新作迭出。渐渐地，他的病情也似乎被大家遗忘，年复一年，活成奇迹。

可运动来了，大难将临！

例如先生，被投于牛棚，曰"劳动改造"，人身失其自由，被下放津郊。

骈公大难不死，却难逃运动，运动中，他的夫人宋氏先他辞世。

他有书法功底，写得一手好字，被迫抄写大字报和标语，而住在学校里，以此，免去若干陪斗之苦以及杂役。

先生下放归来，虽不离牛棚，却能访友，最先拜访的，便是张公骈。两位劫后之人，再度重逢，骈公安慰先生，总有"雨过天晴"。然后，聊病情，聊李商隐的诗，不尽之情，难诉怀抱。

其时，骈公鼻瘤还在脱落中，且速度加快，数量增多，始为吉兆，以为脱落净尽，病情即愈，殊不知，此乃病情加剧。

于是，重启一周一聚，临死时，唯友情能互相慰藉。

噩耗天降，骈公终去，没等来自己的"晴天"，留下了四厚本病情日记，六十多瓶鼻瘤标本，还有三本研究李商隐的诗。

与病魔抗争19年，少而优渥，中年坎坷，晚境淡泊。虽贫而自怡，虽苦而无愤。故其遗容上，还泛漾着微笑。

先生当时，不能作文悼友，心心念念，藏怀已久，15年后，才写悼文——《名门后裔张公骈》。

1976年　54岁

人生半字偈

1976年,先生54岁。

人生已过半,学问无人识。

7月5日,先生54岁生日过后的第二天,整理旧物,在一捆废纸中,发现了自己旧时所抄录的明代解缙《霁月楼》片段:

> 我起问嫦娥,圆缺何太苦?
> 何不常教似玉盘,一片团团照千古。
> 嫦娥笑我何太愚,世间万物有盈亏。
> 不论春花何浓艳,当时秋叶还凋衰。
> 四时寒暑迭往来,百岁光阴犹反掌。
> 颜回好学陨青春,彭祖千年亦黄壤。

解缙,明洪武进士,江西吉水人,《永乐大典》主纂,以"无人臣礼"

下狱，永乐十三年冬，被埋入雪堆而冻死。

先生读诗，心有戚戚然，感同身受。此刻，他自己也身处人生低潮，不平之气，一鸣而出，题为《半字偈》：

> 人生已过一半了，才知半字很重要。
> 饭吃半饱有味道，酒饮半醉不闹嘈。
> 衣裳半新不经意，房住半旧无人要。
> 觉睡半宵补昼余，书读半卷少骄傲。
> 须发半白始知老，肢体半健免人劳。
> 福泽半享非自苦，留下半数给儿曹。
> 奉赠君子半字歌，满损盈仄是正道。

满损盈仄，何必求全？先生勘破，心境大宽。

7月28日，唐山发生7.8级以上地震，地震波及京、津两地，南开大学历史系有3名学生遇难，因其实习，夜宿汉沽，遭遇不幸。

9月9日，毛泽东逝世。

10月6日，"四人帮"被捕，运动稍息。

经刘泽华师游说，先生重归中国古代史教研室。当然欣喜，但依旧不许他发表文章。箧中书稿蒙尘久矣，但那颗学术之心，怦然已动，为之拂尘。先生迫不及待，以投石问路之心，拜访刘泽华。

对此，刘先生记忆深刻。

> 有一天，来公提着一个破旧的篮子来到我家，从中拿出装订好的盈尺的手稿，封面赫然写着几个大字：《近三百年人物年谱知见录》。来公向我简述了成稿的经过：初稿在"运动（1966—1976）"初期被烧掉，这些稿子是在下放劳动之余，披星戴月重新写就的。面对着工整、洁净的心血之作，我一时说不出话来。我猜到了来公的来意，除了证明自己之外，显然还有一种希望在其中。面对着依

然走背运的来公，时在"运动（1966—1976）"间，我又能说什么呢？我心中油然起敬，却不能表达。我只能淡淡地说，放到我这，让我看看如何？来公同意了。我不能说读得十分仔细，但书稿丰富的内容使我大开眼界。我想起巩先生（巩绍英）的话，有才能，有功底！后来来公在此书出版的《后记》中说我是第一个读者，还说我提过什么好的建议，我实在忆不起当时提过什么好的建议，但我能忆起的是如何"表态"。

系里再次发还查抄物品。在废物堆里，先生又遇"老友"——两册《书目答问补正》。

这两本册子，对先生而言意义非常。

曾经，为买此书，他几乎跑遍了整个天津，最后在天祥市场旧书肆里买到。

《书目答问》，经范希曾汇补后，又有若干版本新增，先生计划独立汇补该书，于是不时札录。

为了鞭策自己，他在该书封面撰者张之洞与补正者范希曾之间，又用毛笔填写了一行"来新夏汇补"。

但是，计划未及完成，动乱骤起，这两册书同时被查抄。

睹旧物，感慨以系。全书未受大损，只是那行"来新夏汇补"几个字，被人涂掉。

从此，"补正"再未离开先生，他时常取来，反复摩挲，视若珍宝。

聚书散书，先生从不为意。他认为，书是用来读的，得者宝之，只要物尽其用，都是有价值的事情，无论是谁向他借书，他总是慷慨，至于归还与否，随意。但这二册《书目答问补正》，纵使天王老子，也只能看，不准借！该书与先生同历劫难。十年仓皇，岂不珍重？

1977年 —— 55岁

为人作嫁衣的烦恼

1977年，先生55岁。

唐山大地震以后，南开园满目疮痍。除了那些跌落的瓦砾，以及断裂的墙垣，还有人心上的伤痕。

"四人帮"被摧毁，但观念还在转型中，政策还在调整。

中国下一步往何处去？作为浴火重生的一代知识分子，心里的焦躁与彷徨是可想而知的。

先生被吸收到《中国古代史教材》编写组。这套教材，由刘泽华先生担纲主编。

早在1971年，历史系就开始招收工农兵学员。而学生入学，自然需要课本。但很尴尬，相关专家、学界宿儒，或被查审，或被打倒，他们当年所编著的那些教材，显然"不合时宜"。

因此，任务极为迫切而繁重。

参与编写教材之人，心里都很矛盾。

会不会是"请君入瓮"？劫后余生，因言获罪的阴影仍在心头。谁也不愿意写文章，关于政策走向，他们真没把握，要是再来一场运动怎么办？

但是另一方面，教材并非寻常文章可比，它很政治，如果编写顺利，立刻就被列入正统之流。履历中能有类似经历，将来评职称之类，当然大有裨益。

是否要参与呢？需要决断。

为了打破教师们的心理障碍，刘泽华先生等采取了当时流行的办法，与工农群众结合在一起，联合编写。这样，就等于给自己的编写组请来了一道"护身符"。

于是，很有意思的一幕出现，给大学生讲课用的教材，同时邀请了派驻南开历史系的天津站一线的工人师傅参与创作。

天津站派来三位工人，一位年长的师傅，不识多少文字，另两位女青年，刚刚中学毕业。彼此熟识后，三位工人很诚恳："求求你们，别为难我们了，我们哪里知道什么是中国古代史？我们怎么晓得哪些内容该写，哪些不该写？"

赶鸭子上架，却也无可奈何。

先生等人下放归来，被刘泽华吸收进编写组。其实，此举争议也很大，很多人认为这是"掺沙子"，但刘先生想，既然同在中国古代史教研组，就要团结，要从大局着眼。当被盘问急了，刘泽华先生怒怼："不是正在落实知识分子政策吗？我们要一视同仁。"

当然，也有无可奈何的地方，先生是"戴罪之身"，不能署名，或帮别人搜集资料，或代他人草拟某些章节片段。

1979年，新编古代史教材由人民出版社出版，因蓝色封面被通称为"蓝皮书"，学生之间又叫它"小蓝本"，是南开大学"运动"后出版的第一部中国古代史大学教材。

《中国古代史》第一次印了十万册，时间不长，又加印五万，足证影响。

1978年 —— 56岁

一、三易教室

1978年，先生56岁。

属于他的春天终于到来。

9月，得到刘泽华先生的再次相助，登台授课。但并非讲授中国近代史，因他职在中国古代史教研室，岂能越俎？另外，中国近代史与当代政治太过切近，身在"另册"，不得涉猎。

好在，仍有绝学。

先生笔耕，一部《近三百年人物年谱知见录》终于出手，《古典目录学浅说》也已完成。其时，"目录学"之于南开，尚属空白，能授业者寥寥，唯先生而已，先生开课——"为往圣继绝学"矣。

焦静宜师，是1975级南开中国史专业学生，入学前，焦师曾在黑龙江兵团插队，以工农兵学员进校，幸遇先生。

先生复出，开设"史籍目录学"一课。课前，先生找班长，焦静宜赶紧跑到办公室，来领讲义，让学生预习。

铃声响起，同学们坐定。健步走来一位儒雅长者，身材修长，穿一双黑皮鞋，着一套蓝色中山装，头发梳得一丝不乱，额宽目邃，戴一副黄框圆形眼镜，文质彬彬，一副旧时先生模样。

"大家好，我姓来。"

这个姓氏并不常见，学生们没有听清，"兰还是栾？"

先生拿起粉笔，转过身，在黑板上写下一个大大的"来"字，"我叫来新夏！"

正式讲课，手持几张卡片，口若悬河，语速较快，毫无卡顿，语音干脆，如珠落玉盘，辨章学术，一环扣着一环。边讲边板书，字如行云，又增一美。

学生们听呆了，什么版本、校雠、书目等等，虽然闻所未闻，但都觉得很有气场，即便如堕云雾，亦不舍精彩，愈发聚精会神。

最妙的是，先生讲完，手中粉笔随手一抛，却能不偏不斜，稳稳飞入粉笔盒中，潇洒啊！

授课地点，在主楼224教室，能容纳五十多人。渐渐，硬是挤进来好多人，后来竟然要占座。无奈，只好把后门打开，听课者自带凳子，坐在走廊里听讲。

系里只好调整教室，换至主楼328，能容下八九十人，但还是爆满。不仅有历史系的学生，还有中文等其他文科专业。

于是，再换教室，这次是二楼的阶梯教室，可以坐下三百人。但最后还是坐满了，天津图书馆、天津社科院等单位，因为距离南开较近，也有不少人闻讯来听。

重登讲台，三易教室，传为美谈。

好学之心，人之天性，这不是几次口号、几场运动就能泯灭的。

到了冬天，火爆程度依旧未减。

那时，因唐山大地震之故，教室破损，窗户玻璃残缺不全，又没有暖气，学生们被冻得哆嗦，想喝一口热水，学校都无法提供。

期末考试，先生别具一格。

> 1978 年，来新夏先生重上讲台时的留影

无须答题考试，只要把随堂笔记交上来，由先生审阅即可；或者找他交流，谈听课的收获与感想，先生给成绩。

那年月，没有学生敢单独面对老师，都怕被老师问住，所以，除一位勇者敢"吃螃蟹"外，余皆选择上交课堂笔记。

为了取得好成绩，大家互相传抄。焦静宜师的笔记一时抢手，因为她听课认真，笔记不但全面，而且字体俊秀。对此，先生印象很深刻，对她说："可以猜到，你的笔记是传抄的底本。"

有一位同学，名叫罗武松，贵州人，在上交的随堂笔记后面写了一封长信，满篇都是对先生的赞美和崇拜之词。该学生说，上大学以来，从没有听过这么精彩的课，从来没有看到过这么有学问的老师！

先生特别珍视这位学生的评价。

过去的十多年，先生受尽冷眼与屈辱，此番复出，胸中也暗暗憋足了一口气。他要证明，自己的学问没有退步，反而更加精进。

二、师者仁心

先生讲授"史籍目录学"，三易教室，为什么能如此火爆？

原因应该有两个方面：首先，特殊年代期间，诸如"目录学"之类的课程，属于"封建大毒草"。"运动"晚期，文学首先开始解冻，史学等各个学科亦随之渐渐解冻，解读历史不再是单线，而是丰富的、立体的、全面的，包括政治思想、经济社会、文化艺术等方方面面，同时历史学所涉猎的学科基础训练，更是深幽广泛，如汗牛充栋的文献资料以及提供文献资料的版本学，等等；其次，先生正逢人们由"斗争"转向"建设"之际、求知似渴之时，能于此时开设目录学课程，的确是非常了不起的应时之需。

南开大学历史系75级中国史专业的莫声铨，很细心地保留了当年的教学大纲以及随堂笔记。教学大纲是先生所撰，在上课时发放，以助学生理解讲授内容与学科逻辑；莫声铨的课堂笔记细致全面，反映了当年教学全过程。

教学大纲1700余字，课堂笔记23000余字。将二者参照阅读，对了解先生的学术造诣和教学方法很有参考价值。

如，教学大纲之（一）"绪论"，寥寥简简。

1、史料、史部与史籍
2、史籍目录学是专科目录学，为研究历史提供条件
3、史籍目录学的主要讲授内容
4、基本参考书：《汉书艺文志序》、《隋书经籍志序》、《〈四库提要〉史部小序》、《书目答问》卷二

先生讲课时，仅拿几张卡片，内容烂熟于胸，洋洋洒洒，侃侃滔滔，早已超越大纲，将一生治学之得，传授给学生。

莫声铨的笔记，在大纲中"参考书目"下，记录了诸多"学习方法"方面的内容，可见，先生讲授时，会临时补充很多内容，投喂如饥似渴的学生们。

历史学的基础，是研究"史料"和运用"史料"，而进入史料的第一道门槛，就是要对它们进行整理与分类，"史籍"是"史料"中的一个种类，

属于"史部"的基础内容。

先生讲授史籍目录学，是以考据学治目录学。

考据学始于明末顾炎武，为留住文化中国的根，他以考据学的方法著《音学五书》，别有其"中原正韵"的怀抱。

异族入主中原，有关王权的利器——孔孟之道、程朱理学都可以拿走，但说汉语、写汉字，谁都拿不走。而考据学的根本，就在说汉语、写汉字上，故一时为学林士人所宗，发展至乾嘉时期，成为中国学术的重要流派，梁启超先生称之为最具科学精神的一门实学。他在《清代学术概论》中说：考据学治学，"实事求是"，"无证不信"。考据学作为一种治学方法，在整理古籍、校勘、注疏、辑佚等的同时，将思想埋伏其中。

在"交白卷光荣"的运动风刚刮过去、老先生们多被打倒之际，学术界能薪火相传者寂寥，先生以其深厚的考据学功底，重建"史籍目录学"，令学术界为之一震。"史籍目录学"主要针对史料进行搜集、整理、考辨、分类、记录、提要并利用，是历史学研究的门径之学，先生讲授目录学，是为历史学登堂之始基、入室之第一步。

"史籍目录学"，需要掌握哪些知识、掌握到什么层次？先生在教学大纲中做了精心设计。目录学，精深浩瀚，本科生初涉，对密密麻麻的书目望而生畏，这一代大学生没有古典"小学"的童子功，如果强求记诵，反而会拔苗助长，伤害了学习兴趣。先生设定的教学目标，只要求掌握基本内容、基本方法和基本参考书目，本科阶段，能推开目录学的大门即可。

仔细阅读莫声铨"笔记"全文，自然会发现，先生对讲授的内容进行了大量的考辨，包括许多综合性的分析与评价，做出了许多创新性的发现等。例如，先生对目录学源流、功用以及是否可以成为专学的论证，都体现了上述特点。

实际上，先生授课，从来都是与自己的科研相结合。

莫声铨笔记中的绝大部分内容，在先生所著的《目录学浅说》《古籍整理散论》等作品中，都可以看到相似内容，足见他是在教学过程中钻研，又在研究过程中指导教学，这是另外的一种"教学相长"，这种做法，不但提

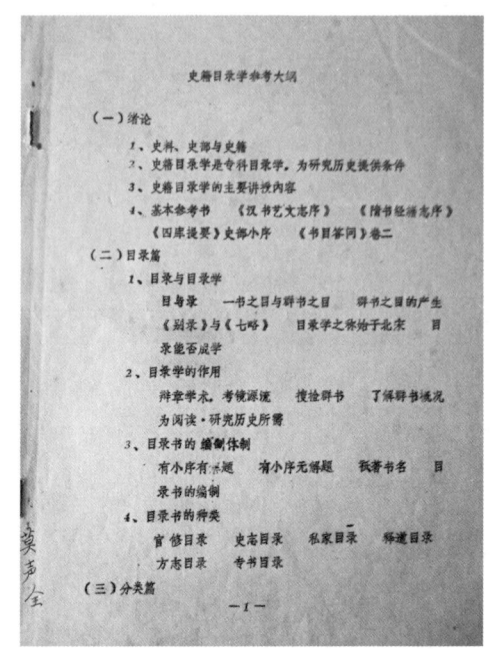

> 南开大学历史系75级中国史专业莫声铨所保留的来新夏先生讲授"史籍目录学"课的参考大纲

> 南开大学历史系75级中国史专业莫声铨所保留的来新夏先生讲授"史籍目录学"课的随堂听课笔记

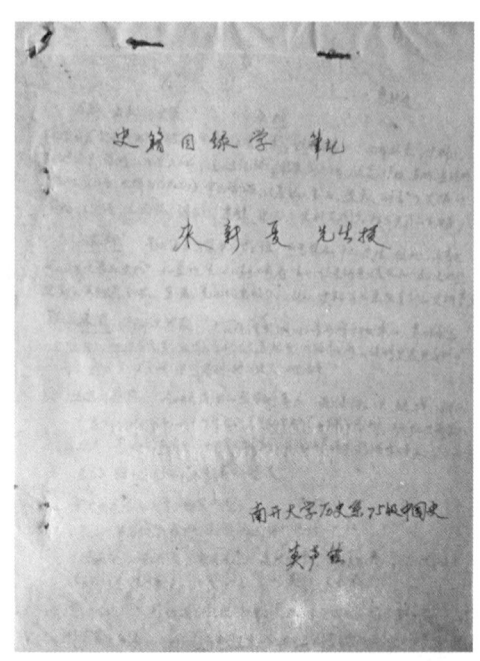

高了所授课程的学术性,也为先生积累了多部学术作品。

先生授课,最核心一点是责任心。

莫声铨课堂笔记的最后一页,记录着这样一段话:

> 所授课程只是一个大概,现课已结束,即将分别,临别赠一言:
> 有志钻研须苦功,功在三勤句(大意)朦胧。
> 日积月累成学问,吾期尔成李谥功。

上述四句,从语气上分析,应该是先生的口吻,但文字尚有需要疏通之处,主要是第二句,似乎不够雅顺,莫声铨在这里特别标注了"大意"二字,应该是没有记录清楚,只是记了一个大概的意思。

对于这四句,同样是75级中国史专业的焦静宜师,印象也有些模糊,她不能确定这是否是先生当年所说,但她却很清楚地记得先生在课毕之后所说的另外几句话:

青成蓝，蓝谢青，师何常，在明经。

　　此句，语出《魏书·列传第七十·李谧》。也就是说，无论莫声铨还是焦静宜，他们都有一段关于"青出于蓝而胜于蓝"的记忆，足见先生肯定是在最后一课的时候，强调了这个典故。

　　作为一名教师，刚刚从挫折中爬将起来，被曾经教过的学生侮辱与折磨，但是他并没有将怨气迁怒于后来者，他依旧那样地热爱教书、育人的事业，并且希望自己的学生能够"青出于蓝"，可以在学术上超越自己。

　　课程结束，期末考核，先生将学生的笔记都集中上来，一本一本仔细阅读，作为课业评定依据。

　　当年，南开75级中国史专业共有50名学生，先生对每一本笔记都是细细查看，认真批改。读后，还要写下评语。例如，他对莫声铨笔记的评语如下图：

　　寥寥数语，却见师者仁心。

　　作为一名教师，广泛备课，认真讲授，批改作业，然后评定分数，似乎本职已经圆满，但是先生却不肯停步于此。他的教学不仅仅是为了完成工

> 来新夏先生对南开大学历史系75级中国史专业莫声铨"史籍目录学"随堂听课笔记的评语：这本笔记记得不错，能抓住要点，条理清楚，文字通顺，字迹流利，希望能继续钻研。如有时间，愿和你再面谈一次。

作，而是要育德、育人。所以，他还希望能够和学生们多多交流，当面提点，这已经是教学以外的内容，是先生师德的体现。

三、自己拯救自己

10月20日，南开大学历史系召开落实政策大会。给"八七开花"时被审查的、因"史学黑会"和《红灯照》等问题被审查的、因"清队""打反"时办班而被审查的，共32人平反。

其中历史系关于"八七开花"平反的原始文献如下：

关于为"八七开花"中我系被迫害的同志平反的决定

文化大革命初期，在林彪、"四人帮"反革命修正主义路线的干扰破坏下，1966年8月7日，魏宏运、于可、郑天挺、巩绍英、李琛、陈文林、辜燮高、来新夏、周基堃、沙林、杨翼骧、杨志玖、王玉哲、黎国彬、陈枏、冯承柏、王敦书等十七位同志被侮为"牛鬼蛇神"，关进"牛棚"，劳动改造，以后这些同志又在文化大革命的各个阶段中遭到打击和迫害，其中大多数同志被抄家、隔离审查、多次批斗，有的甚至遭到毒打，使他们在政治上、精神上受到严重摧残，亲属受到株连。

遵照华主席、党中央关于落实干部和知识分子政策的指示精神，经复查：此案纯属冤案。根据党委决定，党总支为上述十七位同志公开平反，恢复名誉，强加给这些同志的一切诬陷不实之词，全部推倒。与此有关的材料全部销毁，并为受株连的亲属消除影响。

中共南开大学历史系总支
1978年10月17日

"八七开花"的问题解决了,但是先生头顶还有一顶帽子,"历史反革命"。当年《文艺与生活》杂志事件的纠缠,到现在依旧没有结论。

某一次,南开大学副校长娄平指派先生去北京出席某活动,当时立即有人提出:"来新夏怎么能够去北京呢?"

焦静宜师回忆,他们那届毕业生有一个小小遗憾:"我们全班百分百都是来先生的粉丝,但在大学毕业的时候,全班同学和老师的合影中,却没有先生。那是因为他当时还没有落实政策,所以系里没有通知他前来合影。"

"史籍目录学"课程如此火爆,有人心生嫉妒,找到刘泽华,质问道:"是谁决定让他讲课的?"刘先生的回答却也简单:"没有人通知我不让他讲课,他不讲课,白领工资?"

有一次,先生正在授课。课堂下,有一位身份特殊,他是时任南开大学的党委书记张再旺。张书记悄悄来听课,没有和任何人打招呼。先生也全不知情,他意兴飞扬,讲得全神贯注,直到课时近半,才发现书记坐在下边。

下课后,张书记主动找先生,称赞道:"你真是有很好的学问。"随后又问:"你年龄多大了?生活上有什么困难?"

先生回答说:"别的没有,只是我的历史问题还没有查清楚!"

张再旺沉默。回去立即召集相关人等,叮嘱道:"一定要尽快把来新夏的问题搞清楚,尽快给他落实政策。"

尽快,有多快?

张再旺1978年12月调任至南开大学,先生在1979年3月就被落实了政策。

原来所谓机缘,都是自己争取的结果。

先生是那个自己拯救自己的人,他所依靠的,不是人情与关系,而是自己多年积累的一心所系的学问。

焦静宜毕业,因成绩优秀,被内定留校,分配至《南开大学学报》编辑部。

中共中央办公厅来南开大学招人。规定得比较细致:女性,有基层工作经验,有比较好的文字能力,最好字要写得漂亮一些,因为那时候很少打

> 1978年,来新夏先生在兼做书房的卧室内留影

字,起草文件,主要靠手写。

看了焦静宜的材料,特别满意,为此,还特别更改指标,只为留下她。但殊可遗憾的是,她已先在留校人员名单中。按当时政策,各大院校先自行确定留校名额,其余再对外推荐,中办门槛再高,也不可以在已经留校的人员中遴选。最后只好作罢。

对于此事,焦老师看得很开,她并不喜欢官场,而能在编辑部工作,珠玑文字之余,还可以继续读书,岂非另一种幸福?

学报副主编何桂林建议焦老师,在学业上要继续深造,可以去历史系选一位老师作指导,在业余的时间里,将专业水平提高上去。

选谁呢?颇有踟蹰。那时候她也没有明确的研究方向。

某日,历史系组织参观清东陵。焦静宜虽然毕业了,但毕竟是留校人员,她很感兴趣,也就跟着考察。其间,正遇先生,趁机请教了一些问题,而先生主动询问她,对北洋军阀史是否感兴趣?

"当然很感兴趣。我看了您的书,仅仅知道一些脉络,具体细节就不是很懂。"

"我给你开个书单,你再继续深入地看看。"

1979年冬,吉林大学举行洋务运动讨论会,焦静宜也撰写了一篇论文,题目是《从福州船政局看洋务派所办军事工业的封建主义性质》,文成之后,送请先生指导。

先生觉得,这篇文章写得不错,爱才之意油然而生。恰巧,湖北人民出版社约请续编《北洋军阀史略》,遂邀请焦静宜一起参与。

焦老师当然高兴,立刻向学报何主编汇报,获得支持。何桂林亲自上门委托,先生当然同意。自此,焦静宜师正式追随先生,在学术之路上相伴而行。

1979年 —— 57岁

一、学报风波

1979年,先生57岁。

重新开课,也重新发表文章。

他把自己新发表的第一篇稿件,投给了《南开大学学报》,题目是《清人年谱的初步研究》。

牛棚期间,先生最呕心沥血的一部作品,非《近三百年人物年谱知见录》莫属。这部呕心之作,内涵丰富,概述年谱的定义、起源与发展流变等,特别详述了清人年谱的特点、状态以及历史意义。

他旁征博引,论证翔实,未读原谱,已先知梗概。先生作此文,除了介绍清人年谱研究状况以及研究价值,也希望借此进一步推介《知见录》,以期引起关注,加速出版。

但是,对于是否发表该文,在《南开大学学报》编辑部里,引起一场争论,争论的见证者,正是焦静宜老师。

当时,《南开大学学报》人文学科的编辑室分为两组,一是文史组,一是哲经组。文史组组长罗宗强，以文学批评闻名学界。焦静宜师将《清人年谱的初步研究》交给罗先生，得他大力推扬，认为这篇文章很有学术价值，称赞道："这是我在'运动'后，读到的最有学术分量的作品。"但是，另一位编辑却极力反对发表，认为该文学术水平还不够。

谁也说服不了谁，甚至吵起来，情绪激动，难以调和。

最后，两人找来主管副主编何桂林，由何主编定夺。

何先生也为难，心里支持罗宗强，但也不方便直接表态，所以，只能采取折中方式，稿件交外审专家，听取意见。

外审专家选定两人，一位是刘泽华，另一位是郑天挺。

专家意见反馈是由焦老师取回的。当时，刘先生很气愤："小焦啊，你回去问一下你们的老何，这是什么意思？这样的文章还用外审吗？这样的稿子不发，还能发什么？"

郑天挺的回复更直接："可以发表。"

至此，先生的文章终于顺利刊发了，但是，罗宗强却非常气愤："我确定了的事情，推行不下去，那要我这个组长还有什么用呢？我不干了。"事后，罗先生果真辞职。

一段时间，南开学报没有文史编辑组组长，文学、历史方面的文章直接交给副主编何桂林审定。

先生听说这件事后，唯有苦笑。

《清人年谱的初步研究》是《知见录》的一个小结。后来，先生将它作为《知见录》的序言，列入书中。

3月，先生的历史问题终于被查清，做出结论，恢复他原有的教学工作。得知此讯，启功恩师首先发来慰问信。信中，他一如既往地幽默："你是寒窑18载，盼来了薛平贵。"

先生含着眼泪，读恩师来信。

其实，启功师与先生的情况大致相似。此年1月27日，北京师范大学下达《关于1958年启功被错划为右派分子的改正意见》，恢复了他四级教授的级别。

二十年了，蹉跎太久，需要弥补的，实在太多、太多。

二、"起死回生"的演讲

名誉被恢复，问题被查清，当务之急是如何安排先生的工作。

当年先生是历史系近代史教研室的副主任。如今重新安排，却没有相应的位置。人事关系微妙。

学校决定将他外调，派先生去分校创办图书馆学专业。

图书馆，对于先生而言，渊源太深。

当年，身在劫中，不以他为另类者，寥寥无几。只有图书馆之门，依旧为他敞开，这如何不让他心存感激？

先生初入学术奥堂，始以近代史，因形势所迫，转向目录学，学术上的"塞翁"，可谓"悲喜交集"。

有目录学打底子，筹建分校图书馆专业，真可谓舍先生其谁也！

当时，设立南开大学分校，处于特殊历史时期。

特殊年代期间，高考制度废除，后期仅招收少量"工农兵"学员，至1977年10月12日，方得恢复。政府下发文件：凡是工人、农民、上山下乡和回乡知识青年、复员军人、干部和应届毕业生，只要符合条件都可报考。

对于高考，多少青年心心念念，特别是那些"另类"身份的学生，现在苦尽甘来，终于有了圆梦的机会。

于是，历届高中毕业生等，如闸泄水，喷涌而来。

1977年11月至12月，走入考场的考生约有570万，最后录取了27.297万，录取率仅仅4%。

学生多，学校少，这是现状，如何解决？

国家鼓励各高校尽可能多招学生，甚至允许"走读生"的存在。

所谓"走读"，主要是针对那些城市考生而言，他们人可以不必在学校住宿，白天上课，晚上回家，从而解决宿舍短缺问题，至于其他，都与正常在校生无异。

这是在物质基础有限的条件下,权宜扩招的举措。

1978年,高考实行全国统一命题,报考人数再增,达610万。任凭"走读"再扩大,也难解燃眉。

所以,政府又进一步地采取措施,继续扩招,"分校模式"应运而生。

此举,天津走在了全国前列。

1978年6月,林乎加调任天津市委第一书记。上任伊始,高考问题甚是困扰。天津生源多,院校少,招生名额有限,社会怨气极重。

林书记把南开大学、天津大学负责人找来,询问是否有继续扩招的可能?两校长却回答,基本不可行,宿舍、教室都成问题。林书记再问,教师够不够?得到的回答是,教师没有问题。

最后讨论的结果是,把闲散、废弃的中学利用起来,开办分校,以解决宿舍、教室等缺口。

南开大学、天津大学,直接隶属教育部,得天津市委意见,立刻上报,得到的批复却是迎面的一盆冷水。教育部担心,急于扩招,教学质量不能保障。适逢邓小平出访归来,途经天津。林乎加直接建议开办分校,终获批准。

于是,一场分校建设运动,在天津、北京乃至全国迅速展开。

天津自筹资金,创办10所大学分校,增扩招生8000余名。具体如南开大学,共建三所:第一分校,由位于和平区卫津路中学改建;第二分校,由河北区第九十四中学改建;第三分校,由汉沽区第三中学改建。

至1979年11月27日,分校体制再改革,南开大学第一分校更名为南开大学分校。而第二分校、第三分校合并,成立了天津大学化工分校,隶属天津市化工局。

上述学校成立之初,都是单一专业,譬如第一分校,仅设物理系,分校改制,要求学科多元化设置。

究竟要设置哪些学科呢?为此,南开大学专门组织了专家研讨,先生也是受邀者之一。

会上，先生极力主张在分校建立图书馆学专业。

理由之一，1979年之前，全国仅有北京大学、武汉大学设有该专业。每年毕业生不足百人，而全国各级各类图书馆数以万计。供给与需求，反差极大，所谓人才培养，其实杯水车薪。

理由之二，在"知识大爆炸"的时代里，与知识直接相关的图书馆学专业，前途无量。

于是，在先生等积极推动下，南开分校决定增设图书馆专业，先生为首任专业主任。

郝瑞芳是最早追随先生者之一。那年，她才刚刚从南开历史系毕业，就陪着先生一起"拓荒"。

她记得，分校创办之初，学生自主选择专业。科技英语、企业管理等最热门，而图书馆学冷冷清清。那时候，大家都不太理解，"难道图书馆也成学问？不过借书、还书而已"。

结果，第一次报名者，仅仅40人，不足一个班。

学校变得慎重，在礼堂召开了一次"系别推介会"，由每位系主任登台讲演，介绍自己所开办的专业，用以吸引学生。

先生的这次演讲，甚至关系到了分校图书馆学系的"存亡"。

绝非危言耸听，招不满一个班，就无法成就专业。其实，这次推介会，主要是为图书馆学系举办的。

先生讲话铿锵，从中国图书事业的辉煌成就说起，介绍了中国图书馆事业在世界图书馆发展史上的作用，以及国内图书馆行业与世界一流图书馆业的对比，并着重分析了图书馆人未来的前途等。

语之切切，真情实感。有骄傲，有悲伤，更充满希望。

潘英，南开大学分校图书馆学系第一届毕业生，当年她就坐在礼堂下，对先生的那次演讲，至今念念不忘。"在国外，图书馆员有很高的社会地位，出国安检的时候，一看你是图书馆员，马上过！"对于先生此句，潘英遐想了很多。她从小酷爱物理，所以才考了南开第一分校，但基础差，打开大学物理教材，满眼茫然："我要是坚持学物理，大学都不能毕业。感谢让我遇到了来先生。"如今,她的女儿也在学习图书馆学,而且读到了博士学位。女承母志,这又是一段佳话。

图书馆学第一届毕业生杨静女士,对先生的那次演讲也同样记忆深刻。"那是决定我们命运的一次讲话啊！当时我听完后,非常受鼓舞,立刻决定报名。"

一次演讲,挽救了一个专业。演讲后,图书馆学专业竟然扩成了三个班,共招收142名学生。南开大学分校图书馆专业由此诞生,这是继北大和武大之后诞生的第三个图书馆学专业。

三、"知书识字"

什么是图书馆学?

答曰:知书识字。

上述,是著名图书馆学家黄钰生的回答。他在为南开大学分校图书馆学专业上课时,只用四个字,就令满座瞠目。

知书易吗?几百万种图书,难道都能知道?

识字易吗?现代文可读,古文能读否?中文可读,外文能读否?

"知书识字",看似简单,实则奥妙艰深。

面对这样一门学问,如何展开教学?专业虽立,却无教学计划,无专业教师,无专业教材,无参考资料,无实验设备,一切从无开始,形成了适于自己的"宽口径""厚基础"的初步方案。

所谓"宽口径",是指跨学科综合培养,广涉文、理、工、艺;所谓"厚基础",特指专业基础,欲求其专业精深。

循此原则,南开大学分校图书馆学采取四年学制,共开设36门课程,累计2574课时,课程分为三类:

公共基础课——共21门。包括语言课和学科课。例如英语、日语、中国通史、现代汉语、心理学、计算机程序设计等。

> 1984年，来新夏先生（左二）陪同图书馆学前辈黄钰生先生（左一）参观南开大学图书馆

专业基础课——共7门。包括中外文工具书使用法、图书馆学基础、普通目录学等。

专业课——共8门。包括分类、编目、情报、文献等。

教学计划拟定后，教学课程如何实施？取决于两个关键：教师和教材。

先生四方奔走，访求名师，欲请名宿复出讲学。

动乱年代，他们屡遭戕害，有的埋没于市井，有的仍在另册，于是，先生登门礼聘，求其复出。

此外，先生还特别重视青年教师的培养。

教师张贵荣回忆，自己在独立授课前，先在南开大学图书馆实习一年。实习期满，又被送到北京、上海各函授一个月。

先生还亲自修改其讲义，其讲义，曰卡片式目录，源于南宋李焘，因其疏忽，"焘"字误为"涛"，先生阅后，用笔圈出，说道："你这学术上还得严谨。"

在南开之前，国内仅两所大学开设图书馆学专业，教材大多是自编的，南开人也很善于自编教材。

教师们，边授课，边编写，边油印。常常讲完一节，印一节，讲完一章，印一章，渐成规模。

年复一年，南开大学分校图书馆专业自己编印的教材，大致如下：

《中国图书文献选读》《中文工具书使用法》《西文工具书》《图书馆目录》《古典目录学浅说》《藏书建设》《科技史》《图书馆学专业英语》《中国古代图书事业史讲授提纲》等。

经过不断努力，分校图书馆学专业渐渐鼎立起来，开办年余，又增设情报专业，遂升格为图书馆学系。

据天津师范大学图书馆徐久龄先生回忆，第一届毕业生分配就业时特别抢手，天津相关局办计划处处长，面对如此众多的图书馆专业人才，忍不住感慨："哎呀，之前就是北大、武大有图书馆学毕业生，建国 30 年了，才分来几个人啊，这下可好了，你们一下来了一百多个，真给我们解了大渴！"

1980年　58岁

点校旧籍之始

1980年，先生58岁。

先生治学，由目录学延伸至图书馆学，而方志学，则延续家学"来子家训"；至于史学、近代史研究，尤其是"北洋军阀史"，依然是先生的学术自留地。

6月，先生着手点校《阅世编》，这是先生点校旧籍并顺利出版的第一种文献。《阅世编》是一部史籍，于明末清初上海物价，有详尽记载。作者叶梦珠，字滨江，号梅亭，明季上海人，约卒于清康熙中叶。

改朝换代，多有遗志，叶氏亦然。他对旧朝仍有眷恋，于是把自己"阅世"六十余载的所见所闻，写成一书，借以排闷愤懑。

先生以1934年"上海掌故丛书"版为底本点校，该书共十卷，所记内容"大而郡国政要，世风升降；小而门祚兴替，里巷琐闻；旁及水旱天灾，物价低昂"等，记事范围涵盖松江一带，包括上海、华亭、南汇诸县。

物价史料，之于传统史学，常受轻视，正史之中，多有忽略，即使偶有记录，亦不外"物价腾涌"之类概括，而《阅世编》则不然。叶书所记，物品之多，价格之细，比较之详，均属罕见。

小者如米、豆、麦、棉、布、柴、盐、茶、糖、肉、纸等，大者如房产、田产，亦有涉猎。更难能可贵之处在于，该书并非单纯记录物价，兼有记事分析，如中所记：

"大约四方无事，则生聚广而贸迁易，贵亦贱之征也；疆圉多故，则土产荒而道途梗，贱亦贵之机也。"他将物价的低昂，看作是检验风俗变迁、民生休戚的标尺。

8月间，先生撰写《试论〈中国古代图书事业史的研究对象与划阶段问题〉》，发表在《学术月刊》8月号上。此文，乃先生所著《中国古代图书事业史》的写作提纲。随即，他开始物色人员，依纲撰写……

汤纲教授调离南开，调至复旦大学历史系。

汤教授为军人出身，参加过渡江战役，转业后，求学于复旦，毕业分配至南开，却与爱人陈宝青女士长期分居两地。如今南归，一家团圆，当然可喜可贺。只是老友分别，难免伤感。

先生与汤纲，有患难之谊。

牛棚岁月，同事之中，识与不识者，尽相冷眼。唯一二知己，仍能不避嫌隙，比如巩绍英，比如汤纲。

汤先生为诸暨人，与先生乡音相近，常以乡音劝先生，曰善处逆境，勿在意一些人的浅识，多寄情于学术，以待有用之时。

可先生内心，如何倾吐？如乱麻塞胸，憋气呀！

一度，先生真的消沉，束书不读，烟酒度日。

在那个晦暗的时刻，有老友激励，令先生觉得世间仍有真情，自己的清白并非无人相信，自己的苦楚也有人理解。

老友时来讯问，先生回忆说："我在18年的审查过程中，所完成的学术著作200余万字，其中很多受益于汤纲教授的不断鼓励。"

先生大难初平，人们仍有余悸，故其箧中成稿，难以出版。

汤纲回上海探亲，临行前，来访先生，希望能将《近三百年人物年谱知见录》与《林则徐年谱》书稿带去，他的两位同学正供职于上海人民出版社，汤纲准备倾力推荐，以望出版。

先生抱以试试的心态，也没寄望太深。

熟料，汤教授回来，竟然带来了出版合同的草稿，他对自己的两位同学刘伯涵、王有为大加保证，来新夏无论学识、人品，绝无问题。

本以为水到渠成了，熟料其中又生波折。

南开历史系某位，趁出差上海之机，向上海人民出版社诬告先生的历史问题"还有尾巴"，劝出版社不要贸然出书。

又是汤纲竭力解释，甚至担保，刘伯涵、王有为力挺，这才保住了两本书出版的可能。

而关于这个小风波，汤教授未曾对先生言之一句，还是后来王有为详说原委，先生才了解全部过程。

1981年，《林则徐年谱》出版，10年间三次增订；1983年《近三百年人物年谱知见录》出版，第一次就印行了36000册。

先生评价说，这两部著作，为自己后续开展学术局面，奠定了坚实基础。而饮水思源，当初"掘井"之人，正是汤纲教授。

虽地域相隔，然音讯不断。他与先生，基本保持每隔数月即要通一遍电话来互道安康。

2004年岁首，先生再次打电话给他，贺以新年，但是奇怪的是，一直无人接听。于是再隔几日，又打，仍然无人接听。莫非有意外？惴惴不安，隔三差五就拨一遍电话，一直无人接听。

直至5月份，终于打通了，原来汤先生回故乡过春节，顺便休养一阵，刚刚回来。

先生长舒一口气，彼此在电话里笑了好久。先生打趣说，你年龄比我小，千万别"插队"，大家都要保重自己。汤教授当然承诺，并半开玩笑地说，自己很喜欢先生的文字，万一走在前面，你一定要写一篇纪念性文章，以志彼此友情。

两人开心地挂了电话，孰料这竟然是彼此最后听到对方的声音。该年9

月,汤先生即因胰腺之疾,溘然长逝……

或许是他有意隐瞒,怕先生难承遽痛,他的讣告,并未发给先生。

当年 10 月,应清史编委会之约,先生赴合肥参加《李鸿章全集》审评会,碰到老友胡绳武、沈渭滨,先生才知挚友逝世的消息。

噩耗之丞,如何承受?

先生评价汤纲:"是一位好人,是一位和善的好人,是一位乐于助人的好人。"

恩情难忘,笔之何诉?先生艰难写下一篇纪念性文字,言之"心绪不宁,笔墨凌乱",谨以诚信,祭之亡友,以践当日诺言。

1981年 —— 59岁

一、发凡起例

1981年，先生59岁。

7月25日至8月1日，中国地方史志协会成立大会暨首届地方史志学术讨论会在山西太原举行，这是1949年以来，全国地方史志工作者的第一次全体会议。

会议选举梁寒冰任会长。

梁寒冰本来就是新编方志的举旗者，被"运动"中辍，如今前缘再续，他又承担起了相关组织工作，此时，他想到了先生，当年未竟之业，如今再携手，初心不改。

先生任梁寒冰第一助手，协办具体工作，诸如为筹办此次在太原举行的成立大会，他们事先又组织了两次筹备会议。

第一次筹备会议，在武汉东湖宾馆召开，会后，向全国下发的新志编修规划和第一次启动报告，即由先生等人执笔完成。

第二次筹备会议在天津召开。在这次筹备会中，先生是第一发言人，作了《总结旧志，创编新志》的报告，其中所确定的若干原则和基本方向，为"发凡起例"之首。

我国修志传统，绵延两千余年，其形成与发展，自春秋战国以来，兼收国别史、地理志和地图，以此为据，加以历代政治、经济、文化的注入，逐渐完备起来。

在《周礼·春官》中有"外史掌'四方之志'"一说，所谓"四方之志"，就是对各诸侯国史志的记载，"外史"是周朝五史（大史、小史、内史、外史、御史）之一，掌管王畿以外各诸侯国典籍，负责搜集资料，并进行整理，再呈报天子。

方志，不仅记史、记事，对国土山川风物等自然状况，也录之甚详，故其另一大起源，来自《山海经》和《禹贡》等。

不少古代方志，在叙述撰修缘起时，往往联系到《山海经》。并且，《山海经》记风土、人物、世系的体例，与后世方志设置的风俗、人物等门类，也是一脉相通。

《禹贡》是《尚书》中的一篇，该书用自然分区法，记述了我国古代地理情况，将全国分为九州，作行政区划，对华夏山原、河流、渊薮、土壤、物产、贡赋、交通等，记录甚详，它是我国现存最早的一部全国性区域志，历来言地理者，无不溯源《禹贡》。

地图也是方志的重要源头。

在我国，地图出现较早，甚至在文字发明前就有地图的存在。至春秋战国时期，地图使用已经极为广泛，周王朝还特别设置了专门管理地图的官职，例如大司徒、职方等。马王堆出土的汉初地形图、驻军图和城邑图，是现存最早的图经。

在战国、秦汉之际，方志更侧重于地理方面，而发展至东汉，增加了史、志的内涵，延续至魏晋，方志的编纂体制渐臻完备。

隋唐时期是中国方志的一大转折期。此前，方志编修，以私人著述为主，此时，政府开始关注，隋朝"普诏天下诸郡条其风俗、物产、地图上于尚书"，这是国家明令修志的最早记录。

至宋、明时期，地方志著述体例基本定型，门类渐广，即以《太平寰宇记》而论，在地理之外，又编入姓氏、人物、风俗数门，进一步丰富了方志内容，开后世方志立人物、艺文体例之端，同时，方志续修制度也已建立，而明朝修志更甚，几乎遍及州县乡镇等，规模之大，范围之广，实属空前。

　　发展到清朝，方志编修事业进入鼎盛时期。

　　在现存方志中，清修比例最大，约占80%，修志约6500余种，年均20余种，且诏令各地分辑志书，规定各省府州县60年修志一次，成为定制。官修至此，可谓盛极。

　　私修方面，更有价值，明末顾炎武，检读方志，盘点江山，以其复国之志，撰《天下郡国利病书》和《肇域志》，开启方志大格局。

　　此后，章学诚继起，提出"志属史体"，戴震异议，提出"志考地理"，二人争鸣不已，他者纷纷介入，考辨问难，成其学理。

　　辛亥革命以后，方志编修以及对方志学的研究仍在持续，但规模、成效难与前代相比。1949年以来，革故鼎新，奈何风波不断。革故有之，创新不足。所以，继任者的研究仍然任重而道远。

　　先生此次发言，在概述方志学源流的同时，又为方志学下了比较科学的定义。

　　　　所谓方志学，它是记载某一地区自然、历史、地理、社会、经济和文化纵横各方面的情况和资料的一种著述体裁，是对地方情况进行综合性反映的百科全书；是撰述历史借以取材的资料宝库之一。

　　这个定义，巧妙之处在于，避开了方志属性之争。

　　如上所述，章学诚、戴震的争论，一直到现在仍在进行，究竟"志属史体"还是"志考地理"，各有支持者，迄无定论。

　　先生以为，争论不妨继续下去，这里不定是非。但是，方志最大的功用必须标明，具体地说，就是存储资料，以备研究者检索与利用。

　　先生所下的定义，以方志学所涵盖的对象作描述，以其承载体裁作标志，故称之为"百科全书"式的情况与资料汇编,突出了方志的资料性意义。

在这一阶段,新编方志应该如何推进?方志学研究又该怎样创新?先生在发言中,也阐述了自己的见解。

旧志,新志,都是人为所下的定义,今日之"新",即为明日之"旧"。所以,"新"与"旧",不应该完全割裂。

本轮新编方志是由官方主导,指导思想由胡乔木提出,号曰"三新",即"新观点""新材料""新方法"。

"新材料"不必解释,而"新观点""新方法"当然是指以马列主义为指导,以唯物辩证的方法及阶级分析的思维来编修。

先生以为,新编方志,切莫忽视传统。中国两千余年的方志历史,无论体例、内容、研究方法等,都有可资借鉴之处,切莫一概否定。

所以,当务之急是刊印旧志,把祖先遗留下来的旧志资料保存下来。

在充分占有传统方志资料的前提下,再对资料进行分类、整理,形成资料汇编。这个过程,其实包含了两个方面,一是对旧志所记各类,列为专辑,汇纂成册,如某地气象资料、矿产资料、地震资料等;二是汇编前人研究方法、理论成果等。

资料类编完成,下一步是编纂方志目录,以备检索利用。

方志目录,始见于清季,著作迭出,比较突出的是《中国地方志联合目录》(1928年油印本)。但是这些著作,仅仅是简单的志目记录,再略加一些内容提要之类,缺少"辨章考镜"的过程。先生主张,要编写一部《地方志综目提要》,使人读此提要,可以明白概貌,未读某志之前,先有轮廓,免去逐一翻阅、查抄的辛苦。

形成方志目录以后,某地已存资料,基本可以一一廓清,再将这类资料汇总,汇编而成地方风土丛书之类,进一步夯实资料基础,扩大利用范围。

经历上述分类、考辨的过程,对方志资料进行反复整理与利用,下一步是凝结成果,可以撰写论文与专著,总括新发展、新成就,编纂类似《中国地方志概论》之类的基础理论性著作。

如此,资料具备了,工具书具备了,研究方向与理论基础奠定了,研究方法掌握了,再开展编修新志事业,水到渠成。

先生的发言,成为日后指导全国地方志编写工作的规范及原则。后来,先生将该发言稿略加整理,成文一篇,题目是《略论地方志的研究状况与趋势》,发表在《天津社会科学》1981年的创刊号上,这是首轮修志在全国范围内所发表的第一篇论文,为编纂新方志在方志学理论准备上,作出了首要贡献。该文后经日本学者寺田隆信译为日文,刊于《东洋史论集》1984年第一辑上,足证影响。

在这次地方史志协会的成立大会上,先生被推举为理事,受命联合八所院校编写方志学基本教材,书名是《方志学概论》。此八所院校分别为:安徽大学、宁夏大学、福建师范大学、苏州大学、辽宁师范大学、贵阳师范学院、杭州师范学院以及南开大学。

先生任主编,相关工作紧密而来……

二、高校图书馆事业的"拨乱反正"

9月16日至25日,教育部在北京召开了全国高等学校图书馆工作会议,这是自1954年召开全国高校图书馆工作会议之后的第二次会议,两次会议前后相距27年。

时任教育部副部长周林在大会总结发言中,说它"是一次拨乱反正、继往开来的重要会议"。

"拨乱反正","乱"在何处?

周林用了"空前的浩劫和摧残"来形容,具体而言:

> 许多学校(图书馆)被撤销或搬迁,房屋被占用,图书大量散失;不少学校图书馆被长期关闭;很多图书资料被当作"封、资、修"的毒草而遭到封存甚至焚烧;图书馆专业人员被批判或长期下放;图书馆内部工作制度被破坏殆尽;长期积累的书刊资料被中断

订购，元气大伤，损失惨重。

在公开场合，如此论调，已经足够克制，在实际上，损失程度远比上述恶劣。珍贵典籍的损失，已是无法用金钱估量；而人员的损伤，往往是以鲜血和生命为代价，如何计量？

周林说，高校图书馆事业乃至国内整个图书馆事业必从源头溯起。

1978年后，各行各业都在恢复，而图书馆领域，特别是高校图书馆的复苏，尤其缓慢。

当时，国内图书馆分为三大系统，分别是公共图书馆、科学院图书馆以及院校图书馆。

公共图书馆归属于文化部系统，从中央一级的国家图书馆到省、市、自治区级的图书馆，以至市、县区级的图书馆，按1981年的统计数字，共有一千七百三十二个。

科学院图书馆，归属于科学院系统，特别是中国科学院系统，从院部到各分院以及各研究所的图书馆为数不少，且较有基础，专业性较强。

院校图书馆，归属于教育部系统，最主要的构成就是高等学校图书馆，再加上中等学校和小学图书馆，规模庞大。

三大系统，互相独立，但地位却不可同日而语，最尴尬者，非院校图书馆莫属。另两大系统都有专门机构管辖、庇护，而院校图书馆却无所适从。

在文化部，设有图书馆事业管理局，主抓公共图书馆各项事业；在科学院也有类似的图书馆管理机构，所以，这两大系统都有"抓总"的地方；而在教育部系统中，没有类似的图书馆事业管理机构，对高校图书馆的许多管理职能，都是委托文化部代为执行。

例如，职称评定。评定职称应该是人事部门的职责，但是人事部门不懂业务，人员职称评定要委托业务部门。具体到图书馆领域，高校图书馆人员的职称要委托公共图书馆职称评定系统。当时，文化部图书馆事业管理局在全国各个省份都设有图书馆职称评定委员会，副高及副高以下职称，在各个省的文化厅所辖下的评审会评定，而正高职称要报送文化部评定。

高校图书馆因为没有自己的职称评定系统，就没有自己的话语权，在实际运行中，难免遭受掣肘。而职称不能评定，待遇就难以提高，馆员工作积极性自然受挫。

高校图书馆馆员既然无法受益于职称，那高校本身总该想方设法补救吧？事实却恰恰相反，因为在教育部没有统一管理高校图书馆的专门机构，这就给很多高校的校长一种错觉，图书馆或许根本不重要，否则，在制度的顶层设计上为什么没有它的一席之地？很多校长不重视图书馆，把它当作"养老院""收容所""运转站"。

校领导的亲属、教授的夫人等等，各路"人才"都被塞了进来，真正懂得图书馆业务的人员奇缺，而"借借还还"之类的编外工作人员却不在少数。

所以，在高校图书馆事业中的"拨乱反正"，必须重新树立高校图书馆及馆员的尊严、地位。

这次在北京召开的"全国高等学校图书馆工作会议"，最主要的任务就是

> 来新夏先生（左四）在 20 世纪 80 年代主持天津市高等院校图书工作委员会工作时的留影

端正思想，要重新树立高校图书馆的形象，明确它的地位，重视它的作用。

这次会议的核心成果有两点：一是设立全国高等学校图书馆工作委员会；二是颁布《中华人民共和国高等学校图书馆工作条例》。

从此，高校图书馆有了自己的管理机构及工作指南，有苦可以倾诉，有理可以申辩，有规有矩，始成方圆。

从京返津，先生积极倡导，上下奔走，促成了天津市高校图书情报工作委员会的成立。

该委员会的具体成立时间是在本年的11月份，也就是说，在全国高等学校图书馆工作会议结束仅仅月余，天津市就成立了自己的高校图书馆领导机构，足见行动之速。先生长期担任该委员会的常务副主任一职，为天津高校图书馆事业的发展劳心劳力，做出了不可磨灭的贡献。

三、一谱辛酸

10月，先生有两部著作出版，分别是《古典目录学浅说》和《林则徐年谱》。

《古典目录学浅说》由中华书局出版，《林则徐年谱》由上海人民出版社刊印。

先生撰写《古典目录学浅说》，始于牛棚时代，当年因备战而疏散，历劫著书，虽有寄望，却深感渺茫，不作刊印之想。

重回南开，渐获重用，开设史籍目录学课程，该稿正当其用，成为学生课堂上的随堂讲义。

先生授课，三易教室，轰动一时。此事，渐引傅璇琮先生注意。

傅璇琮，时任中华书局文史编辑室主任，当时，他正组织筹划一套《中华史学丛书》，但于目录学方面，尚无作者。

傅氏与先生，素昧平生。但知先生为余嘉锡高足，竟主动邀约，拟将《古典目录学浅说》纳入《中华史学丛书》之列。

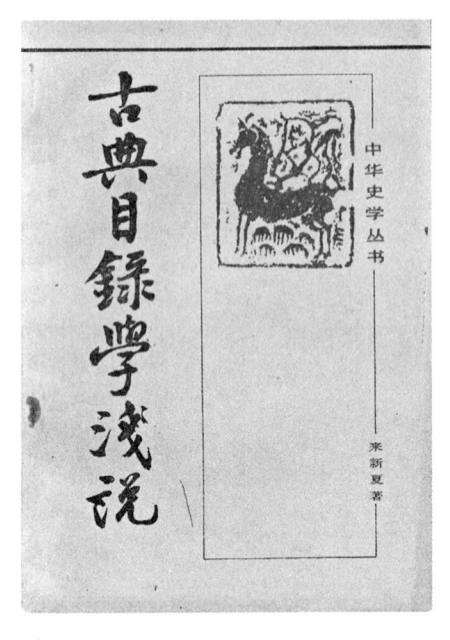

>《古典目录学浅说》，中华书局 1981 年 10 月版

　　蒙尘之稿，竟有付印之时，先生的心情当可想见。尽管他的历史问题已被查清，虽然过往种种非议皆是虚妄，但毕竟"死生"一回。况且周遭多有观望之人，至于诬陷之徒，仍不乏其数。此刻，中华书局之约，无论如何都是惊喜，亦为鞭策。

　　这本著作耗费傅璇琮、崔文印等许多心血。初稿审读后，二人提出了许多具体意见，皆中肯而富有见地，先生与他们反复商榷、修改，再将书稿交顾廷龙、傅振伦、朱泽吉等诸位先生审读，再改、再删，终于定稿。

　　目录学，可以上溯至汉，相关论籍，汗牛充栋。但大多艰涩难通，非博学硕望之人，很难读懂。于是，急需普及之作，以培养后续人才。但通俗介绍目录学的书目，少之又少。

　　1936 年，姚名达曾写过一本《中国目录学史》，但也仅此一本。所以，先生所著的这本《古典目录学浅说》正可"填补空白"。

　　本书最大的特点是"深入浅出，简明扼要"。

　　它原本就是图书馆学系的自印教材，故以知识普及为主，概括介绍了目录学基本脉络、流变、特点等，所列的知识点极为精炼，是为学习该学科所必须掌握的内容，纲举目张，触目了然。

　　该书内容虽"浅"，却能雅俗共赏。

>《林则徐年谱》，上海人民出版社 1981 年 10 月版

普通读者固然能懂，专业读者亦不失所望。书中，有许多独到见解，也有许多创新研究及难获的材料，皆为欲继续深入此门者，指点门径。

崔文印评价，前人有所谓"津逮秘书"，津逮者，入门，且由此登堂入室之谓也。对于有志于古典目录学研究的读者来说，《古典目录学浅说》为必备之选……

《林则徐年谱》，先生编著，尤为辛苦，相关资料，他在辅仁求学时就已经开始收集，而真正动笔约在 1958 年前后。当时，辅仁师弟赵守俨联系先生，请为中山大学历史系所编的《林则徐集》校审。

赵守俨时任中华书局编审，他是《清史稿》主编赵尔巽的嫡孙。名门之后，温文尔雅，学识兼具，亲送书稿至先生家中。

通读一遍，审校年余，尽心竭力，并利用书中原始资料，草成《林则徐年谱》初稿三十余万字，奈何出版无门，只能束之高阁。后来赋闲，重谱旧章，竟能恢复，也算天意悯人。

直至此时付印，前后历经二十三年的岁月。

二十三年间，多少沉浮？凝望此书，几乎满纸辛酸。

所谓成稿难，出版更难。

落实政策后，先生奔走了很多出版单位，联络了许多熟人，均无计可施。

那些编审及专家们，读过之后，都予好评，却罕有下定决心实际操作者。

但世事总有例外，尚有两人真心助力。

第一位是赵守俨。读过先生"内控"时期诸本著作，赵氏特为推重《近三百年人物年谱知见录》，希望该书能在中华书局出版。此事，先生当时也有顾虑，他担心为老友增添不必要的纠葛，所以没有积极操作，遗憾错失。

第二位是汤纲先生。

先生落魄时候，不以他为异类者，屈指可数，汤先生当属之一。经他介绍，上海人民出版社同意出版。

先生在年谱序言里，关于成书的血泪，只字未提，但对于帮助过他的人，却详加铺列。他们分别是：杨国桢、刘桂五、史树青、齐钟久、刘泽华、汤纲、殷礼训等。

当时，启功师已古稀之年，正在病中，知先生积尘多年的书稿获得出版，亲题近十幅横竖不同的书签，以备封面使用。寄望之情，全在笔端！

1982年 60岁

一、启蒙新方志

1982年，先生60岁。

4月，在苏州举办全国方志学研究班第一期。该研究班，是受中国地方史志协会委托，负责人员培训工作，这被业界誉为新编方志领域的"黄埔一期"。

适时，先生主编的《方志学概论》草成，遂油印成册，作为基本教材使用。

新编方志，急缺人才。而人才之来，非高等院校专业培养不可。但"远水难解近渴"，当务之急，是迅速培训一批专门人员，用以充实到修志一线。

苏州培训班是开端，中国地方史志协会又组织人员，分工市县方志，在全国分五个片区，分别是华东、华中、华北、中南、西北等，陆续开办培训班。

这种培训，并非走过场，有着严格的评判标准。选拔各地高中以上文化程度，有一定历史、地理和自然科学基础的学员，然后集中起来，培训期少则一两个月，多则半年。

《方志学概论》作为教材，边使用边修改。

一期培训班后，根据反馈情况，再为修订，又成一稿，先后于7月在山西太原、10月在天津蓟县的第三、第四期研究班上试用。

与此同时，他将书稿分寄给梁寒冰、傅振伦、左开一、刘光禄等专家和地方史志工作者审议，意见反馈后，又行删改。

成书之难，于此可见。

是年，先生奔走于各地培训班之间，日讲理论，夜改文章，该书有八所院校参与编写，主要撰稿人有：周春元、傅贵九、陆振岳、林衍经、邸富生、吴奈夫、陈树田、陈明猷、林正秋等。

书成众手，风格相异，文体不一。

尽管已经改过几轮，但瑕疵仍然不少。

先生事务太繁，实难逐字圈阅，幸得吴格、赵永东两先生相助，于是，他们共同商订宗旨，综理众说，斟酌去取。在此基础上，吴、赵二人调整篇章、编次文字，最后由先生定案。

1983年8月，《方志学概论》付梓，由福建人民出版社出版，共22万字。著名版本目录学家、书法家、金石学家顾廷龙为之题签。

《概论》一书，系统而通俗。它为培训首轮修志人才而专门编订，根本任务是普及方志基本知识，进而指导修志实践。

全书从释义开始，总结旧志基本理论，介绍方志及方志学发展流变的过程，介绍相关方志学家及主要作品，构造新方志学的理论框架。

该书除知识、学术普及外，又特重实用。如对材料收集、卡片制作、文字规范、行文体例、编纂原则等，都有详解。

所谓"新方志"，"新"在何处？

切要之点，在于时代，根本之处，立于经济。

先生认为，编纂新方志，要把社会经济放在首位，这是对经济基础的考察。同时，新方志要有鲜明的阶级观点。用阶级分析的方法研究历史上阶级和阶级斗争赖以存在的经济关系，揭露隐藏在政治斗争、军事斗争背后的各阶级的物质利益。

先生所谓"阶级观点"，仍有特殊年代的残留，动乱虽不在，但惯性仍在，思维的惯性，自觉不自觉，很难避免。

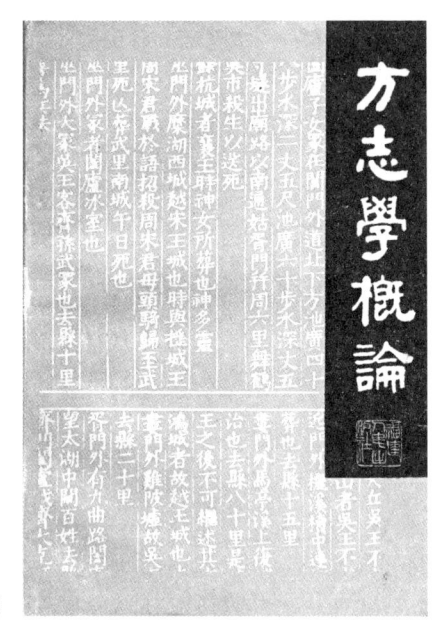

>《方志学概论》，福建人民出版社 1983 年 8 月版

按上述指导思想要求，《概论》一书，为新方志编写确定了四项原则，即突出时代之特点，反映地方之特色，坚持详今略古的原则，注意民族团结。

所谓"详今略古"，原因有二：其一，"略古"可免重复；其二，"详今"是为当代服务。

当然，详今略古，并不是忽略源流与过程，也并非抛弃过往材料，这是在科学审读的基础上，审慎删留，去粗取精。

通读《概论》一书，当可体会先生等第一代修志人员的良苦用心。

特殊年代以后，人才断层，方志修编，方兴未艾。先生等新志拓荒者，筚路蓝缕，从基本理论、基本方法做起，渴望将这项事业尽快开展起来。

著名方志学家杨静琦先生评价说，来新夏主编《方志学概论》，为编纂国家新方志奠定了人才基础，提供了方志学理论基础知识。书中许多提法，至今未见有人能够突破。

关于方志学研究，先生自我总结，他一生主要的贡献可以归结于四个方面：

第一，是做了新志编修的启动工作，负责起草了全国新志编修规划和第一次启动报告；第二，是参与了若干新志的评审工作，给几百个县市区的地方志写序，做了一些评论和纠谬的工作；第三，是培养了数以千计的新志纂修人才。学生和私淑弟子遍布全国各地；第四，是倡导和参与了旧志的整理、研究工作。

故而，所谓编修新方志，先生是为启蒙者之一，当可无愧。

二、对于全国志目提要的遗憾

5月13日至19日，中国地方志整理、编纂工作座谈会在武汉举行，出席座谈会者共有39人，其中有中国地方史志协会会长梁寒冰，副会长李志敏、朱士嘉和地协部分常务理事以及十多位长期从事地方史志研究、编纂的专家学者，先生也参加了这次会议。

会后，产生了《中国地方志整理规划（1982—1990）》。

这份规划，提纲挈领，除背景介绍外，另有三部分，分别是综合参考、旧志重印以及资料汇编；另有附件两份，附件一是《关于编纂出版〈中国地方志提要丛刊〉的建议》，附件二是《〈中国地方志资料汇编〉分类目录》。

综合参考，是提供参考书目及工具书。在"工具书"部分中，特别提到了编纂"地方志提要"，建议多编纂一些提要性的方志目录书。为行指导，又在《附件一》中具体规划，面向全国的史志编纂人员提出建议，计划编纂《中国地方志提要丛刊》，认为这是"迫在眉睫"的问题，并对具体创作体例进行了规定。

文件下发，但编纂《中国地方志提要丛刊》的设想，由谁落实？

先生受方志学家董一博（1912—1987）所托，承担具体执行任务。

此中渊源，他在《〈河北地方志提要〉序》一书中有所阐述，他说："我曾受命董老，不揣固陋，愿承总汇各地所作，纂成《中国地方志提要丛刊》，为检索旧志之本源。"

提要目录，古称叙录、解题、读书志等。它的体例并非仅录书名、撰者、卷数及刊印等基本信息，尚要言之篇目次第，叙作者行事及著述旨意等。

一般目录，仅列书名、作者、版本之类，只能提供一个粗略的线索，欲详大概，只有到处搜求原籍，一一翻阅，费时费力；提要目录，正可弥补上述缺点，使参阅者足不出户庭，一部在室，众本扼要，列于目前。但落实起来，谈何容易？

先生在《〈河北地方志提要〉序》中言及全国旧志整理的艰辛。起初，国家将"旧志整理"与"创编新志"放在了同等重要地位，二者并列而为第一阶段新编方志的两大核心任务。

1983 年，专门成立了"旧志整理工作委员会"，主持者为方志界耆宿董一博先生。该委员会于 1984 至 1985 年先后召开了三次全国性会议。声势很大，但收效与预期却有反差。

整旧与编新，从一开始就很难并行。

从事功角度讲，新编方志，重点当然在新作的呈现，整理旧志，如何可以称得上政绩？这样的思维当然不能讲出来，但确实是实实在在的问题。

> 1982 年 5 月，来新夏先生在参加中国地方志指导小组在武汉召开的工作会议期间接受委托起草《中国地方志整理规划（1982—1990）》

再加上，20世纪80年代初，国家财力、物力、人力相对匮乏，资源有限，势难等量兼顾，只能集中力量做最紧要的方面，整理旧志当然要让路于编修新志。

1987年冬，董一博先生辞世，旧志整理工作随之缓迟。

不得不佩服董老目光如炬，当年，他把编纂《中国地方志提要丛刊》一事交由先生落实，可谓十分允当。

先生钻研目录学多年，师从近代目录学大师余嘉锡，撰有《目录学浅说》等著，故而，将目录学的研究方法导入旧志整理领域，可谓驾轻就熟。

编纂全国性方志提要，最大的难点是搜求众本，因为中国旧志积存庞大，据《中国地方志整理规划（1982—1990）》中统计的数字，全国现存八千多种旧志，但现实状况却是，对这些志书的整理多为书目而已，提要目录严重不足。

> 1985年秋，来新夏先生（右）陪同董一博（左）在内蒙古考察时留影

先生考证，1949 至 1987 年间，全国出版的方志书目、索引等达 50 余种，其中提要目录屈指可数，仅数部而已，如张国淦之《中国方志考》、洪焕椿之《浙江方志考》、崔建英之《日本见藏稀见中国地方志书录》及陈光贻之《稀见方志提要》等。

如此基础，如何综括全国？

凭一己之力，根本不可能完成。

先生的做法是，选择具备操作性的一个小范围区域先行试点，这其中的目的共有两方面，一是稳扎稳打，逐步推进；二是建设试点，以为垂范。先生早已着手，试点就在天津。

1981 年夏，先生请王德恒、萧朝宾试撰《天津地方志提要》，历时年余而成稿，油印分发，深感便利。

有了天津经验，先生又开始扩大范围，在 1982 年初开始试作《河北地

> 来新夏先生等编写《河北省地方志提要示例》，为正式筹编《河北地方志提要》作示范之用

> 《河北地方志提要》，天津大学出版社 1992 年 12 月版

方志提要》，当时曾邀约多人，以《天津地方志提要》稿为模式，分头撰写，但因资料丛杂，搜求困难，进展较慢。

1986年，河北省地方志办公室有编纂辖境范围内的方志提要之意，在1987年春夏之交，成立编委会，请先生任主编，王德恒负责具体组织实施，广泛邀约，应邀撰稿者达60余人，历经多年努力，终于在1992年定稿。

该书体例，依古典目录成规，记书名、作者、卷数、版本、作者生平、编纂缘起、著述意旨。另增藏者，以利读者搜求；再增史料价值等相关评论，虽未能全录史料，但也要提供线索，有裨于考史、证史。

从1982年酝酿，至1992年成书，十年磨一剑，为旧志规划增一内容。

《河北地方志提要》，共收录河北省现存方志563种，天津现存方志28种，佚志14种。收录范围原则上以《中国地方志联合目录》为依据，并补充了少部分《联合目录》未做著录的河北省现存志书。下限截至1949年。

这是一种实践，也是一种垂范，综录全国志目，而成提要一著，是先生的夙愿，为此，他一直努力，但遗憾的是，人事变幻，资料庞杂，终其一生，憾未完成，只能等待后来者续之。

1983年 61岁

一、三十年成一录

1983年,先生61岁。

4月,《近三百年人物年谱知见录》由上海人民出版社出版,共56万字,印行精、平装本32000册,顾廷龙为之题签。

此录,实为提要,所征录的对象,乃近三百年来著名人物的年谱,目的是为文献检索者提供知见索引,为历史研究者提示考据门径。

方志学家朱士嘉曾对年谱下过定义:"叙一人之道德、学问、事业,纤细无遗而系以年月者,谓之年谱。"

年谱是一种编年式的人物传记,以年月为主线,细数谱主一生事迹。它诞生于宋,元、明两代续有发展,至清为盛。

满人入主中原,曾大兴文字狱,令许多学者心悼,弃史传,入考据,故多有年谱之类问世,以之论列个人生平,也算"伤心人别有怀抱"。因此,现存各种年谱中,以清代数量为最。

1941年出版的李适涛编写的《中国历代名人年谱目录》,共录谱主964

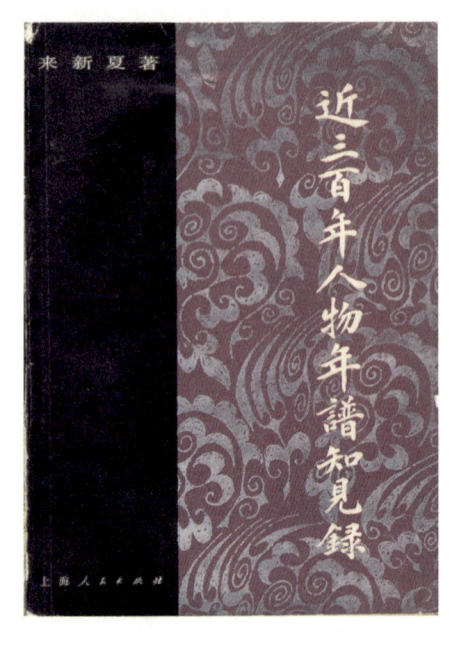

《近三百年人物年谱知见录》，上海人民出版社1983年4月版

人，年谱1108部，其中清人年谱占总数一半以上。据各家著录的约略统计，清人年谱的总数当有八百余种，一千余卷。

年谱之用，在于补史之不足。

一国之史，一人之传，不可能事无巨细，桩桩罗列。撰著者总要依据一定编纂逻辑，以重大事件串联成书。这种做法也存在弊端，例如，删繁就简，难免遗珠。某些重要事件因不符合著述思想，未能刊列，从而错过一些珍贵史料或线索。另外，既有取舍，难免主观。某些事件，因未览全貌，贸然评论，致所偏颇。

而年谱，则以时间为经，事件为纬，纵横相致，勾勒谱主人生，以此，由一谱，可知一人，由一人，可见一时代。

《知见录》一书，先生在1957年就已动笔。

南开大学图书馆馆长冯文潜曾向先生建议，大意是类似清人年谱之类，看的人不多，且没有必要人人去看，既然先生在翻读，何不清个底数，写些提要，将来积累成书，省却他人翻检之劳。

于是，本其"为人之学"的宗旨，先生边读清人年谱，边写提要，用了五六年时间，终于成稿，共50万字，撰作提要800余篇。

巩绍英先生初读该稿，便断言："此必传世之作！"

先生用毛笔，写工楷，装订成十二册，珍藏于室，以待出版。

当年，他也有过断笔之念，但又不甘，一直坚忍。未几，"运动"突起，在南开，他被第一批抄家。那十二册书稿，全被卷走，认领时，仅剩两册。不可思议的是，他居然在劫难中恢复了这部著作。

如今，《知见录》终于出版，得不怅然？

手抚卷页，感念、感恩。

已故柳猗（冯文潜）先生的提点之恩，先生感念。当年，《知见录》初稿草成，时间约在1962年，柳猗先生健康状况已不甚好，他长期患有高血压、心脏病，晚年又患上直肠癌和脑痉挛等疾病，犹然浏览书稿，并嘱咐先生继续修订和争取为人所用，仅在次年，冯老去世，可见当年病情。对于这般提点之恩，如何能忘？

亡友巩绍英，风雨之际，不避嫌隙，在先生下乡之时，他是唯一相送者，鞭策厚望之情，也必将谨记。

通读《知见录》全稿，刘泽华先生是第一人，他不以先生历史问题为另类，而以才识为依归，大胆启用之恩，自当感谢。

上述，在《知见录》后记里，先生都有提及，词语不多，但句句肺腑：

"冯老是我的前辈，绍英同志是同辈人，而我又比泽华同志痴长了几岁。也许这是一种巧合，《知见录》正是在这三位老、中、青学者的不断关心、支持和帮助下完成的。"

关于年谱书籍的目录学著作，前人已有成作，如李士涛的《中国历代名人年谱目录》，梁廷灿的《年谱考略》，杨殿珣的《中国历代年谱总录》等。

上述诸作，搜罗较全，登录详备，但其弊端，在于仅仅罗列谱名、谱主、编者、版本等基本情况，少有考辨。

《知见录》则不同，不但简介年谱内容，还确切指出该谱著录出处，现藏何处，谱主生平，编谱缘起等，且有对年谱内容的考辨，以为"导引"与"导读"。

《知见录》一书，检读年谱800余种，简介谱主，有生于明而卒于清者，有生于清而卒于清者，以及生于清卒于民国者，计684人，一人一谱，一谱一提要，一人多谱，则成多篇提要。

年谱范围，包括自谱、子孙友生编谱、后人著谱，另有校书谱、诗谱、图谱、纪年诗、年表、合谱、专业谱等，共六卷，最后一卷，含有两个附录：一为《知而未见录》，即只见于书目及其他著述而未能亲见者；二为谱主索引和谱名索引。

一谱所成，或为自编，或为他编。

自编者，于人生荣耀处，往往多着笔墨，晦暗时，则羞于启齿，或伪饰之，此乃人之常情，而他著之谱，则多为子孙、友生者编著，因感情之故，矜功掩过，也很常见。

故先生过眼，多加按语，考其错漏，补其缺憾，弃其伪饰，对其考辨，以还原人事真相，并为之导读：某谱基本情况如何，谱主生平，编谱者生平及编谱目的，是谱价值如何，有哪些资料特为珍贵……

诸如此类，一一细说，先生力求使读者在未阅读某谱之前，已然知其轮廓，可用与非用，皆在胸中。

二、重启《北洋军阀史稿》

11月，《北洋军阀史稿》由湖北人民出版社出版，共36万字，印行7000册。

《史稿》脱胎于《史略》，研究北洋军阀史，由于太过切近政治，先生曾经不得不停手。当年"运动"，其一大罪状就是"研究坏人的历史"。

这种罪名，莫名其妙！

历史发展，如川在渊，纵然蜿蜒曲错，但各有源头，岂能无端割裂？中国革命史，当时被特为推重，然革命背景如何？革命源头何在？"坏人"的历史，不能不研究。

更何况，以"坏人"论史，令人哭笑不得。

在先生之前，北洋军阀未立专史，相关研究，各持一端，或事件，或人

> 《北洋军阀史稿》，湖北人民出版社 1983 年 11 月版

物，或军事，或外交，与先生《史略》同年出版者，尚有陶菊隐之《北洋军阀史话》，但两书异趣，《史话》多载逸闻，多记轶事，非为学术而作。

1957 年至 1983 年，凡 26 载，新材料迭出，而相关研究滞后则一如既往，故以"北洋军阀"说史者，唯《史略》而已。

旧雨新知，凡有念于民国史之憾者，都希望先生能"重操旧业"，续增《史略》一书，但他诸事缠身，心有所系，力有不逮，遂邀焦静宜师相助。

焦师至今还记得自己当年"鏖战"的岁月。

1981 年那个暑假，她没有休息，酷夏溽暑，闷在向东的宿舍里，汗流浃背。学校放假，没有多少人留在校园内，她索性就把窗子打开，挂上帘布，然后穿着短裤、背心，奋笔疾书。

热浪过来，仍然受不住，于是，她又端来一盆清水，置于身旁，热急了，就用毛巾蘸冷水擦拭身体，擦拭完毕再继续写作……

如此辛苦，积两年之功，初稿始成。

《史稿》与《史略》相比，既有联系，又有区别。

联系之处，在于二书皆为先生主创，皆以北洋军阀为研究对象，相关史学思维、编纂方法等，具有明显的继承性。但区别之处，也有不少，先生强调:《史稿》既是《史略》的发展,又是一次重新改写。与旧作相比,续有新材料,也有新观点。

著名民国史专家孙思白先生对于二者的区别,总结了四个方面:

补充运用已刊档案、未刊资料和译稿。如中国第二历史档案馆所编的《中国现代政治史资料汇编》(油印本)、《直皖战争》(铅印本)和未刊藏档;日美外交档案有关资料和天津历史博物馆所藏北京市政府外交部编译处的未刊译件等。

《史稿》吸取了新的回忆性文章和新的研究成果,如李宗一的《袁世凯传》、薛君度的《黄兴与中国革命》、常城的《张作霖》等。

《史稿》对若干问题作出了新的分析和论断,如对北洋军阀作为一个政治军事集团的形成时间,认为它不是在1905年,而是在它篡夺辛亥成果之际,对北洋军阀史的划阶段问题,对各派军阀政治、军事力量消长等,也都比过去的论述有所增补和发展。

《史稿》丰富了若干情节,如较详细地记述历次混战的兵力部署和战况,增补了各种形式的反军阀斗争,以及对有关人物的评述等。

该书之成,先生为首功,但也是众人相助的结果。

天津市民盟文史资料委员会杨思慎、徐景星通读《史稿》油印本,组织研讨会,邀请故老、学者等二十余位,反复推敲达十几个小时,消除书中差错近百处。

徐景星将自己与梁叔达、冯广忱合编的《北洋军阀人物索引》(内部铅印本)献与先生。该索引被改编为附录,从而便利了《史稿》的检索与利用。

故先生叹曰:大德之交,多谢无益。

三、《津图学刊》的来氏特色

12月,《津图学刊》问世,启功先生为刊头题字。

该刊,由先生一手创办。策划、出版、主编,中间多少心血?其言志

> 1983年4月,来新夏先生(左)与民国史专家孙思白先生(右)在南京中国第二历史档案馆合影

曰:为高校图书馆人辟一园地,从此不再仰人鼻息。

高校图书馆,本应与公共图书馆、科学院图书馆三足鼎立,然而后两者的待遇却远超前者,那时,高校图书馆人没有独立评定职称的资格,若想发表一篇专业文章,也难之又难。

在《津图学刊》之前,全国仅存两本高校图书馆期刊,一本为《高校图书馆工作》,创刊于1981年3月;另一本为《大学图书馆通讯》,创刊于1983年2月。

高校图书馆人,因缺乏独立学术领地,频遭掣肘。

有鉴于此,先生创刊了《津图学刊》,从内部刊物到正式发行,由32开小图本到16开国际通行本,由季刊到双月刊,由普通刊物到核心期刊,每次改变,都波折不断。

首期杂志,号曰"试刊"。

试者,尝试也。即为首期,有试办之意。这时候,该刊尚未取得合法地位,只能以内部刊物形式呈现,以之探路,触碰各方反应,尤其试探相关主管部门的意见，一旦禁令下来，立刻停办。

先生任主编，编委成员另有曹聪孙、马志清、桑伯祥、韩宇骐、惠世荣、阎英琏、曹焕旭等。

内部发行之苦，首先是经费，这是最大隐患。

经费之来，有赖市场。然而该刊纯为学术，读者对象相对小众，况且没有发行，哪来收入？故其经费来源，多靠周济。

更因无合法身份，连统一征订，也是非法，至于作者投稿，稿费且不论，纵然发表，官方也不承认，不能作为评定职称的依据，也不易流传于外，所以基本名利皆无。

凡此种种，不一而足，艰难之状，可以想见。

为求正式出版，先生自言"十年磨一证"，"磨地方，磨中央，磨宣传部，磨新闻局，磨张三，磨李四，步履维艰"。

1993年12月16日，终于磨成，新闻出版总署正式批复，同意《津图学刊》公开发行。先生得此消息，喜极而不能寐，从不失眠的他，竟思前想后，辗转反侧。

当正式登记证拿在手上的时候，虽古稀之年，亦载奔载告，逢人便讲这难得的喜讯。之所以激动，是因为他觉得，自己终于为高校图书馆发展做了一件看得见、摸得着的实际工作，嘉惠万千学人。

因为有了正式出版批准，经费也渐渐稳定，例如，天津市教委每年拨付专项经费5万元。

这本刊物，先生任主编，使得该刊具有浓郁的来氏风格。

《津图学刊》立足天津，面向全国。刊中所涉内容包括目录学、情报学、版本学、文献学、校雠学、工具检索理论、图书馆学教育、比较图书馆学、古籍整理研究、元数据研究、竞争情报研究、知识组织和管理信息等，几乎涵盖图书馆学、情报学所有领域。

先生治学，博观约取。凡所涉猎，不分传统、现代，这有别于其他同类刊物，只推重前沿技术，如自动化、网络化等，而对版本、目录、校雠等传统知识观照不足。

> 1983年，来新夏先生在赴昆明参加第三届西南军阀史讨论会途中，远眺长江三峡神女峰时留影

另外，《津图学刊》始终坚持编辑学者化的方向。

该刊，无论编委、主编和编辑，都是站在图书馆学、情报学、信息科学研究的最前沿来审视文章、思考问题，他们兼任编者的同时，又是作者及研究者，撰写了大量专业论文并公开发表。

先生本人对于学术从不苟且。故而，该刊所发表的文章，但以学术水平为准，绝不仰人鼻息，确保每篇刊发稿件都能经得起推敲。

在该刊上选登的文章，先生有自己的评判标准。他认为撰写论文，必须题旨明确，内容集中，不要不着边际，谋篇不宜过长，应该短小精干而言之有物。从本年创刊至2004年停刊，《津图学刊》共发行89期，刊载近2000万字内容，蔚为大观。

1984年 —— 62岁

一、"贼喊捉贼"

1984年，先生62岁。

1月，他被正式任命为南开大学图书馆学系首任系主任。人事、档案关系等，正式从历史系调离。

这是正常的人事调动，但其实，内中也有不正常之处。

人事微妙，以先生之德，自不肯说，但寻于蛛丝马迹，犹有可堪玩味之处。

先生曾在一篇随笔中，记录有如下几句：

> 我则因命途多蹇，遇人不淑，先是遇到武大郎当家，总怕我比他高；后又服从组织调动去创办新专业，总凑不够博士点班子那六条腿，好不容易快足三教授之数，我已年登古稀，"奉旨"以原俸休致，退归林下。黄粱一梦难圆。

似乎，先生此前在历史系过得并不顺遂。

话别宴上，著名历史学家杨志玖先生连连叹息："可惜，可惜呀！"他所可惜者，是不舍啊！临别赠诗，全诗无考，唯剩最后一句："老来老来望老来"。此句之妙，一语双关。

所谓"老来"，既叹岁月荏苒，年华渐长，又化用先生姓氏，殷殷呼唤，其一"望"字，多少寄托？

此一别也，先生的编制再未转回，但是，身份离开，学问未远，对于历史学研究，直至终老，先生都未有须臾放弃。

5月5日，他参加首次中华民国史学术研讨会。

会议地点，选在南京原中华民国临时大总统府。

会议期间，安排住宿，先生与彭明、孙思白与陈旭麓，均同住一室，两室对门，房门一开，他们可以互相串门。

> 1984年，来新夏（左）与孙思白（中）、陈志让（右）教授在中华民国史学术研讨会上合影

会议头一天，下午有开幕式，众人午间休息。

大约两点钟左右，先生忽听孙思白、陈旭麓在房间内大声说话，语气急促，似乎发生了什么大事。他与彭明立即起床，跑入陈旭麓的房间，却见床歪椅斜、被褥凌乱。孙思白穿戴整齐，而那位陈教授却只穿着一条白色睡裤，好像正在寻找什么。

一问详细状况，让人忍俊不禁。

原来，午休过后，陈旭麓的裤子不翼而飞。他下午还有演讲，总不能穿着"睡裤"登台呀，急得团团转。

会务组通报宾馆，保卫科一面向公安分局报案，一面到现场查看。他们同样翻箱倒柜，但是依旧没有找到裤子。很快，公安人员赶到现场，再详细侦查一遍，了无所获。

会议因此延迟了半个多小时。

不得已，李新教授将自己的一条西裤借给了陈旭麓。但是，临时救急，哪有那么贴身？陈教授身材比李新高大，穿李新的裤子，就像穿着现在流行的"七分裤"，颇惹滑稽。

那是多么正式的学术场合啊！

会后，议论纷纷。

其中，孙思白先生反应最激烈，他与陈旭麓共处一室，而陈的裤子丢了，自己却没有任何损失，岂非嫌疑最大？

他主张一定要向宾馆讨个说法，坚持一查到底。

一直闹到晚上，依然没有结果。

夜里十点多，大部分与会者都睡下了。先生突然听到孙思白、陈旭麓的房间又"热闹"起来，笑声不断。

正在纳闷之际，孙思白拎着一条裤子进来，而那裤子正是陈旭麓教授丢失的那条。

原来，当时午睡，孙先生起得早，迷迷糊糊地把陈旭麓的外裤当成了自己的睡裤，穿在了身上，然后又迷迷糊糊地套上了自己原来的外裤，结果晚上一宽衣，"罪行"立现。

闻者，无不捧腹大笑。

既然事情水落石出，应该就此了结吧？谁知第二天，宾馆和公安局都说自己名誉受损，不依不饶。于是，颇费周折安抚，才算作罢。

孙思白"贼喊捉贼"的故事，一下流传开来，在学者间，颇惹"笑谈"。先生的民国史研究，就是在这样的学术氛围中展开，他与众多学者相磋相励，故能佳作不断。

二、图书馆学的南开模式

回顾南开主校图书馆学系的申报历程，充满坎坷。

早在1980年，先生便起动念，申请送出，奔走各方，他曾邀请教育部图工委主任庄守经等实地考察，但一直未有所成。

"运动"不远，人心不稳。

在这个阶段，国家重点大学设立新专业难获批准，虽四方赞许，但依旧不能施行。

以图书馆为专学，在高校中培养专业人才，于世界范围内，始于1887年杜威在哥伦比亚大学创办的图书馆管理学校；于国内，发端于1920年创办的文华图专。

1949年中华人民共和国成立以后，图书馆学教育发展并不突出，北有"北大"，南有"武大"，二校争辉，其余泯泯。

人才培养与需求间，严重不对等。

南开分校虽新设图书馆学系，但条件所限、规模所限，仍显不足。故于本部开设图书馆学系，先生一直未曾稍懈。俟有时机，则踊跃推动。

1982年，先生携申报材料造访教育部高教司，得司长季啸风支持。

1983年8月8日，教育部终于批复同意南开大学筹建图书馆学专业，由先生担任图书馆系主任，同时兼任图书馆馆长和出版社社长，这在整个中国图书馆学教育史上都是罕见的。

办系之德,重在两才(材)——人才与教材是也。

无论分校与主校,先生守此圭臬,自成体系。

对于人才,先生广开门路,自培者有之,招聘、引荐、推举等,亦有之;对于教材,则重在自编。他校教材,本来备选者不多,加之各校各有风格,办学目标各有理解,教学内容也各有侧重,故自编教材更能贴切本校实际。

先生组织中山大学、南京大学等11校联合编写了一套"图书馆学情报学教程",从1986年至1995年陆续出版,凡8本,分别是:《理论图书馆学教程》《社会科学文献检索与利用》《科技文献检索与利用》《目标管理与图书情报工作》《国际联机检索概论》《外国图书馆史简编》《文献编目教程》《图书馆学情报学档案学简明辞典》等。

"两才(材)"为本,辅之以"两室"——资料室与实验室。

> 南开大学图书情报学系首届本科生毕业合影

"两才（材）"辅"两室"，其"宽口径""厚基础"的特色，即成为图书馆学教育的"南开模式"。

在人才培养方面，先生自有一番主张，提出"三层楼"说。

此说，于1983年4月教育部在武汉召开"图书馆学情报学教育工作座谈会"上提出，后经整理，发表于《大学图书馆通讯》1983年第5期。

所谓"三层楼"，是指图书馆学人才培养的三种层次。

图书馆学，不同于其他学科，实践性强，理论性强，它文理兼容，包罗广泛。若以单纯图书流通、借阅而言，该学科重操作，短期可成；若以理论研究、方法综述、课题探索而论，则无穷无尽，未有竟时。

当年，改革伊始，各级图书馆急需专业人才，若以本科四年加之研究生三年的速度培养，周期太长，难解燃眉。

先生主张将本科四年分成两个阶段，即所谓"二二制"。

第一个"两年"，特重实践。培养学生掌握学科基本知识与基本技能。两年期满后综合考核，一部分学生继续深造，一部分学生直接就业，作为各级图书馆的专业技术人员，承担具体工作。

第二个"两年"，留下的学生继续学习业务知识，相关内容向理论方向拓展，要求拓宽知识领域，掌握多项技能，毕业后获得本科学历，作为中级图书专业人员，独立承担各单位的部门工作。

"二二制"结合"研究生教育"，构成图书馆学系人才培养的三个层次，即"三层楼"。

研究生教育，培养目标是图书馆学领域中的高级人才，能够承担教学、科研与参考咨询工作。对于这阶段的教学，先生提出以"研究生班"取代"导师制"的设想。先生以为，研究生班的主要优势在于两方面：

一方面，改变学术近亲传播的现状。

师徒相承，一脉单传，好像一桶水倒入另一水桶中，纵然倒得十分认真仔细，终究还是要减少一点儿。而实行研究生班，可以由若干教师学者开设一主众辅的各种专门课，触类旁通、交错融合，博采众长，定能绽放新葩，发挥众长。

另一方面，可以迅速培养大量高端人才。

图书事业由于长期受到漠视，关于这一学术领域中的若干重要理论需要广泛开展研究，从而需要大量师资以及研究人员等。研究生班的一次培养，数量可以超过导师制几近十倍，甚至更多。

综上，先生以为，"三层楼"模式的优越性在于，首个"两年"学制，能够迅速培养出急需人才，以解决相关机构人才短缺的矛盾；学生在大学四年之中，再经历一次考核，奖勤惩懒，确保合格之人从事适合之事业；"三层楼"还可以调动和促进专业课教师的积极性与进取心。每个专业课教师必须具备两种不同要求的教学内容，由初级向高级晋升，借以鞭策自己，不断增强业务能力。

先生的这种设想发表后，被广泛引用，成为 20 世纪 80 年代我国图书馆学教育思想库的重要来源之一，激发了相关研究者及相关部门的不断探索与创新。

三、变"知识宝库"为"知识喷泉"

3月，先生始任南开大学图书馆馆长之职，至 1990 年离任，共任两届。下车伊始，满目残缺。经历"运动"年代，南开大学图书馆"伤痕累累"。

首先，是"人才"问题。

在图书馆内，员工总数不可谓少，但懂业务的人员不多。何至于此？一方面，当时学有所长的老馆员渐渐凋零，而后继人才却未能承续，青黄不接；另一方面，图书馆不受重视，学校把它视作"养老院"与"中转站"，一些领导的配偶、教授的亲属等，被安插其内，导致人浮于事。

其次，是"图书资料"问题。

图书馆长期荒废，原有书籍因动乱年代的摧残，被当作毒草，损毁严重，现有积存也是杂乱无章。随着图书馆事业的发展，新学科与新技术层出不穷，图书与资料急需扩充，但经费却捉襟见肘。

> 1984年2月来新夏先生出任南开大学图书馆馆长一职

最后，就是"业务"问题。

图书馆业务被荒废多年，恢复缓慢，因为国家对高校图书馆的管理体制尚不明确，相当时间都没有正式的管理机构，也没有明晰的规章制度，这就造成了高校图书馆业务的专业化、规范化程度不够，这是当时所面临的新问题。

三大问题具有普遍性，非南开一校如此，几乎那个年代的每一位馆长都要面对。

抱怨无益，事情要一步一步地做起。

三大问题，看似复杂，核心只有一点，那就是"人"的问题。人员素质提高，业务水平自然提升，而图书资料之类，只要激发人的积极性，争地位、争经费，总有解决办法。

有鉴于此，先生在南开大学图书馆的工作重心，就是解决"人"的问题。

他所提出的治馆方针是："老有所安，中有所为，少有所学"。

具体举措，首先要卸下图书馆人的心理负担。具体地说，就是"正名"问题，要明确图书馆的地位和作用，增强图书馆人的自尊心及自豪感。

曾经，整个社会对知识分子、对传统文化尊重不够，遗风所致，使得社会及学校对图书馆都存有一种轻视态度。他们认为，图书馆员能干什么呢？业务不外乎"借借、还还"而已。试想，被别人这样看待，图书馆人如何抬头？又有什么积极性去投身科研与服务呢？

为了扭转上述印象，先生大声疾呼，他认为图书馆是为教学与科研服务的重要机构，在高校的各个部门中，图书馆是"皇冠上的明珠"，关于它的作用，就像"树干"与"树根"的关系：

> 它（图书馆）是为教育和科研技术储存和输送养料的树根，在地平线下默默无闻地担负着传递知识与输送信息的神圣职责。它不仅有疏导科研渠道、畅通教学脉络的后勤功能；而且还以预见新学科的产生与发展，及时地为教学科研的新需求储草备料，起到推动和指导新兴学科发展的尖兵作用。

为图书馆争地位，除了"正名"之类的呼吁与抗辩，自然还需要具体施为。类似举措，千端万绪，比较有代表性的方式是促成文献整理课程成为高校的必修课。

图书馆是为教学、科研服务的机构，默默于幕后。在先生之前，从来没有一个由图书馆为全校讲解的公共课程。以先生为代表的老一代图书馆人，向各方积极斡旋，直接推动了高等学校文献检索课程的设立，并征得教育部支持，下发文件，将文检课做成高校的必修课程。在每个学校，文检课都是由图书馆派馆员讲解。

有了这门课程，接着需要编写教材，先生亲自参与，例如《社科文献检索与利用》等，就是这个时期的成果。他还在南开大学图书馆内设立了文检课教研室，亲自指导馆员研习教法、编写教案等。

高校文检课的设立，使图书馆人由幕后走向前台，与学校其他教学单位一样，承担教学、科研任务，图书馆人的自豪感油然而生。

图书馆地位提升，但若没有为馆员解决切身利益，图书馆事业依旧难以发展。激发馆员积极性，首先要解决图书馆员职称问题。

当时，教育系统没有图书馆类职称评定的资格，此类事项皆要假手于文化系统，故而频遭掣肘。先生等据理力争，甚至上书国务院，终获解决。在南开大学图书馆，仅1986年就一次性解决了12人的副高职称。当时，该馆的高级职称是全国同类机构中数量最多的，这是先生努力的结果。

但是需要指出，即使职称名额争取再多，仍然有限，对于大多数馆员，特别是年轻馆员而言，若与学校教师岗位相比，收入相差悬殊。如何调剂资源，给广大馆员以普惠性的经济补助，是先生常常思索的问题。他着力改革，积极推动图书馆创收，所获收益用补贴、奖金等方式发放给馆员，激励他们踏实工作、认真科研。

当时的创收途径相对简单，例如，成立影印部，在图书馆内复印、打印文献资料等都是要收费的，还有照相、缩微复制等，也都可以获取一定收益。图书馆还成立了装订车间，提供装订期刊等有偿服务。在当时，这些营收渠道都具有开拓性质，试想，经历特殊年代的极左思潮，如此"市场经济"，当然要承担一定风险！

提高了个人工作的积极性，下一步是加强对人员的培养与管理。

先生对图书馆员的业务要求比较明确：一是要有丰富的学科知识；二是要有贯通的专业知识，包括传统的专业知识、手工操作的技能知识和现代化科技知识；三是要有一定的专精方向。他特别推重图书馆员的三种能力，即专业能力、语言能力（包括古汉语水平和外语水平），以及计算机的操作能力。

加强人才培养与管理，先生从进修提高与结构调整两方面入手。

进修提高共有七种途径，分别是：脱产进修、半脱产进修、在岗进修、专题研究、学术论坛、出国进修和邀请外籍随访来校人员中具有专业知识和技能的专家指导等。

不论途径如何，也都各有侧重。立足于工作，进修要对口，进修提高是为了更好地服务工作，只有工作认真才能获得进修的优遇，这是选人的标准。同时，提倡分层次进修，普及与提高并重，从个人实际出发，结合人员结构与岗位情况，进行综合考量，循序渐进。

调整结构，目的是使人员搭配更趋合理：一是老中青相结合，二是高中初级职称相结合，三是文理工相结合。每个部门有了这三种结合，不仅工作有层次、知识少偏缺，而且定岗明确，接班有序。

事业发展，要有新鲜血液注入。先生向学校各级领导申明，图书馆绝不是"养老院"，也不是关系户的"安置所"，人员进出，要有严格的程序和科学考评。在当时，南开大学图书馆曾先后两次向社会公开招聘，选拔学有专长的青年馆员近二十名，此举得到了全国高校图工委的肯定，并在1986年年终总结报告中赞扬，"南开大学图书馆开了改革人事制度的先河"。

先生特别注重对青年馆员的培养。他对青年馆员的要求有三点：勤、韧、新。

勤指勤奋，勤学、勤问、勤思，注重专业技能与知识的学习；韧是坚持，点滴积累，持之以恒；而新则是要有追求，不抱残守缺。

立足于勤，持之以韧，不断更新。先生对年轻馆员的期望，是希望他们能够成长为"知识丰富、才能出众、风度典雅、表里如一、内外皆美的一代新人"。

使老、中、青三代图书馆人各有所得、各有所安，这是先生的贡献。在解决"人"的因素的同时，先生对图书馆业务也进行了大刀阔斧的改革，核心归结于一点，即是提升图书馆的服务水平。

先生指出，长期以来，人们对图书馆的认识仅仅停留在"知识宝库"的层次上，要适应高等教育的不断发展，必须改变图书馆的服务理念，要变"知识宝库"为"知识喷泉"。

"知识宝库"是指知识存储，是静态的、被动的，等待人们发掘、发现；而"知识喷泉"则是喷涌着的，强调图书馆主动提供知识和信息等。

"知识喷泉"对图书馆人的要求显然更高，主动提供知识服务，首先要熟稔于知识本身，还要了解教学及科研的最前沿，要知道他们关注什么、需要什么。所以，先生经常组织图书馆员到学校各个专业调研、听讲，了解他们的需求，主动提供服务。

在先生的努力下，南开大学图书馆迅速成长为国内高校一流图书馆，不但人员素质显著提高，服务水平显著提升，而且还兴建了新的图书馆大楼，他的贡献，至今为南开图书馆人所念念不忘。

四、"赶时代，不赶时髦"

8月，先生被任命为南开大学出版社复社以后的首任社长兼总编辑。

南开大学出版社始建于1929年，吴大任、陈省身、曹禺、吴大猷等都曾经是该社的编辑。但事业刚刚起步，就因日本蚕食华北而终止，迫于无奈，出版社于1936年停办。

这次复建，是在1983年5月份，以《南开大学学报》文科编辑部为基础，抽调中文系、历史系部分教师共同组建班底。各个部门及领导岗位陆续补齐，但社长、总编辑位置却一直空缺，学校反复斟酌人选，是希望由一位在学术上有影响力的教授来担任。选来选去，还是觉得先生最为合适。

当年，先生肩头担子不轻，任图书馆学系系主任和图书馆馆长，都是部门的第一负责人。如今再添新职，连他自己都感到意外，也有踌躇，是否应该拒绝呢？勇于任事是他的性格，"在大气氛的激励下"，希望尽力把事情办好。

先生所谓的"大气氛"，是指20世纪的80年代。他曾不止一次说，"我要感谢80年代"，那是风雨甫定后，人心向上、敢作敢为的时代。

非议自然横来，先生也不理会，但凭低头做事而已。

创社之初，内外交困。

内部之困，在于事业肇兴，一切从零开始。缺人才、缺经费、缺渠道。

出版社最初仅仅十几位编辑，又从不同部门调来，大家皆有一股热情，时任副社长崔国良先生介绍说，当年，编辑人均年编书6种，约150万字。

尽管如此，影响仍然有限。因为编辑总数不多，所以尽管他们已经很努力了，但出版书籍的总量并不多，社会影响小，新华书店的订数上不去。紧急联系，书店却回复，他们对南开大学出版社不了解。又联系王府井书店，希望可以在该书店内为南开大学出版社置一专柜。对方却回答，地方太狭窄，没有条件设专柜。

说穿了，就是不信任。当时，南开出版社也没有什么畅销书，如何保证市场？所以各方都在怀疑。

外部之困，是社会大环境造成。八十年代中后期，整个图书出版行业出现了一次"大萧条"，主要表现是：图书库存膨胀，订数减少，销售下降，许多好书都出版不了。特别是学术性著作和高层次教材的出版，严重亏损，而这两个方面，又恰恰是南开大学出版社所要重点出版的书籍。

改革开放，整体经济都在增长，各行各业欣欣向荣，为什么出版行业却发生了萎靡？

原因有许多方面，例如纸张价格上涨，印刷成本增加，出版社及新华书店资金周转困难等。但是说到根本，仍是经济转型期的阵痛。

国家经历由计划经济向市场经济转变，曾经以国家调控为主的时代渐向以市场调节为主的方向过渡。在改革之初，往往出现"跟风"现象，国内出版社由过去的300多家，迅速增至500多家，并且出版书籍的内容多有重合，什么畅销就出版什么，但市场又没有那么大的消化能力，所以只能滞销。

举步维艰，也要勇于开拓。为此，先生采取了一系列举措。

首先，确立方针，凝聚人心。

南开大学出版社是学术性兼经营性机构。虽然经费捉襟见肘，但在建立之初，先生就强调，绝不能仅仅瞩目在"钱"上。根据当时的状况，他提出了"小有余"的经营方针。

什么是"小有余"？

先生解释，出书要有学术含量，要取得经济上盈利和社会良好效应，既要出畅销书，以维持全社的生计；又要有长销书，以提高出版社的社会声誉，维持长远发展。

通俗一点儿理解，出版社不是为了赚大钱，人言"小富即安"，"小富"可也，却绝不安于现状，衡量一个出版社是否成功，不是赚了多少钱，而是出了多少书，出了什么样的书。

先生立定宗旨：有一点余力，就多出一本书，虽然这会降低出版社的经济利益，但学术界和全社会可以得到更大的收益。

为了践行这个宗旨，出版社建立了专项基金，用以资助教材和学术著作出版。同时，采取"以收补亏"的办法，有计划地出版拥有众多读者面的知识性读物，以这类盈利书籍来补贴学术专著的出版。

目标既已确定，便开始建立各项规章制度。

先生首先建立社务会制度，规定每月召开一次，由出版社和部门的领导参加，汇总各种意见和建议，经过讨论后，共同作出决定，以体现集体领导和上下沟通的原则。

建立选题会制度。规定每季度开一次选题会。选题是出版社的生命线。为了减少人为干扰，先生规定，选题会以编辑为中心，只有与编辑工作相关者方能参加，甚至连分管行政的领导都不能与会。

建立业务学习制度。南开大学出版社的每位编辑在入职之初，都要实行轮岗，编辑要体验各个出版环节，熟悉流程，以便彼此了解，加强协调与团结。

为了提高业务素质，先生还要求编辑人员每年选择参加两次学术会议，以便了解学术的前沿信息，捕捉选题与作者。

规章已立，必严执行，有关风纪，绝不徇情。

有一位副总编在他人书稿上挂名，还有一位编辑室主任"分润"作者稿酬。内中细节，各有曲折，或有令人恻隐之处，但毕竟事关原则，先生虽然心有不忍，但绝不姑纵，通过组织程序，让违纪者离社。

先生对出版社的另一大贡献，是争取到了世界银行的无息贷款，为出版社建成了出版大楼。

据崔国良先生回忆，出版社在建社之初，十几个编辑只有一间办公室，新入职人员每人只能分到两个抽屉。

拥挤之苦，尚可克服，但辛苦编成的书稿无法付印。南开印刷厂的设备还是抗战时期的老机器，基本不敷使用，而市里的印厂又不肯接受南开社的任务，最后只能向相关单位反映，由出版局协调，在天津南郊的印厂印刷，数量与质量，俱难保证。

恰好，国家教委得到一个世界银行无息贷款的教材建设项目。先生亲自争取，拜访教委教材办公室主任季啸风，终于争取到了将南开大学出版社列入全国八大教材出版基地之一的位置，其他七校分别是：人大、北师大、清华、复旦、上海交大、武汉大学和西安交大。

南开大学承担华北、东北、西北地区高校文科教材的出版，每年要完成国家教委下达的教材100种、3000万字、5万令纸的出版任务。

有了这个项目做基础，教委及相关部门才批准南开建设出版社大楼，基建面积8500平方米。

软件、硬件具备，全力以赴出书。

崔国良在《怀念来新夏先生》一文中提到，在先生的两个任期内，南开大学出版社出版了近千种教材、学术著作和教辅读物，有近百种图书获得省部级奖项。

当年，先生明确，出版社要冲破言情、武侠、荒诞出版物的"险风恶浪"，配合教学，繁荣学术，将出版的重点放在教材、专著和工具书上。

关于教材的出版，先生将注意力放在填补空白、解决急需等方面，"力争在短期内协助各院校摆脱油印教材的困扰"。

南开大学出版社出版的一套比较著名的教材是《社会学丛书》系列。

20世纪80年代，南开大学在费孝通先生的支持下，在全国首先建立起社会学专业。新学科甫立，缺少教材。国内无所援引，只能引介翻译。南开大学出版社率先翻译了一批国外社会学教材，如苏联安德烈耶娃的《社会心理学》、美国克德·W.巴克主编的《社会心理学》、美国刘易斯·科塞等著的《社会学导论》、日本富永健一主编的《经济社会学》、古畑和孝的《人际关系社会心理学》等，同时推动了中国学者自己编写教材，如《教育社会学概论》等。

上述作品，好评连连，克德·W.巴克主编的《社会心理学》、古畑和孝的《人际关系社会心理学》先后获得"全国优秀畅销书奖"。

学术专著的出版重点则放在对现实问题的研究成果和有关理论创建等方面。

例如《南开辞书》系列，包括《尔雅今注》《资本论辞典》《台湾事典》《中国古代法学辞典》《当代世界知识新辞典》《六用成语词典》《英汉双解最新学生多用词典》等，皆是工具书。另外还策划、出版了一批长期颇具影响力的学术著作，如《欧洲哲学通史（上下卷）》《中国文艺思潮史稿》《比较文学论集》《三江侗语》《清史史料学初稿》《天津近代史》《江浙财阀与国民政府（1927—1937）》《南开大学校史（1919—1949）》《日本近代外交史》《周作人年谱》《中国古代小说艺术论发微》《契约论研究》《价格学原理》等。

先生学术，以历史学为根底，他既为南开出版社的掌舵人，选题视野自然不会忽略对南开历史名家的关注。南开出版社先后出版了朱凤瀚的《古代中国青铜器》，杨志玖的《元代回族史稿》，吴廷璆主编的《日本史》。

尤可一记的是《日本史》一书，吴廷璆先生是中国日本史研究领域的奠基人，他受教育部委托，组织国内专家编写一部日本通史。全书百余万字，由多人执笔，是一项浩大工程。先生克服种种困难，力主该书在南开大学出版社出版。该书的创作及编辑，前后历时十余年，出版社几次动摇，但先生都一直坚持，终于在1994年出版。

焦静宜师是《日本史》的责任编辑，据她介绍，该书屡获大奖，连连重印，成为南开大学出版社的"看家书"。

赶时代，不赶时髦，这是南开大学出版图书的特色。

赶时髦，是跟风，不但自己没有主见，而且很有可能是流俗，归于泛泛或平庸，例如出版言情小说、武侠小说、连环画之类，作为学术型出版社，对这类选题绝不能妥协。

赶时代，是紧贴时代脉搏，主动创新，主动作为。例如，南开大学出版社策划出版了"大学生知识丛书"，正是这一特征的集中体现。

20世纪80年代，人们常说，教育要面向"四化"，面向未来。但是，大学教育中，专业越分越细，这就造成了大学生业有所精，但基础不牢。

先生在《"大学生知识丛书"总序》中介绍，之所以策划这套丛书，就是为了"扩大大学生的知识领域；培养他们具备分析和解决问题的能力；提高他们的思想、文化素养；丰富他们的精神生活"，希望借助这套丛书使大

> 1987年春，来新夏先生（左四）在天津举行的华北图书订货会上与南开大学出版社同仁合影

学生在所攻读的专业之外，再从其他专业知识中吮吸养料，触类旁通。

本来，这套丛书是由多家出版单位合作实施，但皆因当年"出版萧条"而退出，先生以出版家的眼光和定力，毅然决定由南开大学出版社独自承担，先后策划出版了《灵魂的奥秘》《漫话英美文学》《法律与自由》《中外军事法庭审判日本战犯——关于南京大屠杀》《中国经济特区》等。

上述图书，一经推出，迅速轰动。

据崔国良先生回忆，《大学生知识丛书》在1988年5月中央电视台新增设的"百科"专题节目中，被入选作为开播的第一个节目，连续播放两次，还在北京电视台6月份的节目中重播两次。

在天津举办的华北书市上，《灵魂的奥秘》一书被列为二十种畅销书的第八本。北京、上海、南京最大的书店，都希望南开大学出版社把每年的出版计划提前给他们看，表示"如果有同类书，我们优先订你们的"。

在先生等不懈努力下，南开大学出版社迅速走在全国高校出版社前列。在20世纪80年代，闻名全国的高校出版社共有四所，分别是北大出版社、人大出版社、武大出版社和南开大学出版社。

这一时期,被人称作南开大学出版社的"来新夏时代"。

五、古代编辑事业提纲

先生任南开大学出版社社长兼总编辑。职责所系,要尽量熟悉这一领域,于是,他计划撰著一本《中国古代编辑事业简编》,上下贯通,成一通史,并拟就大纲,只待起笔。

研究古代编辑事业,首先要明确,什么是"编辑"。

据先生考证,"编辑"二字连用,最早见于《南史》卷三十九《刘苞传》:"少好学,能属文,家有旧书,例皆残蠹,手自编辑,筐箧盈满。"此中所谓"编辑",是整理次序、补写缺漏的意思,还不能完全涵盖后世编辑工作的全部。唐代《唐大诏令集》中,仪凤元年所颁令制云:"然以万机事广,恐听览之遗;四海务殷,虑编辑之多缺。"意思是朝廷日理万机,恐怕总有遗漏,天下之事都急着操办,但担心收集资料编次书籍等多有不足。这里的"编辑"与现代"编辑"含义相比,已经十分接近了。

将"编""辑"二字拆开,可以看出,其内涵应该包含两个方面。"编"是整理、排序,"辑"是收集、汇集。先生认为,中国古代的编辑事业,就是沿着"收集资料、整理成书"这样一条主线展开。

明确了上述概念,就确定了中国古代编辑事业的研究对象,具体说,就是以资料搜集、整理成书为研究核心,纵向梳理中国古代编辑事业的发展历程。

研究某领域专史,不可回避阶段划分问题,而欲行阶段划分,首先应该明确划分标准以及界标。

编辑事业史,是专史的一种。

在某个朝代或某几个朝代的图书事业、编辑事业中,具有明显的关联性与相似性,以这种关联性和相似性作为划分标准,以发生显著变化的朝代为界标，既突出"史"的纵向延展性，也兼顾"编辑事业"的横向联系。

按照上述思路，先生将中国古代编辑事业划分为五个阶段。

第一阶段是秦以前，这是编辑事业的诞生及定型期。

中国图书最早的正式形态是"简册"，而"编"字在《说文解字》中的解释是"次简"，意思是对竹简加以组织排列，使之有次序。这就证明，编辑事业是随书籍的出现而出现。在《尚书·多士》中有记载："唯殷先人，有册有典。"这是关于简册的最早记录。以此为据，先生断言，中国古代的编辑事业开始于商。

殷商和西周，从事编辑事业的人主要是史官，发展到春秋、战国时期，"士"阶层冲破由史官垄断文献的束缚，出现了私人著书立说的现象，为编辑事业发展拓宽了人员基础。

孔子开中国私学先河，教学所用的教材——《六经》即是搜集各种材料，然后整理成书。因此，先生认为，孔子应该是中国历史上有姓氏可查的第一位编辑。

战国时期，编辑事业进一步发展，主要以《吕氏春秋》为代表，"一字千金"之典，正源于此。该书是杂家的标志性著作，流传甚广。

第二阶段是两汉时期。大一统的国家成就了大一统的事业。

西汉建国初，汉高祖刘邦组织大规模国家编辑工作，"命萧何次律令，韩信申军法，张苍定章程，叔孙通制朝仪"，把编辑事业推向由国家主持的地步。

在这一时期，西汉末年刘向、刘歆整理国家藏书而编辑的目录学专著——《别录》与《七略》，是我国最早编制国家图书目录方面的著作，同时也是我国古代第一部私人编辑力作，为保存和发扬古代文化起到了极为重要的作用。

第三阶段是魏晋南北朝时期。在这个阶段，编辑事业的主要贡献是在选本的编辑、类书的纂集、佛教文化的汇总等方面。

选本编辑活动主要有两方面：一是以刘义庆（403—443）辑成《世说新语》为代表，反映了这一时代的社会风貌，特别是士族的玄谈异行等；另一方面以昭明太子萧统（501—531）为代表，他命人从众多文人作品中拣选，然后编成总集——《昭明文选》。

类书是从各种图籍中分类选出资料，再依分类编辑成书，是一种便于翻检的编辑方法。这种方法肇始于魏文帝曹丕，他命学者刘劭、王象等人汇编《皇览》一部，以"撰集经传，随类相从"为宗，成八百余万字规模，是后世官修大书的开端。

佛教经录编次在这个时候也很兴盛。最早的佛经经录为梁释僧佑所撰，名为《出三藏记集》，将佛典的经、律、论等各篇提要汇集成书，保存了中国译经史的重要资料。

第四个阶段是唐宋时期，特点是编辑事业走向制度化。

在唐代，确立了官修史书制度，唐太宗监修的正史就有六种，分别是《晋书》《梁书》《陈书》《北齐书》《周书》《隋书》等。为了编撰上述史书，国家设立了具有相当规模的编辑队伍。

唐代类书继续发展，欧阳询奉命主持编辑《艺文类聚》100卷，涉及唐前古籍1400多种，起到了保存历史文献的作用；魏徵也受命编辑《群书治要》，共五十卷，从六经诸子中，把自武帝至晋的有关治理国家大事的文献汇编；唐玄宗命学者徐坚编《初学记》，从群经诸子、历代诗赋和唐初作品中拣选典故，汇编成书。

宋代是编辑类书的鼎盛时期。仁宗、真宗时期编辑了四部大书，分别是：《太平御览》《太平广记》《文苑英华》《册府元龟》。

先生评价说，类书既保存了古代文献，又便于后人利用，把编辑工作与学术工作联系起来，提高了编辑工作的重要性。

在这个阶段，编辑事业的最大成就是《资治通鉴》。该著由司马光主持编写，上起战国，下至五代，给后世编辑编年体史书树立了榜样。

另外，唐杜佑所编《通典》，宋郑樵所编《通制》，元马端临所编《文献通考》，被合称"三通"。其价值若何？清代学者有云，"士不读三通，是为不通"，足证重要。

第五个阶段是明清，这是古代编辑事业的辉煌时期，最主要特点就是大型类书及丛书的编制。

明成祖时期编《永乐大典》，清从康熙至雍正年间编《古今图书集成》，乾隆年间编《四库全书》，这些都是震烁古今的成就。

地方志编修是清代编辑事业的另一大内容。在当时，全国上下均要修志。据有关统计，在20世纪50年代前，地方志共有8000余种，而清代所编修的数量达80%以上。

上述，是《中国古代编辑事业简编》梗概。这个提纲思路明晰，论证缜密，若能据此延展，可以顺利地完成一部编辑事业通史。但是，奈何忙碌，公私猬集，先生最终没能完成这部著作。

该提纲就此蒙尘，静置近三十个年头。2013年秋，先生整理旧稿，又从书箧中发现它，纸断字残，仍需整理。当时，他已年逾九十，无力成书，但也必要明晰一条线索，使读者对中国古代编辑事业的发展有一梗概性认识，从而裨益学林。

最后，再经补充、整理，先生将这份提纲发表在《编辑之友》杂志2014年的第4期上。文稿定版，样刊寄出，不意先生却遽然而逝。未能在生前一览该文，不能不说这是一种深深的遗憾。

六、"编书匠"与"编辑家"

先生是专职学者，也是专业编辑。

关于学者方面，勿需赘述，著作等身，而他的编辑成果也非常突出，主持编辑、编纂了大量图书文献，如《中国近代史资料丛刊·北洋军阀》《天津风土丛书》《天津通志·旧志点校卷》《天津大辞典》《天津建卫六百周年丛书》《中国地方志综览》《图书馆学情报学档案学简明辞典》《萧山丛书》等。

先生的编辑事业，跨越近70年。

1946年，还是在辅仁读书的时候，日常用度时有不济，于是他四处兼职，贴补生活，他先后在《文化月刊》《文艺与生活》杂志任助理编辑，时间都不长，前后半年左右。这是他任编辑工作之始，学到了一些基本技能、技巧。

20世纪50年代，先生任《历史教学》值班编辑。那时候还是铅排时代，值班编辑几乎参与到杂志运行的每个流程，包括组稿、编辑、排印、校对、发行等一系列环节，一干就是十年，这是先生积累编辑实操经验的最重要阶段。

20世纪80年代，先生任南开大学出版社社长兼总编辑。职位上升至管理岗位，思考内容就不仅包括编辑业务，还要从管理者与经营者的角度来进行研究，从全社、全校、全国高度来审视编辑出版事业。《〈中国古代编辑事业简编〉写作提纲》就是在这样的背景下创作。

实际上，先生的编辑思想与他的编辑事业紧密相联，是在工作实践过程中升华而成；同时，他的编辑思想又与他的身份紧密相关。他既是编辑，也是作者；既是读者，也是出版者。因此，他能够换位思考，理解彼此所需，解决彼此所难，能平衡各个角色，各达满意效果。

如果用一句话来凝练先生的编辑思想，应该如何表述？

答曰：不做编书匠，而做编辑家。

"匠"，是技术、技艺，是方法；"家"是学问，是格局与情怀。如果把"学术"二字拆开，"匠"是"术"，"家"是"学"，并且"学有大成"，否则何敢称"家"？

"学""术"并重，但也有主次之分，"术"以应世，"学"以立身。所以，编辑也要技能与学问并重，而且更重于"学"，要做一名学者型编辑。

沿着"学"与"术"的思路，先生对编辑工作的思考也包含了两方面：一是技术、技能层次；一是学问、思想层次。

关于编辑技能，先生的思考几乎涉及编辑过程中的各个环节。

例如约稿，他以为，编辑要与作者事先沟通，了解彼此意图，确定立意。在收到稿件后，应尽快审读，给出明确意见，是去是留，尽快裁夺。有些编辑，催稿甚急，得稿后却如石沉大海，甚至自作主张，暗暗"留中"，作者左右为难，等也不是，另投也不是，尴尬至极。

关于审稿，应该迅速通读一遍，如果是断续地阅读，所存往往是片段记忆，很难获得整体概念和宏观意识，造成判断偏差。

一部书稿，如何评定优劣？先生提出要以"醇""疵"比例来评判。

"醇""疵"之说出自韩愈《读荀子》，文中曰："孔子删《诗》《书》，笔削《春秋》，合于道者著之，离于道者黜去之，故《诗》《书》《春秋》无疵。余欲削荀氏之不合者，附于圣人之籍，亦孔子之志欤！孟氏，醇乎醇者也。荀与杨，大醇而小疵"。

先生引"醇""疵"比例之说，是要求编辑要以稿件的思想、观点为重，重视它的学术价值。

学术价值高的作品，即使行文小有瑕疵，亦为上品；但是，如果稿件既无学术价值，又缺乏思想性或科学性，甚至低俗、淫秽，那么即使该稿文辞卓越、经济效益良好，也绝不能出版。

关于改稿，先生以为，编辑要有慎重的改稿态度，核心是尊重作者。

为什么要尊重作者？原因是编辑缺乏具体领域的专业知识，越俎代庖的修改，往往改错。另外，作者对自己作品的结构及核心思想等更为熟悉，编辑的修改往往抓不住重点。

先生建议编辑要少动手，多动脑。"要学会看全局、看思路、看文字，如果发现有些不妥处，约作者商榷，请作者自己动手，编辑最好只做些技术处理，如设计版面、疏通文字、修订标点"，总之，要多与作者沟通。

关于发稿，他建议在提交清样以后，编辑还应再浏览一遍，看看作者是否认真校对，自己对作者的建议是否被接受，或者作者尚有异议，而新加的文字是否恰当等。

书稿出版时，责编应该在书的折口上写点提要，既以表达编者的见解，亦可为导读之用，甚至封面设计也应与作者沟通，目的是共求图书的完美。

书稿出版后，编辑也应帮助发行人员尽力宣传。编辑对于自己所编的书稿，哪些是亮点，哪些是卖点，都能了然于胸，所写的简介、书评等，往往切中肯綮，宣传效果更佳。当年，在南开大学出版社，编辑的书评正式发表后，出版社会额外再发一份稿费，以示鼓励。

先生建议，在所有工作完成后，编辑还应写一份编辑手记，记录工作中的得失，积累经验，以图日后再编书稿时改进，进而提升业务。

上述，是讲编辑的方法，主要仍停留在"术"的层面上，而编辑真正的底蕴在于"学"字，这是更高追求。如何体现？是学问，是思想，是格局与情怀。

学问点滴积累，先生主张编辑要有"一门专业、多门杂学奠基"，每编一书，都是一次学习的历程。编辑的视野要始终关注学术研究的前沿，如果机会允许，尽量多参加一些学术研讨会，既开拓视野、增长知识，又能积攒作者资源。

有丰富的学识，才能拥有睿智与思想，就仿佛打开了一双慧眼，可以辨别好的作品，开拓新的领域，挖掘新的作者，甚至编辑自己也可以著书立说，去创造新的知识与理论。

编辑要有格局。

格局包括两方面，一是胸怀，一是眼界。

先生说，一位编辑如果没有宽容的度量和超人的睿智是很难得心应手的。因为编辑与作者是天然的矛盾体，既对立又统一。

编辑审稿、改稿，皆以寻"疵"为主，与作者抵触之处自不会少；但二者又彼此依赖。先生总结说，编辑与作者是"互为衣食父母"的关系，作者是编辑的稿件资源，而编辑又是作者成果问世的平台。合则两利，不合俱伤。

编辑的胸怀要广，律己要严厉，对人要宽容。

关于眼界，横向要拓宽，纵向要长远。眼界源于学养，是长期学识积累的结果。拓宽眼界，可以善于发现新选题、新领域、新作者；而目光长远，则是预判某书或某作者未来的潜力，强调前瞻性。

最后，作为编辑家，最可贵的是情怀。

学问是知识层面的要求，而情怀则是道德上的自觉。例如，在编辑事业中，如何处理经济效益与社会效益的关系，就颇见编辑的责任感。

出版社是经营单位，逐利是基本要求。但是它又不同于一般企业，还要担负文化传承与发展的使命。作为一名优秀的编辑，同时要考虑经济与社会两个层面,而且更以社会服务为重。

对于编辑出版事业,先生的抱负是培养出更多的学者型编辑,最终目的则是使文化事业繁荣发展,使中华文化源远流长。

七、南开"来半天"

本年,是先生在事功方面辉煌的顶点,各种荣誉、名衔,纷纷而来。

1月,先生被学校任命为图书馆学系主任;2月,被任命为图书馆馆长;4月,被任命为教育部古籍整理委员会直属地方文献研究室主任;8月,被任命为南开大学出版社社长兼总编辑。同时,先生又兼任了南开大学校务委员会委员等。

身兼数职,且基本都是部门第一负责人,同侪好友戏谑他为南开"来半天"。

面对荣耀,有人鼓励,有人嫉妒,他们在背后议论,杜撰先生与某权要的历史渊源,所以才能顺风顺水。更有甚者,直接质问校领导,凭什么他来新夏能担任那么多职位?难道南开没人了吗?

对此,南开中文系教授宁宗一先生是亲历者,他认为先生之所以能"时来运转",是刘泽华师铺垫在前,而李原书记发现与重用于后。

当年,刘泽华力排众议,使先生重登讲台,这是转折点。而先生入党,也遭"阴人干扰和反对",时任南开大学党委书记的李原挺身而出,亲自担任先生的入党介绍人,这才最终将先生的"政治生命问题"名正言顺地解决。

面对质疑,先生坦然,他之所以接受这么多副重担,主要是想向南开园的人们证实自己的能力和对教育事业的忠诚。他说:"我既受命任事,自当奋勉从公,以做事不做官的精神去做好各项工作。"

至于冷嘲热讽,他并不在乎,人生几经磨难,还有什么苦涩不能忍下?

图书馆学系,先生筚路蓝缕,创系之劳,有目共睹。所谓图书馆学的

"南开模式",他为首功,当无异议。

至于南开大学图书馆,先生平素坐班必在此处,随有应急之事,随即处理。琐琐碎碎,皆尽心力。

先生对校图书馆的一项突出贡献是筹划建设了一座图书馆大楼。

在天津八里台南开园内,有"新图""老图"之称。

所谓"老图",坐落于新开湖畔,四层小楼,古色古香,虽典雅厚重,但规模有限,因场地限制,图书储存、借阅等,颇受窒碍。

所谓"新图",即由先生所倡导修建,它坐落于南开敬业广场西端,巍峨耸峙。

当年,邵逸夫先生捐资一千万港元,国家再投资300万元人民币,用以改善学校教学环境。争用这笔资金的单位共有两处,一是体育教研室,他们说,堂堂南开大学,竟然没有一个像样的体育馆,这实在不应该;二是图书馆。先生反诘,堂堂南开,竟只有这么一个老旧的图书馆,学科发展,如何成就?

最后,这笔资金还是被先生争取过来。

徐步新馆楼前,"图书馆"三个大字十分醒目,但令人奇怪,这个题字没有落款。

殊不知,这三个大字正是先生当年所书。

他题字完毕,有人提醒,哪有留字不落款的道理?他却回答说:"只要有这个楼在,就是我对南开最大的贡献,何必留名?"

盖了图书馆大楼,自然要引进更多图书。

先生以8000美元之费,欲购买一套台湾影印出版的《文渊阁四库全书》和《全国地方志丛书》。此举,颇遭议论,控告信甚至递到了校长办公室,质疑说,花这么多的钱,买几套书,是不是太不像话了?

买书何罪?先生坚持己见,最终还是争取下来。

幸亏是他的坚持,如果当初不买,而现在重新购买,又岂止8000美金可以得到?

如今,代代南开学子,惠此之成。却很少有人知晓,这书、这楼背后的

> 1984年5月，来新夏先生在南开大学图书馆馆长办公室处理公务时留影

故事。

在旁人眼中，先生于一馆一系，用力最深，至于南开大学出版社，则是管得最少。甚至焦静宜师一度也这么认为。

对于此论，先生莞尔："我只是平时去出版社的时候不多，但摆在我办公桌上的事情，都是难题。"

当年斡旋建设出版社大楼，他四处奔走，为贷款，不知跑了多少门路，费了多大力气，才将款项争取过来。并且引进了一套进口印刷设备，派专人赴英国进修，学习印刷技术。

先生身兼数职，却只拿一份工资，只领一份奖金。

他的编制在图书馆学系，所以他的收入，就只取于此处。至于出版社与图书馆，他认为，都是兼差，从未妄取一分。

曾经，出版社某位领导，把年终奖金包好，亲自送于先生家中，却被先生如数退还。

公私之间，泾渭分明。

先生长女来明一在《天堂的父亲您可好》一文中回忆，有一次，在南开

> 来新夏先生（右一）筹建南开大学图书馆新馆时留影

大学，自己生病了，感冒发烧。母亲李贞急得团团转，赶紧叮嘱先生，要用一下单位的轿车，把女儿送回家中。

夫人所说的轿车，是学校具有一定级别的人员才可以使用的公务车。先生作为部门第一领导，有权支配。

但当时，先生却一言不发，转身出门。过了一会儿，他又回来，让女儿赶紧下楼。结果一看，原来是一辆出租车。当时，来明一觉得，父亲未免太过死板，有点不近人情，心里很是生气，连招呼都没打，转身就走。

过了几日，先生特意把女儿叫到家中，十分严肃地批评，大意是说，学校为了工作，才给部门配车，自己家是私事，怎么能动用公车办私事呢？他对女儿叮嘱："细微之处见精神，在细节上不能约束自己，久而久之就会出大问题！你竟然还'拂袖而去'，这可是有辱咱家的门风啊！"

从这以后，明一再也没有利用过父亲的"特权"。看到别人的父亲为子女办工作，为孙辈升学找门路，明一曾经也有过怨气，但想到父亲的性格，她便自我告诫，"免开尊口"。

还有一事，可证先生的公私观念。

> 1984 年，来新夏先生被评为天津市劳动模范时留影

有一回，先生家里接线板坏掉了。李夫人一时脱不开身，就给系里负责采购的人打电话，请求代买一个，送过来后再付钱。先生知道这件事后，果然大发雷霆，责怪夫人不该这么做，他说，这是无事生事，没多少钱的东西，为什么要麻烦单位里的人买呢？

夫人也委屈，自己给了钱，并没有贪占，只是代买而已。先生则继续批评，认为给钱也不行，因为在单位里，同事做事，这是公务，怎么可以为个人服务呢？

心有所愧，无法反驳，李夫人也只好沉默……

以上琐碎，都是细枝末节，但事关原则，先生从不含糊。因为踏实勤恳，业绩卓著，他在本年被评为天津市级劳动模范。

1985年 —— 63岁

一、美国纪行

1985年，先生63岁。

5月，参加南开大学赴美教育考察团。

先生历访旧金山、明尼苏达、堪萨斯、印第安纳、宾夕法尼亚、西密执安、纽约、洛杉矶等地的十所大学。

历时月余，虽走马观花，但对美国以及美国大学教育，也算有了轮廓性的印象。

首谈旧金山。

少年时代，先生就对这里特别好奇？什么样的城市会叫"金山"？"金山"难道也有新旧之分吗？

及至今日，方得梦圆。

从飞机上俯瞰，整个城市依山傍海，建筑循山势起伏，高低错落。

行车于市中，街道干净，高楼林立，却没有过分密集的感觉。路上行人不多，因为大多以车代步，这也侧面反映了这座城市的繁华。

> 1985年5月，来新夏先生（前排左一）作为南开大学教育考察团成员在美国十余所大学参观访问

　　身处异国，对于中国元素自然留心。这里是美国华侨最为聚集的城市之一，有中国城者，俗称"唐人街"，步行其间，汉字招牌随目可见。有杂货店、药店、古玩店……经营最多的是餐馆。据说，当地经营各色中国风味的餐厅近四千家。

　　在这里，先生还品尝到了津味美食。

　　该餐馆设在海湾区，装潢考究，富丽雍容，先生与几位校友小聚于此。

　　雅座靠窗，透过落地的茶色玻璃远望，每五分钟必有一架飞机起落。升升、降降，似乎时刻在提醒着，这里是异地、他乡。

　　金门大桥是旧金山的标志，也是过客必游之地。

　　先生观此桥，纵跨南北，气势恢弘。

　　桥上，有一座巨型钢塔，耸立于中央，高约三百米。塔的顶端，斜拉两根钢缆，钢缆上垂着无数铁线，根根直立，如竖琴之弦，从高而低，将整个桥身拉起。于是这桥，似长龙出海，悬在半空。

　　大桥跨度一千二百八十米，从海面到桥身的高度约为六十米，所以即使涨潮，大型船只仍可畅通无阻。

这座大桥连接北加利福尼亚和旧金山半岛。两侧峰峦耸列，簇拥大海，先生登于桥上，举目远眺，且见碧波浮浪，小艇徜徉，配合蓝天白云，俨然画卷。

观罢自然景色，还要领略美国历史。

在奥本尼大学吴德教授的陪同下，先生参观了设于费城的"美国独立历史公园"。

美国并不是一个历史悠久的国家。它于1776年7月4日建国，而当年宣布独立的地点，正在此处。

"独立厅"原是宾夕法尼亚州的首府大厦。由于位置适中，所以十三个州的代表决议在这里集会。

这是一座简朴庄严的两层建筑，为了纪念美国建国的神圣时刻，其中布置，也在尽量模拟当年状况：

一楼由两部分组成，一间是宾州最高法院法庭。庭中摆放着用以宣布开庭的长棍、金头杖和用铁栏围成的刑事被告席。另一间则是"独立厅"的主体——集会厅。在集会厅的主席台上，陈列着一把高背椅，这是当年华盛顿主持会议的座位。1776年由杰斐逊草拟的《独立宣言》，正是在这里表决通过。1787年，联邦会议又在此制定和签署了美国第一部宪法。

二楼是会议与接待的场所，有作正式宴会之用的长廊，还有总督会议室和议会会议室等。

"自由钟"是独立公园内另一珍贵文物，当年，它随《独立宣言》的宣读而向世界鸣钟。

先生观此钟，它被置于一个玻璃亭内，钟顶刻有一行英文，译曰："向全世界及其所有人民宣告自由。"

该钟铸于英国伦敦，高约一米，重达943公斤，自美国立国而鸣钟后，每逢大典，必要敲响。但随年深日久，钟体损坏，再也不能为之鸣矣。

领略完毕建国历史，还要考察美国文化。

应加州大学洛杉矶分校赫斯院长之邀，先生等四人乘飞机从纽约飞抵洛城。

抵达的时候，已是傍晚，无法拜访，而翌日又为周末，所以只能滞留旅馆。

旅馆老板为华裔林姓，祖籍福建。见有同胞来访，异常兴奋，亲为向导，替他们安排第二日的行程——参观好莱坞。

洛杉矶是一长条形的城市，好莱坞位于该城西北郊。

20世纪初，一些电影公司和制片人纷纷而来，逐渐在此形成了世界级的电影中心。它在美国文化中，具有重大象征意义，可以这样说，好莱坞就是美国电影的代名词。

对于该地，先生的第一印象是门票昂贵。每人一百七十余美元，当真"咬着牙"欣赏。

进门而观，游人众多。但令先生略感窘态的是，行人匆促中，有许多身着"三点装"的年轻女性。

"非礼勿视"！谨守者如彼，侧头不观，但随目所及，尽皆如此，又往哪里置眼呢？

如果闭上眼睛，难免有失文雅。须知此时、此地，先生等才是"外国人"，一群金发碧眼者，目光炯炯，许多都集中在先生等人的身上，似乎正在等着他们"出丑"。

其实，这正是中美文化的相别之处，所谓"入乡随俗"，见怪不怪吧！

景区很大，要坐游览车。

车轮缓转，游客从容观赏。忽遇一桥，乃独木造成，年久失修。车行其上，摇摇晃晃。突然"咔嚓"一声，桥面坍塌，车已避无可避，竟一头插进水中。

瞬间，惊恐万状，小孩儿们大吼哭叫，成年人也乱作一团。先生故作镇定，但同样满头大汗。

略稳了一下情绪，仔细查看，车内密闭性很好，暂未透水。有人向车窗外大喊求救，但那些岸边的游客们却是瞪大眼睛观望，竟谁也不肯上前救援。

突然，岸边的人群兴奋起来，他们伸出双手热烈鼓掌，那"断桥"竟会自动升起，转眼完璧如初。车辆遂加足马力，顺利通过……

原来，这是汽车入水的一处布景，事先并未通知，作此恶作剧而已！

下了游览车，进入一条黑洞洞的通道。

先生还在纳闷，这里又有什么玄机？忽然，有六七个人影闪现，都穿着中世纪海盗服饰，凶神恶煞，持刀而来。未及众人反应，恶汉们转瞬不见，面前忽然高耸一楼，从窗口处一下子冒出火焰来，瞬间，整个楼体没入火中。正当此时，一辆高速行驶的汽车从头上飞驰而过，一愣神儿，火熄楼去，一切又归于平静……

穿过通道，沿一条街道继续前行。路旁，排列着一幢幢不同型式的建筑。有亚利安式的、罗马式的；有尖顶的、圆顶的、平顶的；有中世纪的，也有现代的。但是，切不可到它们背面欣赏，因为这只是一个个模型，只有临街一侧有建筑装饰。

又来到一片水塘，正在波涛翻滚。

有一条小船正在水中挣扎，忽然翻转一下，立刻沉没。可就在眨眼之间，那船又从另一边冲出波浪……

在这里，一切皆是幻象，喜怒哀乐，美丑善恶，都不能当真。

回程，司机林先生顺路带着众人去参观好莱坞著名的水泥大街。每个演员，都梦想着能把自己的手印和脚印留在这里，并签上自己姓名。

先生匆匆一过，难以逐个查看。观之最切近者，正是美国动作巨星施瓦辛格。他今天正要留印于此，只见他穿着一双蛇皮牛仔靴，一脚踩进刚和好的水泥里，足有一寸多深。然后，他把《终结者》中的名句"我要回来"写在水泥上面……

留美一个月，先生对美国印象最深刻的，还是那些随处可见的中国餐馆。

这些经营者来自祖国各地，所以有鲁菜、粤菜、苏菜等口味的区别。但是，不论是什么风味，似乎都有一道共同菜品，那就是餐首的"酸辣汤"。或许，这就是旅美华人的一种文化认同！

中国餐馆的服务人员大多是华人和华裔，其中以留学生居多。

堪萨斯湖北饭店的侍应几乎全是台籍。

有一位刚取得硕士学位的台湾学生和先生闲聊，她特别强调自己是江苏宿迁人。并且还郑重声明："我出生在台湾，我的父亲却一再叮嘱，要我记住宿迁这个祖籍。"

后来，先生遇到类似的情况颇多，逐渐摸索出一条规律：凡一再声明原籍市县的，大抵都是台湾同胞，特以此表明根之所在，而来自大陆的人士，则多数自称来自北京。

二、"四条汉子"

赴美考察，历时一个月，先生马不停蹄，核心皆在一馆、一系。

馆者，图书馆也，系者，图书馆学系。这次考察，率以南开事业为宗。

6月初，先生返校，撰就一文，题为《美国大学图书馆巡礼》，初稿发表在《群言》杂志1985年第7期，后经《大学图书馆通讯》转载于1986年第1期。

文中，首先探讨美国图书馆。

关于经费，美国高校图书馆的经费来源大约有两端，一为政府拨款，二是社会捐赠。由于捐赠者具有一定特殊背景或倾向性，所以专业图书较为集中。例如堪萨斯大学的特藏馆，是由一位肥料工业家斯宾塞的夫人捐建，以收藏珍善本为特色。

关于馆员构成，美国大学图书馆行政独立，与学院平行，人员特重专长。如堪萨斯大学图书馆，全体人员150人，其中60人具备硕士以上学历。图书馆人员特行招聘制，人才之来，能者居之，例如坦普尔大学馆长为一无臂学者，但因专业素质过硬而被破格礼聘。

再说美国图书馆的信息化程度。对于电脑的使用，美校图书馆中极为普遍，在流通、查重、分编、咨询、管理等方面，都有应用。大部分图书馆都与美国最大的图书馆网络"OCLC"（俄亥俄学院图书馆中心）往来密切。"OCLC"拥有70多个成员馆和700多个联机用户，建立了公用编目系统。检索之便自不待言，而内容之全，更为可观。在参观明尼苏达大学的东亚图书馆时，该校馆长以中外文分别检索先生所著书目，得馆藏作品8部，该馆长特将这8部作品内容概要打印出来，赠予先生，以资留念。

各校图书馆藏书多寡，差异很大。如威士康辛大学图书馆藏书500万册，堪萨斯大学藏书250万册，加州大学洛杉矶分校藏书450万册，斯瓦司模大学藏书50万册。但不论数量多少，都各有特色。如堪萨斯大学馆藏经济思想史著作较多，西密执安大学收藏地图居全国第三位，斯瓦斯模大学以收藏奎格教派及和平反战资料为特色等。

关于美国各大学图书馆学系，先生同样仔细考察。他先后访问了印第安纳大学、奥本尼大学、宾夕法尼亚州立大学和加州大学洛杉矶分校等图书馆学学院（系）。

美国图书馆学专业，多为研究生院制。图书与情报合招，面向其他各专业本科毕业生，教学内容以信息咨询为主，学科史与动手操作之类的传统课程被缩减。

奥本尼图书情报学院院长将该学院的研究重点放在了计算机运用、电传通信和缩微运用等课程上；加州大学洛杉矶分校的图书情报学院的必修课，除了采购学、编目学、图书馆管理等传统课程，还设有咨询科学和图书资料服务等，而选修课则有系统分析、图书馆工作自动化和情报科学等，造就了大量由供应型服务到选择型服务的高级咨询人员。

这次考察，先生拓宽了眼界，认清了差距，也看到了自身的特色，所以更坚定了方向，他在探索一条适合本国、适合南开，同时兼备国际视野的特色办学之路……

7月18日，全国图书馆工作会议在北京开幕。

这次会议是由中宣部和文化部联合召开，是继1956年全国图书馆工作会议之后，又一次全国性的图书馆大会。

1956年至1985年，近三十年，总体上说，中国图书馆事业不是在进步，甚至原地踏步亦不可得，经历"运动"之厄，它遭受了极大摧残与破坏，馆舍、书籍、人员，皆有巨大损失。

眼前，中国的图书馆事业也只能是慢慢"疗伤"而已。

这期间，重要事项有二：其一，1979年，中国图书馆学会成立，并于1981年5月，恢复了它在国际图联（IFLA）的席位；其二，1981年，全国高等学校图书馆工作委员会成立，高校图书馆有了自己的主管机构，与公共图书馆、科学院图书馆三足鼎立。

但事实上，在待遇及馆员职称评定等方面，教育系统还没有自己独立的评定体系，只能假手于文化系统，受制于人。

在制度安排上，体制不能自主，地位如何独立？

针对上述现象，不顾得罪领导而大声疾呼者，当时有四人，先生为其中之一，另外三位分别是：南京医药学院吴观国馆长、东北师范大学单行馆长和山东省高校图工委张厚函秘书长。

这四位，于1984年4月，在西安举行的全国高校图书馆工作经验交流会上，力陈职称评定制度的弊端。会后，四人联合发起，向当时的国务院和教育部相关领导上书，请求改革高校图书馆职称评定体制，这引起了图书馆界和教育部的极大关注。

这种"鲁莽"行为，看似有丢"乌纱帽"的风险。先生刚从逆境里爬出来，若明哲保身，自是风光一路，但事关千万人切身利益，如何不争？他身在这个岗位，就要担起这个责任。

果不其然，指责与谩骂接踵而来，先生、吴观国、单行、张厚函，被一些人污以"四条汉子"的恶号，暗指这四位不讲规矩，有"土匪习气"，"蛮横、霸道"等。

被称为"四条汉子"，那又如何？先生等也甘于接受。

他们继续呼吁，屡屡向行政管理部门进言，提建议也提意见，争条件也争地位。他们没有个人诉求，完全是为了高校图书馆事业的真正自立而据理力争。在本次全国图书馆工作会议上，高校图书馆仍遭歧视，他们又一次呼吁。

他们的意见，渐被重视，相关部门与其多次座谈，终于促成改革，使得高校图书馆真正自立起来，能与公共图书馆与科学院图书馆鼎立。

会议期间，先生深感高校图书馆事业的发展，以某个院校的单独作为，难成其事，要团结起来。当时，他与河北省高校图工委副主任兼秘书长杨华同住于京丰宾馆851房间，卧榻闲谈，不谋而合，于是，设立华北地区高校图协的设想，就在这次闲谈后启动了。

7月22日，华北图协筹备会议在851房间召开，参加会议者除了先生与杨华，另有北京地区高校图工委副主任兼秘书长赵侃，山西省高校图工委副秘书长王永安，内蒙古大学图书馆副馆长马秀仁。

会后，各代表分别向各自所在地区主管部门汇报，皆获批准。

9月16日至17日，华北图协成立大会在天津南开大学召开。

先生作筹备经过介绍，王振鸣、邵玲娟、赵必克、赵侃与先生，分别代表各自地区在《华北地区高等学校图书馆协作委员会协议书》上签字。

华北两省一区两市（河北省、山西省、内蒙古自治区、北京市、天津市）的高校图书馆实行大区协作，信息互通，资源共享，交流经验与切磋学术，代培人才并共商项目，携手并进。

协会规定，每年召开一次大会，由五省、自治区、直辖市高校图工委轮流值年。该协会克服各种人力、物力、财力上的困难，年复一年地创造业绩，积累了众多成果。至2019年，已举行学术年会33届（后因新冠疫情而暂缓召开）。为华北高校图书馆事业的发展，做出巨大贡献……

以"四条汉子"为代表的老一代图书馆馆长，为我国高校图书馆事业的复苏与发展，做出了不可磨灭的贡献。

在1987年召开的第三次全国高校图书馆工作会议上，"四条汉子"中的三位馆长均担任了全国高校图工委的常委，先生即是其中之一，他对高校图书馆事业倾尽心血，即使晚年仍然不遗余力。

1986年 —— 64岁

高校图书馆的"黄金时代"

1986年,先生64岁。

"四条汉子"踔厉奋发,先生"最感称心如意"者,乃是开设文献检索与利用课程和编写系列教材一事。

文献检索与利用,是每一位高校学生所应必备的技能。书籍如山,茫茫乎,似无涯,若无法门,如何问学?

有鉴于此,1984年2月,教育部发出《关于在高等学校开设〈文献检索与利用〉课的意见》。关于这门课,先生早有准备,遂迅速启动,组成《社会科学文献检索与利用》编写组,分章撰著。作者均为年富力强的在教学一线的中年教师,有惠世荣、、王荣授等人。

《意见》是纲领,也是行动指南。它对课程内容作了很具体规定,例如:要注意普及文献与文献检索的基本知识;要介绍主要检索工具书的内容、结构及查找方法;要介绍主要参考工具书的内容、作用以及使用方法等。在此基础上,再根据实际需要和可能的条件,适当增加阅读方法与技巧、文献整理与综述、情报分析研究以及论文写作方法等内容。按这样要求，逐一落实。

积半年之功，初稿甫成。

油印成册，分送专家审定，并在南开大学举办的"社科文献检索师资培训班"上试用，结合各方反馈意见，再行修改。

修订之功，甚且超过初创，又耗时一年。

8月，《社会科学文献检索与利用》正式出版。

该书乃试探性著作，无前例可因循、参鉴。在国内，关于文献检索课程的教材，这即使不是第一部，也必属最前列。

风潮之引，范式垂鉴，而后，一批著作陆续而来，对确立文献课程的地位，起到一定推动作用。

教材已成，先生立即组织人员，在文理各科三年级分别开设"社会科学文献检索与利用""科技文献检索与利用"两门课程。这种课程的疏通阻塞之功，颇受好评。而由于授课教师为图书馆员，从而使图书馆的地位进一步提高。

一时间，文献课程遍地开花。

全国高校图工委顺势而为，于1986年秋组织成立"文献检索与利用课系列教材编审委员会"，先生任编委。

编委会成员，天南地北，年龄多在60岁以上，最长者为吴观国，最小者为潘树广。他们彼此协力，合作顺畅，先生难忘，曾专门撰文纪念："肖自力虽是领导，但非常谦抑谨慎，工作又勤奋细致，与大家相处融洽；江乃武有时发病但不愿让他人知道，大家便暗暗关心他；吴观国和谢天吉常常讲点笑话来调剂气氛；小潘则不时被派去为大家跑东跑西，但从无怨言。"

先生还特别对几位年轻人记忆深刻。如朱强老成持重；李晓明精明干练；江成不善饮酒，却偏要豪饮，以致呕吐出丑。还有一位姑娘，名叫罗丽，她多次"讹诈"老头儿，先生许以"嫁妆"之约。

在编委团队中，罗丽年龄最小，每到会间休息，时常怂恿吴观国与先生等上街，她则跑在最前头，逢摊儿必吃，而谁来付账呢？回头一指，后面那几位步履缓慢的老者，只有代劳。

得了便宜还不算，逛街之后，她必讲"战功"，绘声绘色，博得大家开怀大笑……

先生感叹那时的合作，"犹如家人相聚，真让人感到渗透着一股浓郁的亲情。"但聚散有时，当初合作者，如今分散天涯，先生与罗丽的"嫁妆"之约，终因婚讯未知，未能履行……

"文献检索与利用"系列教材，从1987年起陆续出版，总数约为30种，先生自己就收藏了13部，具体参见下表：

序号	主编	书名	出版社	出版时间
1	赵国璋	社会科学文献检索与利用	武汉大学出版社	1987年8月
2	潘树广	语言文学文献检索与利用	武汉大学出版社	1988年9月
3	冯子良、任其荣	电气与电子工程文献检索与利用	大连工学院出版社	1988年9月
4	周秀玉	纺织文献检索与利用	大连理工大学出版社	1989年6月
5	范铮	机械工程文献检索与利用	大连理工大学出版社	1989年8月
6	潘树广	艺术文献检索与利用	浙江美术学院出版社	1989年8月
7	北京航空航天大学等五校	航空航天文献检索与利用	大连理工大学出版社	1989年12月
8	杨福征、胡昌平	物理学文献检索与利用	武汉大学出版社	1990年1月
9	萧友瑟	土木建筑文献检索与利用	大连理工大学出版社	1990年2月
10	惠世荣	经济文献检索与利用	大连理工大学出版社	1990年5月
11	罗友松、萧毓洵	教育文献检索与利用	武汉大学出版社	1990年6月
12	胡士炎、周海鹏、冯素兰等	轻工文献检索与利用	大连理工大学出版社	1990年6月
13	余向春、许家祺、邹荫生	化学化工文献检索与利用	大连理工大学出版社	1990年10月

先生一直有一个愿望，想完整汇集一套这部教材，择一善处收藏，以留久远，他甚且自用"痴情"来形容，以示珍重。

何为如此？

他解释说，这套教材包含了许多深意：它是全国高校图工委看得见摸得着的业绩，是编委会成员与多位小友精心浇灌的成果和友情的纪念，是全国图书馆人热心支持的信物，是高校图书馆事业"黄金时代"的重要标识。

一套教材，记录了一个时代。

1987年 —— 65岁

一、天津近代史

1987年，先生65岁。

3月，《天津近代史》一书由南开大学出版社出版，共28万字，印行5万册。

这本书对于先生而言，特堪一记。其一，恭敬桑梓，是反哺家乡之作；其二，他为此书殚精竭虑，最终心脏受损。身体之恙，以此为端。

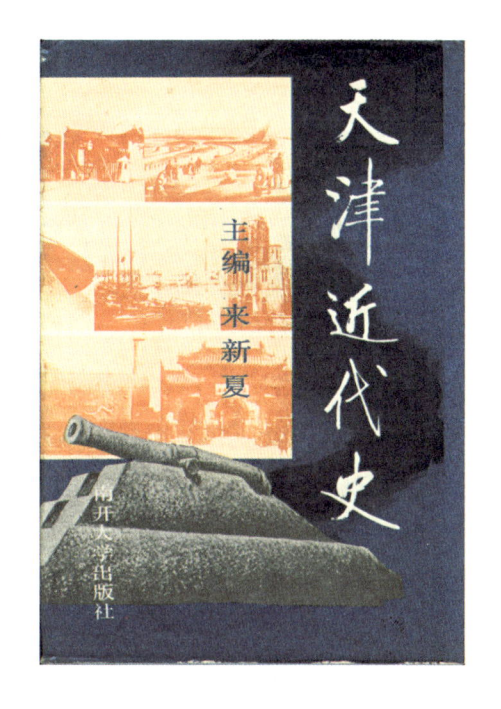

> 《天津近代史》，南开大学出版社1987年版

据先生回忆，在 1985 年的某个冬日，学校有电话通知："天津市委办公厅某位负责同志下午要来，请在家中等候。"

自己一生波折不断，遭十八年冷遇。听有高官要来，仍心存余悸，组织上谈话，难道有什么问题？

先生惴惴，而打来电话的人却很神秘，只说"到时候你就明白了"。

下午，客人到来，是时任天津市办公厅主任李建国。闲谈过后，转入正题，原来李主任是受时任天津市市长李瑞环的委托，特请先生出面主持编写《天津近代史》。

当时，万里视察天津，有感津门历史、文化之盛，遂向李瑞环建议，天津是中国近代史的一个缩影，为什么不组织人员编写一部《天津近代史》呢？

李瑞环把这项任务交给办公厅落实。各方物色人选以后，最终选定先生。这是殊荣，一般人求之不得，而先生却忐忑。

关于中国近代史，先生虽研究多年，可谓国内北洋军阀史研究领域的佼佼者，但他毕竟身兼数职，公私之事，时时纠缠，不能心无旁骛。

另外，撰写该书，任务特殊，是由市长直接布置，敢不尽心竭力？况且事关桑梓，更不能懈怠，所以，压力太重。

有如上两处担忧，先生惶恐，竭力辞却，并另推荐两家单位：一是天津社科院历史研究所。撰写《天津近代史》，为其职责所在，这项研究，该院已经进行多年，驾轻就熟；二是南开大学历史系。他们拥有多位近代史专家，专业所在，能力所及，也完全可以胜任。

但对方却坚决不肯，李主任态度很明确，这是组织上已经决定的事情，不能更改。这一句，无法反驳。

当时，先生入党不久（先生于 1984 年 11 月加入中国共产党），组织的决定，即是命令，必须无条件服从。更何况能为家乡做点事情，是为本分，在公在私，都在责任之中。

立即启动，先生邀请人员，除了自己的几位学生，另有党史办、博物馆等单位的几位专家。

作者共有七人，分别是：来新夏、林开明、张树勇、黄小同、娄向哲、林文军、王德恒。

诸位专家共同商讨，拟定大纲，分领任务。

该稿要求高，由市长亲点，时间紧，日夜赶编。

压力之大，可以想见。

另有各种议论，纷至沓来。先生但管低头做事，管什么侮辱、责骂？仅仅半年，初稿完成，排印成册，以征求意见本广泛收集意见，再次修改了两个月，日夜审校，终于定案。

书稿呈送，先生却病倒，被紧急送入医院。

检查结果，因为过度劳累，心脏受损，住院休养月余，方得痊愈，而房颤之疾却成隐患，以后时不时地发作……

近代中国看天津。

> 1987年初，《天津近代史》完稿，来新夏先生（右三）与全体作者总结座谈

该书以1840年为端，起于第一次鸦片战争英军入侵大沽口，终于1919年的新文化运动。共被划分为四个阶段：

1840—1860年：英法入侵，太平军乱，天津沉静之状被打破，被动卷入近代化进程。

1861—1894年：各种侵略势力渐次深入，划分租借，设立洋行，商品输入，资源外流。与此同时，清政府"师夷长技"，天津遂成为北方"洋务"中心。新旧冲突，中西冲突，促成"天津教案"，民族反抗更为激烈。

1895—1911年：甲午战败，继起戊戌变法和义和团运动，至1911年辛亥革命，推翻清王朝，上述每次斗争，天津皆在其中，或被波及，或为中心，扮演了至关重要的角色。

1912—1919年。北洋军阀获得政权，以天津为巢穴，翻云覆雨。"老西开事件"的反法斗争，是天津民族资产阶级的重要行动。继而新文化运动兴起，天津近代化迈向了新阶段。

此书之论，有别以往。

过去，历史研究基本以阶级斗争为纲。这本书虽然也没有完全跳出这种程式，但也能另辟蹊径，特别关注于近代化进程，进行"反思"。

历史的反思，是要重新认识历史，先生主编的《天津近代史》，有许多观点"石破天惊"！例如，通常的中国近代史对天津教案、义和团运动等大书特书，而先生却认为，"老西开事件"远超出前两者的斗争水平，特为天津民族资产阶级而呼。

对于"洋务运动"，持批判者甚多，先生却认为，维护清朝统治，固为洋务宗旨，但其"自强""求富"，则推动了中国近代化进程。

该书对帝国主义入侵，对袁世凯评价，均有新见。客观而言，前者促进了中国经济、社会、思想文化的转型，后者"新政"，同样对中国近代军事、经济等产生了一定的积极作用。

《天津近代史》是一部应上级要求而作的乡土教材，本是政治任务，先生的努力，却是让学术独立为学术。

但是，何其难矣！

> 1987年3月，来新夏先生主编的《天津近代史》出版发行后，接受《光明日报》记者采访

例如，该书定稿交付出版社，亟待付印，却突然引发了一场风波。

书名题签，先生本来邀请了自己的恩师启功着笔。但是，有人主张要请某位领导来题名。

用启功题字，先生非独爱其师也，更是唯书法水平而论。《天津近代史》本为学术著作，当然以学者题签更为恰切。若以领导题签，似有阿谀之嫌，如此，势必降低该书的学术品格。

先生坚持己见，果遭排斥。后续发行，未得有力支持，但即使如此，他也从不后悔，为学有益，问心无愧。

二、西域访古

7月，在兰州大学召开第三次《图书馆学情报学档案学简明词典》编委会，各专家按专题审查全稿。

审稿期间，先生所下榻的宾馆正对南山，推窗而望，山上亭榭楼台，清

> 1987年，来新夏先生（右一）与在兰州大学参加《图书馆学情报学档案学简明辞典》定稿会的各地学者合影

晰可见。

傍晚，有客相约，遂乘车夜游。

临当峰顶，望一城夜景。

一条主干道似火龙般跳动，而那万家灯火，炫人眼目。

先生暗想，自己曾在重庆会仙楼屋顶眺望山城夜景，也很错落有致，不过俯仰其间，终不若南山居高临下那般气势雄阔。

那些灯火，或明，或暗。恍惚中，他觉得自己似乎尽览众生。仲夏之梦，令人沉醉，忽一阵夜风袭来，掠丝冷意，吹散浮想。然后归途，怏怏而去。先生思绪犹在山巅之上，那闪烁的灯光，一直就在眼前，让他久久回望……

审校书稿，任务繁重。而于多数专家而言，对西北并不熟悉。于是接待单位雅意，组织他们赴敦煌考察。

由兰州而西，沿古代丝绸之路，往"河西四郡"。

四郡者，武威、张掖、酒泉、敦煌是也。先生在初中时代，即对这里心生向往，如今终偿所愿。

考察第一站，在武威。

武威者，古称凉州。有一首著名的《凉州词》，曰：

> 葡萄美酒夜光杯，欲饮琵琶马上催。
> 醉卧沙场君莫笑，古来征战几人回？

先生未携美酒，却带一份对历史的敬畏，虔敬而来。

由于车程仓促，仅可停留几个小时，众人决定集中参观历史博物馆。

该馆设于文庙内。建筑美轮美奂，而内中藏品也极为丰富，存有大量汉简，内容涉及历史、考古、图书、医药等，另有目前现存最早的西夏文石碑。

在观览过程中，先生对两块记录道光年间重修文庙的匾额印象深刻。两匾本不是什么特别珍贵之物，其中一块镌刻捐款修缮者姓名，而另一块是记录修整竣工后剩余物品清单，如记录着剩下桌椅若干、茶杯几只、锅几口……

经手之人不惮琐细，一一标列、榜示。不妄取一毫的磊落，令人感慨。

既为善举，当用在善处。从古而今，有多少人假善之名，以行肥私之欲。先生以为，这块匾额照出了那些雁过拔毛、河边湿鞋者的猥琐龌龊。

行至张掖，已历十数小时，只能夜宿于此。

张掖，古称甘州。车行所过，街道整齐，楼群矗立。经眼之处，见有许多浙江裁缝及理发店，大多是五六十年代移民至此。先生感叹，人的迁徙流动在当事者可能经历了困顿，但却促进着民族间文化风情的交融。

安顿完毕，洗却风尘。先生却无法入眠，他不断回想：在中原扰攘的战乱年代，各族人民经营、维持着河西地区比较安定的局面，丝路驼铃，声声不绝，这是文化交融的载体……

次日至酒泉。

相传，汉代名将霍去病把赐酒倾入水中，与士兵同饮。后来在这里建城，定名为"酒泉"。

城郭前前后后，都是戈壁。除几片红柳和星点的杂草外，再无绿色。城内却一片繁华，城中心鼓楼保存完整，每个城门都悬挂着按方位各有所指的匾额。例如，南门楼上即悬一扁，题为"南望祁连"。

先生等引颈远眺，隐隐约约处，果然有巍峨绵延的峰峦映入眼帘……

再经安西。这是军事重镇，因盛产西瓜而闻名，被称为"瓜州"。先生等实地考察，当真物美价廉，瓜价仅为京津的四分之一，而口感却爽甜无比。

此行终点，在敦煌。

先生赞美它是历史的宝藏与现代繁华相交织的城市。

敦煌开郡于公元前111年，是内地与西域交往的通衢。

休整完毕，众人于次日参观莫高窟。这里保存着从4世纪到14世纪的壁画、雕塑等珍品。

莫高窟位于敦煌东南，据记载，开凿于十六国时代的前秦时期，时间是公元360年左右，唐宋元等朝代，续有创制。可悲之处在于，至20世纪前后，屡次失窃于外，壁画、古籍等损失严重。

据相关统计，莫高窟现存有壁画及雕像的石窟还有四百九十二个，其中有壁画四万五千多平方米，雕像二千一百余尊。

细观壁画，画面构思独出，用笔飞动，色调均匀，而飞天舞姿更引动世人遐思；论于雕像，则栩栩如生，眉目传情，造型准确，自然地给人以真实感。先生引用画家谢稚柳的评语："面临千壁丹青，百代胜迹，不禁神为之摄。"

对敦煌壁画等的研究工作，从20世纪40年代开始，涉及门类众多，如艺术、建筑、考古、语言、文学、历史、宗教等，并逐渐形成专门之学——敦煌学。

先生期望能对莫高窟的遗存进行整理、保护和研究，以使中国的"敦煌学"在中国的敦煌大放异彩……

午饭后，游南湖。

车轮沿公路而下，忽入一段砂碛之中，于是车速减缓，略有颠簸。行至一沙棱附近，司机忽指远处一个类似古烽火台的残垣说，那就是"阳关"。

君记否，王维"渭城曲"？

渭城朝雨浥轻尘，客舍青青柳色新。
劝君更尽一杯酒，西出阳关无故人。

先生说，在"四海之内皆兄弟"的时代，已不再有"劝君更尽一杯酒"的失落。这是生于此世的自豪！

爬过沙棱，忽一泓碧水映入眼中，此即南湖。众人顿生兴致，同伴忙卸衣脱鞋，兴奋地跃入水中……

晚饭后，有人提议去城南鸣沙山，看月牙泉。

"鸣沙石室遗书"，久已驰誉学林。先生对这些，自然熟知，所以听闻欲访，当然踊跃。

想要攀爬鸣沙山，需要乘晚而登，还必须赤足。

因为白天日头太烈，沙子吸热，烫人脚足。而只有等太阳斜坠后，在热气散尽时方能上来，而且由于细沙松软，一脚踩下去，立刻陷入，所以不能穿鞋。

来到山下，望之层层沙海，如浪叠叠，层次分明，漫斜而下。

先生举足跋涉，爬到半山，已是匍匐。环顾四周，皆在奋力，而又不甘落后，所以又站起来，仍然坚持，但终究体力不济，气喘吁吁，步履艰难了。

不愿拖累大家，只能止步。

他坐在坡上，静听流沙，默默看同伴们坚持。其他"倔强者"都是蹒跚着，终于到达山顶。他们回来，兴奋地描述着月牙泉如何、如何，先生也随之介绍而慢慢构想：

月牙泉像一弯明月为鸣沙山增添了特异的风采，泉侧原有的庙宇在动乱年代消失了，而月牙泉则因为是天公造物，依然为美好的景色生辉……

1988年 —— 66岁

一、兄弟重逢

1988年，先生66岁。

来新阳先生从台湾归来，拜谒父母、长兄。

离别40年，音讯全无，生死渺茫。有多少思念，就有多少眼泪。

时在1949年初，国民党败局已定。蒋介石为筹后路，布局台湾。来新阳因在军工学校就读，为国民党战略发展所必需之人才，故被先批转移。

临行前，他曾返回萧山故里，拜见来子裕恂公。这是他一生之中第一次见到祖父，也是最后一次；转至西兴，再拜见几位舅舅，匆匆而来，急急而去。

上述，是家人所了解到的关于他的最后确切行踪。

新阳先生曾致家书，寥寥数语，大略而言，学校转迁，即将入台，迁往花莲。至于赴台的具体地址，未曾留下，那个时候，甚至他自己都不知道，究竟前路何方。

来家一直苦寻新阳下落，托人在香港登报，也求统战系统帮忙寻找，但音讯全无。

仿佛，来新阳就在这个世界上消失了。

他年轻时，也是热血分子，特别反对内战。而现在飘零于台湾，任何事情都可能发生。

来家天津故宅，一直未改，仍居岳阳道福中里。

对于这个地址，新阳是知道的。大雄公、玉如女士乃至先生，一直在等，等他来信，但两岸已经通邮，仍未见片纸，全家默默，谁也不说，但都在暗想着那个最坏的结果。

消失40年，最难度过的是春节。

每每年夜饭，周夫人必多放一副碗筷在桌上，全家默默，含泪以对。值此团圆日，独独少一人。于是年关，总是来家最煎熬的时候。

再有重逢，完全是巧合。

1987年10月，先生主创的《谈史说戏》一书，由北京出版社出版，共22万字。

这本书通俗易懂，戏、史结合。选择50余出戏剧，相析、相论。

于戏而言，介绍内容梗概及演员表演特点等；于史而论，对该戏所涉及的史事，条分缕析，哪为历史真实，哪为虚设假构，一一拆兑。

如，"草船借箭"一剧，"借箭"本是孙权所为，与孔明无关，而那《群英会》里的《祭风》，又完全是虚构的情节。

先生从小爱戏。

年幼时候，有钱，买票看戏；没钱，即使蹭戏也要尽兴。

例如，在1937年，日军侵占天津，先生全家避难于法租界。在住所不远，即为著名的劝业场，先生等常与同伴在"天华景"蹭戏。

> 《谈史说戏》，北京出版社1987年10月版

所谓"蹭"者,当然是不花钱或少花钱。起初,孩子们扒着丝绒门帘向台上遥望,能看上几眼,也算满足;后来,几人凑钱合买一张戏票,每位轮流去看,观者回来后复述,众人一起回味,也算解馋。

久而久之,管门人见孩子们可怜,偷偷开了后门,睁一眼闭一眼,任凭他们溜入,并嘱咐,要悄悄地,别说话,找个空座好好听。

一次,先生蹭戏,观看《牛郎织女》,正看得入神,突然有人大喊:"来大水了!"

人群急退,洪水漫路,已经没脚。

先生等拔腿就跑,后面紧随水声,等跑到家门口,见已有四五层的沙包垒将起来,用以防水,甚是凶险……

先生蹭戏,不纯为娱乐,总喜欢参详史料,与剧情对照,日积月累,竟小有规模。这本《谈史说戏》,即是他当年部分旧稿,共有13篇之多。

先生不但看戏、解戏,而且直接创作。

昔时所著《火烧望海楼》,曾轰动一时,他因此剧而兴,亦因此剧而落,被人举报,以所谓"历史问题",失落了十八年。

先生另著有一部剧作,名曰《血战紫竹林》,描写义和团反抗侵略的故事,可称《火烧望海楼》的姊妹篇。但是遗憾,该剧因之种种,未能排演。

《谈史说戏》是先生与昔年弟子马铁汉共同筹划,另邀姜纬堂、李凤祥、商传等几位同道联合撰写。是书甫成,《北京晚报》刊载了一份简讯。该消息篇幅不大,略略而谈,岂料,如此无心的文字,却促成了新阳与先生的重逢。

新阳先生岳父杨秉铨,委托自己在大陆的族人,四方搜索来家下落。

杨先生的一位族弟居于唐山,在某煤矿任职,闲翻报纸,读到《谈史说戏》的简讯,对于书里的内容,他并不关心,但那"来新夏"三个字,却着实令他兴奋。

此"来"莫非彼"来"?

立刻联系报馆,辗转几番,电话打到南开大学,如此,四十年的隔绝,终又团圆。

> 2008年，来新阳先生（中）来大陆探亲时携妻杨英彦（右）女来明贤（左）在绍兴合影留念

来新阳是军人，即使"三通"，也难于联系。试想，若一军人频向大陆飞鸿？官方会怎么处置？这时候，新阳已晋升为陆军少将，得知父兄消息后，急于所归，但碍于身份，又不能迅速成行。

四十年的相思，岂能再忍？况且，大雄公夫妇俱在，但毕竟年事已高，如何再等？

略作权衡，毅然退伍，遂得自由之身，安然返乡。

一场离乱，四十载，真是苦了这份骨肉亲情！

当年，新阳先批入台，乘坐太平轮，在波涛里颠簸，停留于台湾基隆港务大楼，待命一周，转至花莲市米崙山校舍，这一日，正巧为旧岁除夕，故记忆尤深。

新岁之夜，飘零异乡，家园何处？

关于天津，当时他所知的唯一消息是，解放军已经入城。

送新阳先生赴台的太平轮，转回大陆，继续执行运送任务，却沉没于舟山附近。新阳何幸，分在第一批入台，以免沉船的厄运；又何其不幸？困顿于岛内40年，无声无息。

两处思念，肝肠寸断。今日重逢，天佑斯人。

二、三十年之愿

8月,《中国近代史资料丛刊·北洋军阀》第一册,由上海人民出版社出版。

北洋军阀史曾是中国近代史研究领域的一处"角落"。

以辛亥革命为界,北洋军阀史前后各占16年,这是北洋军阀活跃的主要时期。无论如何,研究中国历史,都不可能空白这三十多个年头。

建国之初,由中国史学会主编的《中国近代史资料丛刊》逐卷刊印,共计划出版十一种专题,而《北洋军阀》也被列在其中。

>《中国近代史资料丛刊·北洋军阀》第一册,上海人民出版社1988年8月版

当时,已经成立了由北京及天津学者共同组成的《北洋军阀》编委会,荣孟源、谢国桢以及先生等,都是其中成员。

但遗憾,这套资料丛刊前十卷皆陆续出版,独独《北洋军阀》搁浅。

人事变幻,风流云散。

先生心有不甘,又无可奈何。他将全部资料都无偿捐赠给南开大学图书馆。这其中,有许多珍本书籍,甚且许多珍贵文物,他都一件不留。至今,南开馆内还有钤印的这批图书。

倏忽间,三十年已过。

对于"北洋军阀"的研究,先生从未放弃,遂有《北洋军阀史略》《北洋军阀史稿》等著作陆续出版,但他对《中国近代史资料丛刊》独缺一卷的遗憾,一直耿耿,难释于怀。

1985年上半年,上海人民出版社即曾函商出版《中国近代史资料丛刊·北洋军阀》一事。秋,该出版社编审叶亚廉专程赴津,再请先生主编曾被放弃的《北洋军阀》卷。

> 1988年春,来新夏先生(左)与上海人民出版社虞信棠先生(右)在天津寓所交谈《北洋军阀》(中国近代史资料丛刊)出版事宜

1986年,先生赴上海,参与"中国文化史国际学术讨论会",其间,顺便与社方签订了编辑出版协议。

北洋史料,其难有三,曰:博,杂,真伪难辨。

言其"博"者,因时代切近,公私所藏,数量巨大。想当年,全国进行古籍善本辑录,以清乾隆以前为珍本,连同、光、宣三朝资料都视之如敝屣,更何况民国?概因数量太多之故。

言其"杂"者,首曰类别,政治、经济、文化,无所不有;次曰载体,档案、笔记、刊本、手稿、信件等,繁复而无序。

言其"真伪难辨",当时军阀林立,各有主张,因政治之故,则厚此非彼,盈恶溢美者频见,故去伪存真艰难。

先生诚邀生友,四处奔走搜罗,校勘文字,整理标点,历经七年有成。

具体出版信息如下:

第一册于 1988 年 8 月出版；第二、三册于 1993 年 3 月出版；第四、五册于 1993 年 4 月出版。

五册资料汇编，凡三百三十万字。

先生"以北洋军阀兴衰全程为主线"，统筹全卷。

五册，前四册各取北洋军阀发展的一个阶段，第一册，为北洋军阀建军（1895—1912）；第二册，为袁世凯统治与洪宪帝制（1912—1916）；第三册，为皖系军阀与直皖战争（1916—1920）；第四册，为两次直奉战争与直奉军阀（1920—1928）。

至于第五册，具有工具书性质，为参考、检索之书。其内容为军阀人物传志、大事年表、参考书目提要、重要论文提要、参考文献索引及附表等，乃北洋军阀史领域诸方面信息的总汇。

全书以"兴衰"为主线，与之无涉者，皆不取，即便可取，也非有闻必录，仍以原则选裁。

史料选用，以第一手为主，如档案、当事人专集、笔记、书信等，占了相当篇幅，对现已重印或发表过的资料，尽量不用，除非为说明某一问题而不得不用。对于入选资料，还要整理校订，对那些真伪参半的资料，凡存疑处，皆作注明。以此，全部资料，均有来源，其内容与价值，不乏简介，以便读者索引。

五册之巨，了却三十年夙愿，只待通史之成。

三、"速成之稿"

10 月，《中国地方志综览（1949—1987）》由黄山书社出版，共 76 万字，印行 5000 册。

自 1949 年以来，方志研究几经沉浮。

50 年代，毛泽东、周恩来、董必武等，倡修新志。

一时间，风潮所及，各地争效，一批方志陆续编成。

《中国地方志综览（1949—1987）》就是对1949年至1987年间中国方志学的一次系统搜集、汇编成册的成果展示，著名方志学家傅振伦评论说，"读者足不出户庭而能窥方志论述之全豹。"

《综览》由先生任主编，联络人员，起草方案，确定篇目，组织实施，删改稿件，定稿定案等，皆能不遗余力。

编委会成员共有32人，主编之下设有常务副主编，为郑正西；另有副主编梁滨久、林衍经、俞佐萍，皆硕望之人，专业素养毋庸置疑，而他们的敬业精神，更足保证。

>《中国地方志综览（1949—1987）》，黄山书社1988年10月版

副主编下，设有分纂者19人，逐级审阅，层层把关。

另有顾问专家四人，分别是傅振伦、董一博、陈元方、邵文杰。这四位，皆系方志界泰斗，时时指导。编委但凡遇有疑难，随时请益，书稿初成之后，又请他们审核、指导。

1987年4月21日，编纂工作正式启动。

当日，《中国地方志综览（1949—1987）》编辑筹备会于武汉召开，与会者30余人，编订纲目，分领任务。这次会议，确定了方向与方针，使参与者统一思想，统筹步骤，循序推进。

10月15日至21日，编务会议又在桂林召开。与会者29人。是会，确定了全书篇目。各分纂立即组织人员，分头部署。相关撰写工作紧锣密鼓地展开。

本年2月5日至10日，在南宁召开《中国地方志综览（1949—1987）》定稿会。与会者逐篇讨论，分寄各地核实材料，后由相关副主编汇总修改，再交主编审核，最后由常务副主编郑正西定稿，交送黄山书社。

诚如傅振伦所说，"全书一年告成，含辛茹苦，蔚为大观。"

先生著述，向以稳健、踏实为本。一书之成，少则数年，多则十年、二十年，如此速成之作，极其罕见。

原来，是书成于众手，与此事业者，凡九十余人，多为地方一线方志编修者以及大专院校专业师生等，另有许多不具名的资料提供者，即使一人作一篇，也数量可观，故能迅速汇聚近 80 万字的规模。

这些作者，或具实操经验，或为专业研究者，所以即使初稿，也绝非泛泛。再经分纂、副主编、常务副主编以及主编的层层把关，筛选、修改，再送专家评审，原来所谓"速成"，仅是时间上的描述而已，论诸质量，仍属上乘。

1989年 ─── 67岁

最珍贵的"稿费"

1989年，先生67岁。

于元旦日提笔，为来子裕恂公《萧山县志稿》撰《说明》一篇。

先生之学，开蒙于祖父来裕恂公。犹忆当年庭院读书情景，声声、历历，仍在耳目。如今睹诸先祖遗著，得无怅乎？

《志稿》始作于1948年。当年，来子供职于萧山修志馆。战争年代，县府自顾尚且不暇，又怎能为之切实保障？

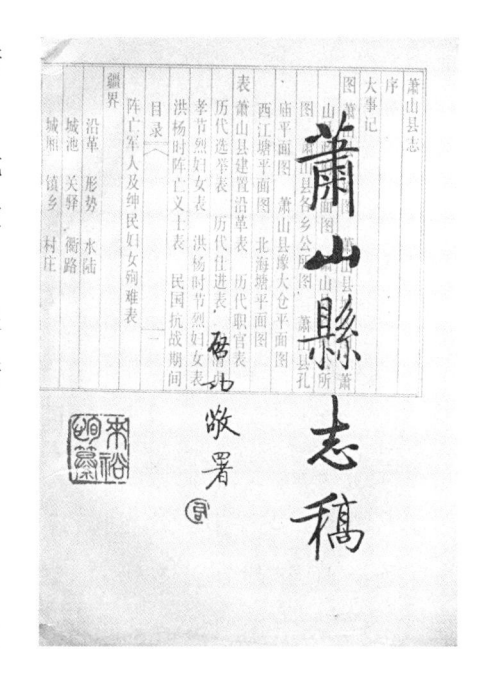

> 《萧山县志稿》，天津古籍出版社1991年10月版

但事关桑梓，如何能弃？来子独力任之。

孤灯烛影下，一支老笔，锋毫已秃。当墨枯纸尽，无钱应付，竟以杭州城皮丝烟店"宓大昌"包装纸充用。

《志稿》计14卷，另有志余1卷，共70余万字。

该志，续民国廿四年（1935）刊本，断限于1948年。虽曰"续作"，但补缺订讹，自成一体。先生谓其"不悖古、不戾今"，有兴有革，颇具新意。即使于今日修志，亦不无参考价值。

《志稿》成，续萧山志书，使之完璧。

萧山有修志传统，初修于明代永乐之际，此后时有增补，凡十数次，而来子《志稿》，位列民国最后一部。1949年以后，新修方志继起，萧山新志与《志稿》上下贯通，一体衔接。

如此重要的乡邦文献，却一直被埋没。

当年，来子生活困顿，衣食尚且不济，遑论出版？投稿于出版社，以当时社会而言，岂有付印可能？故稿藏于陋室。

1962年7月，来子卒，享年90岁。

辛苦著述，稿存老宅。先生居津，尚在劫中，自顾且不暇，又哪有关照能力？可叹，斯文风流云散。

来家某位，因薪米之虞，将来子所存诸作，尽典于书肆。当年，类此民国"旧文人"手迹，多如牛毛。来子虽为当地知名人物，但在动荡年代，谁读？故书贩收购时，论斤而入，然后，捆载携行，乱堆一处，蒙尘于一角，想来真是落寞！

但，幸运不弃，总有转机。

褚树青先生曾供职于杭州图书馆，整理过这批手稿，来子手稿失而复得的经过，他大致清楚。

杭州城里，类似北京"琉璃厂"者，原有多处，几经辗转，多转移至各级图书馆中，来子手稿就在此列，然亦只是贮藏，未及整理。

及至80年代初，古籍复兴，善本重启，依"资料性、艺术性、历史性"，各级图书馆"摸清家底"，将乾隆前古籍作为善本整理，而来子之作，不在该列，但褚先生却将它置于"线装书"中，妥加保存，遂简列卡片，注明卷数，然后封箱贮藏，以免散落。

此番修志，萧山县志办四方搜求，获《萧山志稿》，得知该稿乃先生祖父遗作后，手录一部，转寄天津。

如此辗转，是为血缘，也是使命。先生委托南开大学地方文献研究室杨嘉年帮忙整理，经年之功，整理完毕。然原稿毕竟过录匆促，舛误缺漏处有很多，亟待补正。先生赶赴杭州，在杭州图书馆，用裕恂公的手稿作底本，与过录稿本逐页比对。

之后，又请退休同仁端木留、杨嘉年以及先生夫人李贞女士。几人历时半月，反复勘校，又订讹补漏者多处。

至于出版，仍有曲折。先是经费无着落。幸得故乡萧山县资助，加以早年学生吴恩杨、孙致中诸贤援手，沉埋了四十年的文字，终于问世。了此心愿，如先生所言，"庶家祭可告慰于先祖"。

仲春，先生在珠海出席"唐绍仪学术研讨会"，期间得隙，做澳门环海游。这是一个烟雨的日子，细雨蒙蒙，透过舷窗，打湿座椅。先生等干脆举伞而立，站于船头。

微风拂浪，朦胧中的澳门别有一番景致。

环海纵览，先生看到，彼处，楼群林立，高低错落，鳞次栉比而新旧并陈，足证富庶与悠久。

尤令注目者，是一鸟笼形建筑。同行者介绍，这就是著名的澳门大酒店，也称"葡京大赌台"。笼型大楼，果然"寓意深刻"，任你上下纵横、天高地阔，而一入其中，如鸟在笼，再也高飞不得。

船行颠簸间，见一铁桥，将澳门与另一岛屿相连。桥上没有桥柱，如一道长虹，跨于海上。岛上建一学校，是为"澳门大学"，这是澳门的最高学府。

船行至此，掉头回览。虽然仓促一掠，但也窥得大致。

登岸换车，行至珠海、澳门陆路关道——拱北关。

先生看到，往来通道者，络绎不绝，虽行色匆匆而井然有序。他们通过关卡，就仿佛穿行于某个大宅那样，迈进、迈出，从容不迫。检查人员也不事烦琐，绝无刁难，他们对这种往来早就司空见惯，但尽职责而已。

澳门与祖国，虽然有几百年的分离，但毕竟同血、同宗，这是无可争辩的事实。至1999年澳门回归，仍有十年。飘零游子，总要回家。

此刻，先生心情有些复杂。

望之澳门，如葡京赌台等，于己而言，自然难以接受，于是一时间，思绪良多，竟有些理不清头绪："澳门将继香港之后重新回归母体，随着肢体的完整，殖民者遗留的病毒赘疣在挑战，形形色色的社会问题在等待解答，久客异域的游子向往着乳汁的哺育。调制黏合剂、加强凝聚力的课题正被历史车轮必不可免地载向议事日程表。"

从80年代初，先生小试文体转型，学术之余，试写随笔，意兴所致，遣怀而已！自称：卑之无甚高论，期以新貌示人！

其时随笔，有序跋、书评、游记和杂感等，概言之，大抵分为两类：走

> 2001年12月23日，来新夏先生（右）与朱正先生（左）合影

过的路，读过的书。

走过之路，足迹所涉仅为其一，更有人生际遇与荣辱。他生于军阀混战之中国，亲历抗日战争与国共战争，又经历多次政治运动，本身履历亦堪传奇，故所抒、所忆，皆为阅历。

读过的书，文字所载之卷册仅为其一，还有人间与社会那本无字的大书，无穷无尽，只要笔耕，处处皆是文章。

先生将自己近十年所写的随笔积累成册，经钟叔河先生引荐，已被湖南人民出版社朱正先生列入《骆驼丛书》之中。责编周楠迅速完成编辑工作，但就在即将交付排印之际，又因时变而终止。

周楠很贴心地寄回原稿，另寄来300元"道歉费"。展读底稿，红笔斑斑，那是周楠画版、标红、更正错字的标记。心血凝结，已在纸上，至于出版与否，岂是个人左右？何"歉"之有！

先生将这300元人民币，视作自己一生最珍贵的"稿费"，一直储存而未加动用，"它不仅仅只是几百元钱的价值，而是渗透着一种真挚的友情。"

随时间流逝，先生续有随笔集出版，当年《路与书》里的文章，早已挪作他用，但是，《路与书》的情结，一直难以割舍，及至1997年，先生又将自己另一本随笔集仍题名为《路与书》，以作纪念。

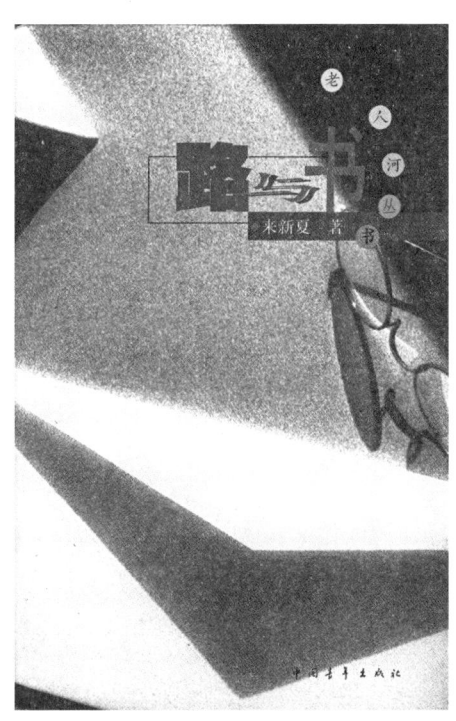

>《路与书》，中国青年出版社1997年7月版

1990年 68岁

一、四易其稿

1990年，先生68岁。

1月，南开大学图书馆馆长之职届满，离任。

事已竭尽心力，此职又如何留恋？他所开创的局面，有待后贤鼎继，总结过往，论公论私，皆无遗憾。

2月，先生主编的《史记选》由中华书局刊印，共26万余字，几近十年之功。

本书系郑天挺主编《中国史学名著选》的一种。

郑主编这套书系，总计有六部，分别是：《汉书选》《三国志选》《左传选》《资治通鉴选》《后汉书选》《史记选》，目的是为高等学校历史学专业提供教材，以训练学生阅读古典历史文献的能力，并概知我国史学名著的各种体裁和基本内容。

虽然仅仅六本规模，但从20世纪60年代酝酿，至此时方得告竣，实际已经跨越三十年。

> 1983年2月，来新夏先生（前右二）主编中华书局版《史记选》期间与出席审稿会的赵光贤先生（前右三）及朱维铮先生（后右三）等在南大芝琴楼门前合影

劫后能有完璧之日，恐非当事人所敢奢求。

《史记》一百三十篇，有十二本纪、八书、十表、三十世家、七十列传。鲁迅赞之曰，"史家之绝唱，无韵之离骚"。

先生等选编该著，既要考虑史事内容，也要兼顾各种体裁，同时也希望能够反映出太史公的史学思想、学术成就等。

因此，他选择"殷本纪、周本纪、秦始皇本纪、项羽本纪、孝文本纪"五篇；选择"十二诸侯年表序、秦楚之际月表序"两篇；选择"封禅书、河渠书"两篇；选择"吴太伯世家、楚世家、孔子世家、陈涉世家"四篇；选择"孙子吴起列传、商君列传、魏公子列传、屈原贾生列传、刺客列传、淮阴侯列传、吴王濞列传、魏其武安侯列传、卫将军骠骑列传、西南夷列传、酷吏列传（张汤）、货殖列传"十二篇，最后以"太史公自序（节录）"收尾。

上述篇章，史事兼顾商、周、秦、汉等重要时代，体裁囊括本纪、世家、列传、书、表等，人物选择正反皆有，身份各有所别，如军事、商贾、文化等代表人物，故曰，尽可能全面反映出《史记》的概貌。

先生对选文的注释，重点集中于对人名、地名和典章制度的介绍与解

>《中国古代图书事业史》，上海人民出版社1990年4月版

释。关于这方面的内容，多据前人成果，力求简而不繁，间存异说，但并不广征博引，以致烦琐。

所"注"，于难懂之处，于晦奥之意，解析之，以助读者，但不做全译，对后来的古籍全译满街市的现象，先生曾发文呼吁："全译，请就此打住！"

4月，先生等著《中国古代图书事业史》由上海人民出版社出版，共26万字。该书之成，亦有十年心血。

20世纪80年代初，先生以目录学为根底，向图书馆学延伸，其间，闻言"数见向、歆父子之烦"。此当何解？原来中国书史、中国目录学史、中国图书馆史，三史分设，难免重复。如，刘向、刘歆，皆上述不可或缺的环节，故有"数见"之烦。

有鉴于此，先生希望使之合一，成就"中国图书事业史"。

1980年8月，先生作《试论〈中国古代图书事业史〉的研究对象与划阶段问题》一文，发表在《史学月刊》1980年8月号上，这是先生写作《中国古代图书事业史》的原始提纲。

至1981年，与此事业者，已有七八位之多，原始提纲亦难敷于用，于是，先生又撰约四万字大纲，油印分发，时时讨论，以其损益，达成共识，作为合作依据。

后来，该油印稿又以讲话形式在《津图学刊》上连载。

1986年，天津古籍出版社计划将这篇油印稿先行刊印，题名为《中国古代图书史概要》。先生集中整理，增删若干。此书于次年正式发行，这成为《中国古代图书事业史》的简本。

从酝酿至此际，已过五年之久。何以迁延至此？

先生解释说，物色合作者，绝非易事，几经反复，始克着手，中间又因认识一时难趋一致，往返商榷，成稿速度延缓。

初稿成，约 70 万字，油印分发。读之，先生惶恐，书成众手，各旨其旨，各趣其趣，仍有啰嗦、重复之弊，于是再写提纲，以求划一。

又成一稿，52 万字，仍然油印分发，征求意见。

当时，《中国文化史丛书》几位编委力邀先生将该《中国古代图书事业史》列入其中。这套丛书非比寻常，乃国内出版的第一套关于文化史的丛书，由著名史学家周谷城主编。

此丛书立意高远，抱负宏阔，如在编者献辞中介绍，它的编纂目的是：清理中国的文化遗产，描绘它的真实面貌，发扬它的优秀传统，评价它的千秋功过，规划它的锦绣前程。

计划在五年内先行刊行五十种，初见规模；再在十年内刊行一百种，成之系统，以助读者认识和理解中国文化。

庞朴、朱维铮两先生，一北一南，为丛书奔走。

朱维铮要求《中国古代图书事业史》与丛书其他著作型式大体一律，故请端木留对书稿再行修改，由先生通读一遍，统一体例，修饰文字，终于在 1987 年冬完成 30 万字定稿，然后交付。

三易其稿，四经修订，虽出众手，终于完成。

二、三史合一

将中国书史、中国目录学史、中国图书馆史"三史合一"，由先生首创，其研究对象，以图书为中心，乃书籍本身。

中国图书约有两千年历史，最早形态为简书。

或曰，此说不确，在简书之前，如陶玉、如甲骨、如钟鼎等，皆有记事之用的符号或文字，更遑论结绳记事、画符记事等。

但先生不以为然，曰真正图书，应该具备以下条件：

其一，所述内容，需要记载下来，以便保存或传播。

其二，内容呈现，要有一定形式上的专用物质载体。

其三，要有以物质载体作为文化传播的媒体的功能。

按照以上所述三项原则，所谓结绳记事、甲骨、金文等，或无固定载体，或非特旨传播，皆非真正意义上的图书形态。

从简书开始，图书发展过程不可能不涉及制作、聚散和典藏等问题，而各朝各代，关于图书等所制定的政策、法令，设置的机构以及人员等，也都构成了围绕图书所形成的相关事业，所以这些内容，都是图书事业史所必须探讨的研究对象。

综合统计，图书事业史之研究对象，应该至少包含如下四个方面：

（1）图书形态的发展；

（2）图书的聚散、典藏以及相应措施；

（3）图书的整理与编目；

（4）图书的流通与纂集。

在确定研究对象以后，要解决阶段划分问题。而言及阶段划分，必须先确定划分标准。

图书事业史，既然是历史学的一个分支，就难脱历史学的一般规律；又因它是专史，故绝不可能不考察它自身发展的特殊性。只有将二者结合，所划分的阶段才科学、准确。

所以，以图书形态发展的特点来作为划分阶段的主要标志，同时考虑整个历史的发展阶段，以及围绕图书而展开的各种事业的显著特点进行综合考察。

依照上述标准，先生为"中国图书事业史"划分了如下五个阶段：

（1）创始阶段——周、秦。

（2）兴起阶段——两汉、魏晋南北朝。

（3）发展阶段——隋唐五代。

（4）兴盛阶段——宋、辽、夏、金、元。

（5）全盛阶段——明、清。

在第一阶段，出现了我国早期形态的图书——简书。伴随简书的出现，围绕图书所进行的各项事业也开始萌生与发展,如周、秦时代已经正式建立主管和领导图书事业的机构及官职。

在第二阶段,形成了我国图书的第一次大集合,图书事业逐步正规化。刘向、刘歆父子在国家大量藏书的基础上,开展大规模的校书活动,进行图书整理和编目,完成了中国综合目录的开创性著作——《别录》与《七略》。班固将《七略》改编为《艺文志》,入于《汉书》,开两千年来史志目录之局面。而魏晋南北朝时期,虽社会动荡,政局变换频繁,而经济文化交流仍然向前发展,故此时的图书事业,总体上是在奠定基础以后走向发展的过渡阶段。图书纂集方面,出现了第一部类书——《皇览》。

第三阶段,是中国图书大集合时期。政府以行政之力,向民间求书。官方特设的图书机构和职官等,至唐代可称完备。由于雕版印刷和纸的普遍使用,图书逐渐由写本向刊本过渡,增加了图书数量,扩大了流通。这一时期编纂了一些体制完备、资料丰富的类书,对保存图书资料起到了重要作用。

在第四阶段,图书事业已臻兴盛。宋代,不仅雕版印刷有所发展,还发明了活字印刷。这是图书印刷的第二次跃进。同时,图书的形态逐渐由卷子过渡到方册,印本逐渐代替写本。至于典藏图书,已分国家、私人、书院三大系统。除了官修目录,私人藏书家编目成为这一阶段的主要特点,如郑樵的《校雠略》,开创了对目录学的研究工作。开始出现新的纂集图书形式——综合性丛书。

第五阶段,在明代出现套版多色印刷,使图书益臻精美。这是继雕版、活字之后的第三次跃进。图书的装帧形式也改用线装。清朝通过《四库全书》纂修,再次对中国图书进行大集合。关于藏书方面,明代设立文渊阁,清代设置七阁以收藏《四库全书》,使国家图书馆具备正式规模。明、清两代目录学事业也臻于兴盛,清代《四库全书总目》是对中国古代图书的大总结。在图书纂集方面,《永乐大典》《古今图书集成》《四库全书》等,成为古代图书事业全盛的重要标志。

综上所述,先生对中国图书事业史,确立了研究对象,划定了研究内容,划分了研究阶段,论其贡献,可谓创举。

1991年 —— 69岁

一、"三学"辞典

1991年，先生69岁。

1月，先生所主编的《图书馆学 情报学 档案学 简明辞典》（下称《简明辞典》）由南开大学出版社出版，共89万字。

这又是一部工具书，"为人之学"，多乎哉也！

是书，动议于1986年初。

当时，《理论图书馆学教程》即将再版，审稿会选在中山大学举行。这本教

> 《图书馆学 情报学 档案学 简明辞典》，南开大学出版社1991年1月版

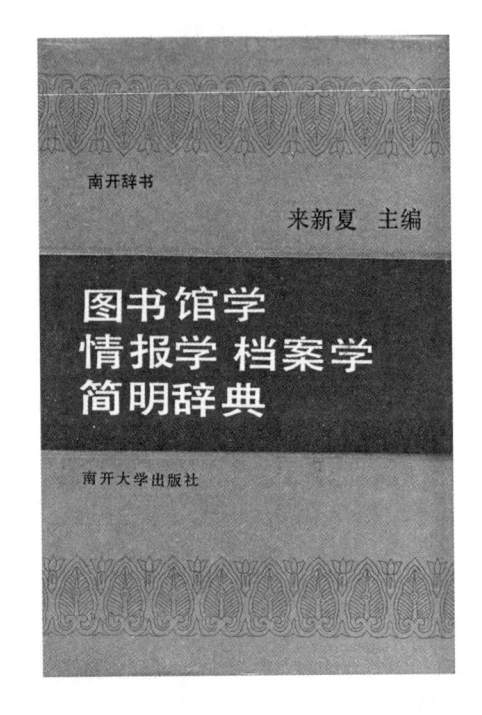

程为南开大学图书馆学系所编,先生身为系主任,是为领衔人物。

其时,高校图书馆学系如雨后春笋,然属草创,亟待补强,有关图书馆学最基本的辞书,仍显不足。会议上,论及此者,遂有合撰辞典之意。

于是,与会单位共组编委,因图书馆学、情报学、档案学,虽彼此独立,但仍有交叉,以此确定新编辞书范围。

三学并列,一书综括,参与者共十二家,分别是:南京大学、南京工学院、兰州大学、中山大学、内蒙古大学、内蒙古电视大学、华中师范大学、中国人民解放军空军政治学院、湘潭大学、湖南大学、南开大学、湖北省高校图书情报工作委员会等。

众议推举,以先生为主编。有意辞却,却推托不掉,声望所系,职责所在,只有尽力而为。

该辞典编委会第一次全体会议,召开于1986年7月,由南开大学图书馆学系主持,地点在承德。这次编委会,讨论编写体例及专题划分等问题。

编写体例,以三学为宗,即图书馆学、情报学、档案学;专题初定23题,详参下表:

序号	专题内容
1	图书馆学基础理论
2	图书馆管理
3	藏书建设
4	读者工作与研究
5	图书馆事业建设
6	图书馆事业史
7	图书馆学思想
8	文献分类与主题
9	文献编目
10	中文工具书
11	外文工具书
12	目录学
13	目录学史

（续表）

序号	专题内容
14	古籍与版本
15	中国书史
16	情报学
17	文献检索
18	情报分析与研究
19	情报编译报道
20	图书情报现代技术
21	图书馆建筑与设备
22	图书馆学、情报学教育
23	档案学

参与撰写者近百人。如此规模，如何统一步骤，颇费周章。

最后决定，以地域划分，成立分编委，如此，范围缩小，人员交流更便捷，利于统筹。

分编委划为五组，分别是：华东、华南、中南、华北、西北。各分编委各领专题，落实词条，分别开展撰写工作。

1987年5月，第二次编委会在湘潭大学召开。

与会人员讨论草稿，统一体例，确定词条，筛选之后，再反馈至分编委。然后各负其责，自行修订，又历时两个月。

1987年7月，第三次编委会在兰州大学召开。

编委会集中人员，分专题审查全稿，经历半月时间，初步确定词条，原则上通过书稿。然毕竟书成众手，良莠不齐，前后重复、脱漏、舛误之处，不在少数。遂决定，由主编单位——南开大学图书馆学情报学系负责收尾、定稿。一部辞典，近90万字，凝百余人心血，由先生统稿，如此反复，又是一年。

1988年底，书稿完成，交付南开大学出版社。责编焦静宜等，提出若干商榷，反馈于主编单位，又历时半年修改。

先生言曰：自创意至成书，四易寒暑，先后与事者近百人，耗时不可谓不长，费力不可谓不多。

一书之成，垂教后人，岂能儿戏？

《简明词典》共收词条4222条，编订汉语拼音检索及笔画检索两套系统，另有附录六种，具体如下：

（一）中国出版的图书馆学情报学档案学专著一览表（1949年10月至1986年12月）

（二）中国图书馆学情报学档案学刊物一览表

（三）中国图书馆学情报学档案学专业设置一览表

（1）各类专业统计表

（2）普通高校专业分布表

（3）成人教育专业分布表

（4）中等教育专业分布表

（四）常见机构术语缩略语一览表

（五）各国标准化组织一览表

（六）ISO各技术委员会（ISO/TC）名称及其创立年代一览表

《简明辞典》，对涉及图书馆学、情报学、档案学的名词、术语、著名人物、重要著作、事件和组织机构等，均有所列。简单者，五六十字，繁复者，一二百字至五六百字，简洁明了。

例如：关于著名人物之胡正言（约1584—1675），该书的词条是：

> 胡正言，字曰从。明末出版家。原籍安徽休宁，后移居南京。以室前种竹十余竿，故名其居为"十竹斋"，自号十竹主人。他用"饾版""拱花"技术于1619—1645年间编印《十竹斋书画谱》《十竹斋笺谱》，刊刻精致，着色妍丽，艺术水平很高。

字数不多，仅仅百余，却勾勒生平，简列贡献，略加评语，言简而意赅，读者阅后，已得大致形象。

关于重要著作，如《书目答问补正》：

> 范希曾为补正《书目答问》的不足而撰。南京国学图书馆1931年排印出版。共5卷。该书纠正了原书在著录上的一些错误；将"今人"补上姓名；补充原书漏记和其后刊行的新版本；补充了1000多种性质相近的新书，止于1930年，绝大多数是"五四"前的。书后附《别录》和《清代著述诸家姓名总目》。该书较原书略偏重于学术性，也有较高水平，对初学者和研究者均有参考价值。

全文一百六十余字，将《书目答问补正》的版本信息、撰述目的、内容特点等一一标列，同样略加评价，并揭示该书价值等。文字不多，内涵丰富。

以上示例，随机抽取，略作说明。总之，该辞典，凡"三学"以内，大而要者，虽难言全部，亦以努力趋之。

二、从中国古典目录学到美国乡村图书馆

3月，先生所著《古典目录学》，由中华书局出版，该书是对《古典目录学浅说》（下称《浅说》）的扩充与发展。

《浅说》一书，著于特殊年代，于1981年出版。当年，作为教材，篇幅虽短，但提纲挈领，应用于教学实践，效果明显。

如今，该书出版已经十年之久，先生关于古典目录学的研究也逐步深入，检之原作，仍有缺憾，故先生时有续修之意。

刚好，国家教委"七五"教材规划将《古典目录学》列入，供高等学校图书馆学、文献学、汉语言文学、历史学等专业使用。按规划要求，先生重拟体例，删补一番，历时年余而成。

是书，一共七章，第一章为绪论，最后一章为结束语，其余诸章，按朝代，分阶段，论述历代目录学著作和目录学家。

>《古典目录学》，中华书局1991年3月版

启功先生亲为该书题名，顾廷龙以86岁高龄为之作序，他高度评价："窃谓此作广征博引，深入浅出，叙述简要，议论平实，颇多创见，足为研究古典文献及传统目录学者入门之阶梯。"

书中，先生总结目录学特点，认为，主要有四个方面：为学术赋能，为古籍分类，为文献奠基，为文化索引。

通过《古典目录学浅说》与《古典目录学》，先生使这一古老而又式微的学科，以新的面目，独立于大学课堂之中。

言其古老，是它与中国历代王朝相伴，历三千年；言其式微，是指它在近代，因西学东渐传入西书目录编制和西方图书分类法而衰落。当然，还有其他原因，在一段时间内，中国传统文化被漠视，而被称为"毒草""封建"之类，学科发展出现断层。

4月，哥伦比亚大学东方图书馆馆长安芳湄邀请先生，对该馆所藏汉籍进行评估，于是，先生再次访美。

> 1991年4月，来新夏先生在美国哥伦比亚大学做访问学者期间在该校图书馆东方馆办公室留影

对于美国城市公共图书馆及学校图书馆，先生早在六年前（1985年）即行考察，并曾专文探讨，如今再来，他对美国村镇图书馆的状况，兴趣更浓。

恰巧，先生从前有一位小同事，名叫孔红云，正供职于美国纽约一村镇图书馆中。因其相约，遂了心愿。

这个图书馆位于纽约市北郊，隶属于州威郡哈里逊镇。

访问当日，细雨蒙蒙。先生以为，区区村镇规模，再加上如此天气，图书馆应该冷清才对。孰料，恰恰相反，馆内几无虚席，白发苍苍者有之，青春年少者有之，稚子幼童亦有之。

孔红云解释，今日适逢周末，天气不好，不宜外出，所以，人们会选择聚集在此，享受阅读之乐。

图书馆规模不大，约一千平方米，但"麻雀虽小，五脏俱全"，自动化程度很高，图书流通、借阅、检索，皆用电脑。

馆内藏书，约有九万五千种，另有音像资料、激光唱盘等若干类型。除英文外，还有日文及意大利文图书，尤其值得注意的是，该馆藏有全套的《纽约时报》胶片，可以利用电脑检索、查阅。

在图书馆的管理与运行方面，分两大系统：官方系统和民间系统。

官方系统由镇政府委任。共七人，组成管委会，为最高权力机构，日常工作由馆长负责。分设成人部、青少年部、儿童部、声像资料部和编目部等。

民间系统名曰"图书馆之友"。此非营利机构，志愿者自发加入，负责支持和拓展图书馆的服务，并面向社会募资，帮助图书馆购置图书、改善设备等。另有如协助图书馆开展各种活动及督促改善服务等职责。

哈里逊镇人口总数约为两万，而持证者竟有一万一千人，占据半数。图书借阅年流通量约十七万册次，这着实令人赞叹。

该馆开设读者解疑，除对法律及国家政策不作解答外，其余方面，凡有咨询，必尽全力。据相关统计，这个图书馆每年要解答各种咨询问题近三万个，平均每天竟有八十多个。

此馆尤为注重少儿教育，馆内有适应小读者坐写的桌椅，有录像、录音可以视听。在馆前空草地上还有小火车、转盘等游戏设备。馆员每周三会免费为学龄前儿童讲故事、每个月免费为学龄儿童放映电影等。

据先生考察,此类图书馆,并非一枝独秀,几乎在美国的每个小镇都有。试想,这对传播文化与拓展就业,当有如何意义?

先生感叹,如在中国推广类似的村镇图书馆,因财力、物力之限,或骤难实现。但"难"并非"绝无可能",这副重担则落在青年一代图书馆学人肩上。

一曰"立志",彼者可为,如何我就不可为?当有信心。再曰"转变思维"。常有人抱怨,说"图书馆学就业狭窄",若肯"屈尊",置身于最需要的位置,岂非天宽地阔?

先生所愿,但愿成真。如此,则大惠于中国的文化建设。

三、讲学日本及其见闻

9月,先生赴日本独协大学任客座教授。

此行,端因日本学者齐藤博的热诚邀请。

齐藤博者,日本新史学之著名人物,时任独协大学教授兼校经济部部长,生于1934年,籍贯横须贺,毕业于早稻田大学,致力于研究社会民众史,著有《民众精神之原像》《民众史之构造》《历史之精神》及《幻住庵史谈》等多种。他对日本地方史志研习颇深,曾亲与编修,对方志学理论及编纂方法等,创见颇多。

当年,日本文部省正拟研习一个课题——"中日地方史志比较研究",并拨予专款资助,而齐藤先生领此任务。

中国、日本,一衣带水,比邻而居。于修志一事,皆有传统,且特多相似。故而,日本文部省要求,该课题应与中方学者合作,而最终成果,亦以中文、日文各成一版,以之促进交流。

于是,齐藤四方物色中方合作人员。通过考察著作及科研成果等,选定先生。

> 1996年6月，来新夏先生（左）重访日本独协大学，与齐藤博（右）合影

书信往来，交流不断。

齐藤希望先生能来日本，在独协大学做客座教授。如此，时时交流，互相裨益，成果自然可期。但申请上报，却突生波折。

原来，当年有一位赴日访学的教授，年近七十，在机场突发心脏病而猝死。之后交涉，频生周折，家属安抚、责任调查等，手续繁复。经此事件后，日方对学者交流之类变得格外谨慎，尤其是对年七十岁以上者，考察更严。

有此插曲，关于提名，争论激烈，核心一点就是健康状况。万一闪失，谁来负责？

齐藤先生也是执着之人，虽受阻碍，仍不肯轻易放弃，竟越洋跨海，专为先生而来，名曰拜晤，实是考察。

相见日，相谈甚欢。

所聊内容，皆涉学术，关于中日文化，关于中日史志，对于先生的健康状况，却只字未提。

回到日本，齐藤向各方保证，称先生身体状况绝无问题，如有任何闪失，由自己一力承担。

如此，仰齐藤教授的担当，先生赴日讲学申请终获批准。

对于这个波折，先生辗转听来，乃事后得知。自始至终，齐藤未曾提及一字。

9月18日，是先生到达东京的日子。

六十年前，也是这一天，九一八事变发生。此后，先生叔父大壮公即死于抗战。所谓家仇国恨，如何能忘？

飞机在成田机场上空盘旋，此时此刻，先生心里五味杂陈。

忆及祖父来子恂公，当年亦曾东渡，并有诗曰：

> 忧来发歌山鬼泣，长啸一声海水立。
> 不知我者谓何求，其知我者为呜咽。
> 黄天已死哭苍天，俯仰古今暮云烟。
> 呜呼！
> 但有强权无公理，何时沧海变桑田。

强权即公理。国与国之间，哪有什么道义可言？欲求他人的尊敬，必要自强不息。

先生此来日本，与祖父当年不同。昔时，国将不国，来子赴日，是为师法图存。而先生此来，是平等交流，彼此取长补短，以兴学术。

故可知，国家、民族之兴亡荣辱与个人之间，又何其相关也！

思绪翻滚之间，飞机着陆。抬眼处，即是东京……

先生在独协大学开设两课："中国文化的传递"与"中国方志学概论"。

异国异地，言语不通，诸多窒碍。

齐藤遂委派一留日学生做先生助教，先生赖此人之助者甚多。

这位助手，携家眷侨居日本，生活负担很重。先生感念其照顾，特从自己薪水中抽取部分，按月支付其补贴，数额相当于国内高校讲师薪资。

但没想到，这名助手觊觎先生教学岗位，竟串联某位宵小，污蔑先生，以离间先生与齐藤。齐藤闻言,不明就里,径问先生。

彼此沟通后,再加上时在日本早稻田大学访学的南开大学俞辛焞教授亲赴独协,面会齐藤,以人格担保,称赞先生,此风波才告平息。

从此,齐藤与先生交往更深,友谊更笃,渐成知己。

事后,每每忆及此事,先生仍是心存感激。

从 9 月赴日,至次年 3 月离开,先生在日本讲学半年时间。其间,与爱知学院大学、大阪大学、庆应义塾大学、天理大学、广岛大学等进行了讲座和交流。会见日本学界知名人士山根幸夫、西岛完生、大庭修、江口圭一、金子和正及青年学者贵志俊彦等。

此间,先生还专门拜访了《北洋军阀史略》(译名《中國軍閥の興亡》)的译者、明治大学教授岩崎富久男。

讲学之余,先生遍访日本名城,如东京、横滨、名古屋、京都、神户、大阪和广岛等。

> 1991 年,来新夏先生(右)在访日期间与日本著名历史学家山根幸夫(左)合影

> 1991年,来新夏先生(左二)在日本讲学时顺访日本史学家江口圭一(右三)

> 1991年12月,来新夏先生(中)在日本奈良拜访《北洋军阀史略》日译者岩崎富久男先生(左)

> 1992年3月,来新夏先生(右)在日本任教期间访问天理大学图书馆,与金子和正教授(左)在该馆善本书库合影

> 1992年3月,来新夏先生(左)在日本大阪关西大学访问时与著名汉学家大庭修教授(右)合影

令先生印象最深者，有两个地方，一为东京，一为广岛。

所谓"居大不易"，东京房价奇高，几乎"寸土寸金"。

拥有住房与否，为个人财富标尺。有房者，堪称中产阶级。以此时物价言之，类似两室一厅的住房，总价约在二三千万日元之间，折合人民币约有一二百万元之巨。若依现在眼光来看，尚不及北京房价，但要知道，彼时，乃20世纪90年代。

买房梦断，可即使租房，依旧令人望而生畏。

先生在东京，住在独协大学教授公寓，二室一厅，仅承半费房租，但每月仍需十万日元，折合人民币也有五六千元。

在东京，"居"之不易，"行"却快捷。

飞机、轮船、火车、电车、地铁，从空至海、至陆、至地下，立体交叉，任尔纵横。

最著名者，为新干线。时速可达二百一十公里，从东京到大阪五百余公里，不到三个小时即可到达。

先生体验，列车如一猛兽，飞速向前奔驰，但坐于其内，平稳、舒适，读书、看报如常。

此时，日本正在研发磁悬浮列车，据说时速可达五百公里。先生设想，若以这种速度在国内推行，从北京至天津，仅仅一刻钟而已。

当年所愿，如今已经实现，京津高铁，时速虽不及五百公里的程度，但也仅需半个小时即可到达。

出行便捷，拉近了空间距离。

东京有一批"潮汐客"，他们乘坐新干线，朝至晚归，上班、下班而不误。这在一定程度上缓解了东京的住房压力……

受广岛大学之邀，先生参观广岛。

这是一个充满伤心的地方。1945年8月6日，美国在该地投了一枚原子弹。仅一枚，就将整个城市夷为平地。

先生访此，想亲睹一番原爆对这个城市的破坏，可如今的广岛，乃1949年后重建，爆炸痕迹，仅仅留下几处纪念场所而已。

先生参观位于原子弹牺牲者纪念碑正南方的和平纪念资料馆，这里陈列着爆炸后遗留的大量惨烈证物。

尽管早有心理准备，但目睹之，仍然头皮发麻。钢筋水泥为之扭曲易形，资产财富顿化灰烬，芸芸众生惨作厉鬼，幸存者肢体残损，终生受扰于病痛。

广岛大学有一位教授，是当年的受害者之一。

一声巨响后，人已昏厥。待他再次睁开双眼，一切都变了。父母双亡，连尸骨都成了空气。家业荡然，身在瓦砾。他才刚刚小学毕业啊，以此孑然之身，一路苦拼，终于成为一位著名的历史学家。但虽说事业有成，差可慰藉，但那永难再生的毛发，以及略呈畸形的面庞，时时刻刻地将痛苦传递……

同行者中，有人问先生："观此资料馆后，您如何评价？"

广岛、长崎，为日本人心头之痛，其苦，其悲，先生感同身受。因为在南京，在旅顺与大连，在哈尔滨的"七三一魔窟"，岂不是也有同样的血泪？

所以，先生对提问者的回答倒也坦率："广岛一爆，促使二战的结束，减少了世界上多少无辜者的灾难，这是有一定意义的；但无辜的广岛市民的牺牲则是值得同情的。账是要算在日本军国主义者身上。中国人把军国主义者和人民是分得清清楚楚的。"

此痛，彼痛，皆为伤心，切不可顾此失彼。痛定思痛方有价值。倘若好了伤疤而仍走老路，那曾经的血泪，似也白流。

四、如何看待中西文化

奔走于中日之间，先生仍有三部著作出版，分别是：《中国的年谱与家谱》《薪传篇》《明耻篇》。

三本书，篇幅不大，字数在五至十五万字之间，文风浅易，以青年读者为对象，以普及传统文化为目的。

继承与发扬优秀的传统文化成果，若以现今眼光检讨，已成共识，似乎没有讨论的必要。但是需要强调，若是将它放在经历过"运动（1966—1976）"折腾之后，对那些曾经的"四旧"及"毒草"，到底应该如何对待？学术界仍在讨论中。

谈传统文化，自然会涉及现代化，涉及中学与西学。

先生对于中学与西学的关系，列举了如下几种观点：曰"中体西用"，为晚清洋务派倡导；曰"全盘西化"，维新派蹈之于前，新文化运动继之于后；曰"西体中用"，以"西体"为"现代化"，即指"马克思主义"，而"中用"，则指"马克思主义"在中国的应用。

先生认为，上述三者，皆不可取。"中体西用"与"全盘西化"，悖谬之处无须多言，然而即便第三种，仍有问题。将"西体"等同于"现代化"和"马克思主义"，是对西方文化的错误理解。

其实，何必强分所谓"东"与"西"、"体"与"用"？地球是圆体，何者为东？何者为西？人性为共通，何者为体？何者为用？中学与西学，自有相融、相通之处，又何必将二者对立开来？

故先生认为，对外来文化的态度应该是吸取而不是照搬，中外文化的交融不是拼盘而是撞击，不是1+1=2，而是1+1=新1。

对待传统文化，不宜妄自菲薄，而是批判地继承与发展。须知，它既是包袱，又是财富。

先生主张，不能把传统文化视作圣人贤哲的遗留，只能保存、维护而不容去取选择。更不要以过去的枷锁来束缚后来的发展，成为现代民族文化建设的包袱。

传统文化是历史的累积。历史悠久的民族在文化积累过程中自然会有沉渣，因此，传统文化势必泥沙俱下，良莠并存，即使精华部分也不能说毫无瑕疵，只是随时代和社会的需求不断发生变化和发展。

要知道，传统文化不是凝固的死亡遗体，它既有过去源头，又有现实特色，更是未来起点，所以必有可备选择的，不可轻率地把孩子和洗澡水一齐泼掉。

传统文化又是多层次、全方位的，有物质的、制度的、风习的、思想的、上层的、民间的等等，即使儒家思想也非单一而是杂陈。

传统文化中有不少与现代社会间有矛盾冲突，如平等与等级、开放与封闭、改革与保守、横向吸收与垂直承受等。要明辨矛盾，择善而从，并且善于认识和反思传统。

基于上述论断，先生这三部著作，在弘扬优秀传统文化的同时，着重分析其现实意义与实际应用等。

1992年 —— 70岁

一、对日本文化的体认

1992年，先生70岁。

2月，图书馆学情报学系主任之职届满，离任。

3月底，日本独协大学客座之期亦为任满，准备回国。

从秋天到春天，半年光景，先生对于日本，虽曰匆匆，但已初具印象。令他遗憾的是，在樱花国度里待了许多时日，却一直未遇花期。

临行前一天，正在打理行囊，突然有学生匆匆赶来，告知说，上野公园的樱花开了。

真是天公作美，是日无风，天阴。

如此天气赏花，似乎绝佳，因为多了一份恬淡，无日色杂扰，那花儿也越发艳得自然。入园不远，一片嫣然。时有馨香。

举目远眺，樱树成行，巨干繁枝两相招展，形成一条条花巷。徜徉树下，抬眼望处，枝枝点点，宛若繁星满天。而定睛睹于一朵，苞蕾初绽，娇怯怯的花瓣微微颤抖，蕊丝嫩黄，含情羞怯。

> 来新夏先生与来日洽谈《中日地方史志比较研究》出版事宜的焦静宜女士在东京上野公园赏樱花

　　树枝下,行人如织。有的在漫步,有的在轻舞,有的在吹奏,有的在吟唱。还有一些人,摊开一块帘布,三三五五,闲坐一处,提一壶清酒,伴花而饮,微酣于树下,熏醉于花中,这是怎样的享受?

　　在如此兴奋的"花见"活动里,日本人真正地敞开心扉。

　　他们不再频频鞠躬,频频道谢,只是尽情地欢乐,尽情地放纵。先生何其感慨,在社交圈中未能看到日本人的真实性情,而在这里,却可以像看玻璃体那样的通透……

　　问礼于扶桑,先生多有所记。

首记日本饮食，这令他印象深刻。

食之有"文"，食之有"礼"。食之功能，虽以食欲维持生命，但非仅为果腹，还有文化要求。

和食，在源头上，难免中华影响，然而流传中，则已自成一体。

如"怀石菜"，渊源于中国禅宗。禅修断食者，饥饿难耐时，便将石块温热，置于腹部，用以暖胃，谓之"怀石"。此后，素食兴起，即冠以"怀石"之名。南宋时，点茶、斗茶盛行，因耗时较长，为免腹饥，也时常在饮茶之前吃点简单食物，亦被称为"怀石便餐"。

禅宗与饮茶风俗渐次东传，"怀石便餐"也被一同传入，而又逐渐发展。从简单的素食，到有鱼有肉，再逐渐演变成为和食的主流菜肴。

和食有一大特点，特别重视色彩的搭配与形态的优美。有人戏谑："日本菜是用眼睛吃的。"对此，先生这样描述：

> 一条胡萝卜一块大棒（白萝卜）、几片紫苏叶、三两块淡黄色蒸蛋糕，纵横交错，宛如游龙出没于晚霞青山之际。一盘生鱼片：有红似山楂的金枪鱼片，有白如莹玉的乌鱼片，有红白相间的大虾肉，有细如粉丝的白萝卜丝，盘边有一垛绿油油、辛辣无比的山嵛，组成了五颜六色的一幅图案。

观之即生食欲。

除了菜肴形意，和食还讲求器具之美。它的食具主要以陶瓷、漆器为主。

陶瓷器具形象古拙，有的甚至畸形，但是始终给人一种超脱世俗的恬淡心情。而如果在日本家庭中设宴，要是用古拙的陶瓷食具招待，那是代表主人对客人的一种崇敬心情。

漆器光泽鲜明，造型各异，另有保温作用。除了助之饮食，更能惹人情趣。

中日菜肴相异之处颇多。如盘中菜量，和食并不像中国菜肴那样满盘溢出而一无余地，而是在光亮的漆盘中心镶嵌一幅图案，巧妙地运用了虚实相应的关系，给人以回旋的余地，仿佛绘画艺术中"计白当墨"的手法。

日本人重礼，于饮食方面，尤为明显。

先生每次进入日本餐厅，见所有客人，必先脱鞋而后方可登堂，旁边侍者则默默为之整理鞋具。

服务员随时在侧，照顾餐饮，指示疑难。凡有所请，毕恭毕敬。即使经理、老板，也时常过来探问，递之名片、询之所需、赠以菜肴等。

先生感叹，一餐和食，使人一直沉浸在礼的浴液中，增加了食物之外无形的美的享受。

之于日本服饰，最堪记者，莫若"和服"。

未入日本之前，先生曾经设想，或许在日本的街头应该尽是着此"和服"的女性吧！孰料，当真徜徉在东京大街上，却发现满街女性几乎都穿洋装，很难见到着和服者。原来，在如今的日本，和服更多是一种礼制性服装，与生活日用离之远矣。

考究原因，大抵两端：一是结构复杂，穿搭不便；二是价格昂贵，不是一般工薪人家能够消费得起。

先说和服的结构。

女性和服非常复杂，由十几种部件组合而成。着此服饰，头上要戴"角隐"，这是一种外白而内红的"蒙头帽"。平素可以不戴，但是新妇出嫁，必要戴之，这是希望新娘能把自己过去的坏习惯全部"隐"掉。和服宽大，穿之若袍，故要显之婀娜，关键在腰带上。和服的腰带形制宽厚，带结系于腰后，而结式多样，据说有将近三百种之多。

着和服烦琐，常人已经很难掌握。于是，一般女孩儿都要请专业人士帮助梳头、穿搭，一般费用也要在两万日元左右。

再论和服价格。

先生曾在街头一橱窗处，看到一套和服的标价为七八万日元，但这几乎是最便宜的，稍具档次者，他曾在日本一著名百货商店三越公司，看到一套标价四百万日元。

在日本文化中，每年一月第二周的星期一为"成人节"。凡年满二十岁的少女，在该日都要身着和服，以示庆祝。

先生之友，育有一女，为了给孩子置办一套能够说得过去的和服作为成人节礼物，夫妇二人在外工作，苦撑两年，才积攒够买一套中档偏上的和服的钱。

何必这么辛苦？

对方回答，孩子一生只有一个二十岁，能不满足她吗？可怜天下父母心，举世无不如此……

在日本，先生日常，皆与学术相关，所交往者，也多为学者。故先生之于日本知识界，亦多有关注。

从总体上看，日本的知识分子言行都比较谨慎，遇事小心而不轻越雷池；待人接物，讲究礼仪，但不易坦诚。

先生发现，在对待中国文化以及侵华战争等方面，日本知识界，有一部分学者，出于对中国文化的敬仰，愿意结交中国朋友，对于侵华历史，也持反思态度。他们认为，日本的政治家缺乏清算过去、面对现实的勇气，主张日本应该真诚地承认二十世纪三四十年代军国主义者侵略的错误，承担责任，该道歉的道歉，该赔偿的赔偿，若旧账不清，背着历史的包袱，就不能有一个轻装前进的新开端。这是日本人的精神压力，是日本在国际舞台上只能显示经济实力，而政治上不能理直气壮的根源所在。

还有另一类日本知识分子，依旧藐视中国文化，而继续沉溺于曾经的军国迷梦。先生介绍说，这类人不愿意戴过去曾经是侵略者的帽子，甚至在教科书中都进行回避和歪曲。他们幻想有一个以日本为中心的亚洲经济圈，认为中日战争双方各有责任，不愿意承认日本侵华历史，甚至还缅怀"圣战"和珍珠港事件等。

硝烟未远，血泪仍在，人的忘性何其速也？

二、黔地学术探游

年已七旬，离休在即，但对学术，没有丝毫懈怠。

7月，先生忙于修改《文献整理十讲》油印稿，字斟句酌，最后修订为八讲，交书目文献出版社，易名为《古籍整理散论》。

八讲者，曰"分类""目录""版本""句读""工具""校勘""考据""传注"。虽各有所论，但一以贯之，凝聚于古籍整理所涉及的主要方面，从如何搜书、选书，到如何读书、用书，进而如何鉴别、研究以及治学等，步步深入。

此著，是先生为研究生讲授"历史文献"课的讲稿，经整理后成书，目的是让相关研究者掌握整理古籍所需要的基本技能和基本常识，所以写得深入浅出，注重普及与实用。

书中多有创见，如对钱大昕关于图书"四分法"创始人之商榷，对梁启超关于清代考据学作用之商榷，对乾嘉学派拘泥古文治学方式的批判……都反映了先生治学上的独立精神及自由思想。

9月，先生被评定为享受国务院政府特殊津贴专家。

10月，先生出席"黎庶昌国际学术研讨会"，参会论文《黎庶昌对异域古籍搜刊的贡献》。其间，同张桂江老友相晤，偕游贵州。

关于贵州，先生还是在初中地理课本中了解到一些大致情况，所谓"地无三尺平，天无三日晴，人无三分银"。多山，多雨，多贫，这是先生对该地的最初印象。

年少懵懂，读柳宗元名篇——《黔之驴》，又听"夜郎自大"的故事，总之恍恍惚惚，贵州，还真有那么一些神秘。

赴黔第一站，是黄果树瀑布。

从贵阳出发，驰车于路，两旁风光惹眼，意味阑珊之际，终点已达——安顺市镇宁布依族苗族自治县。

下车步行，隐约可听飞瀑之声。

履石阶而上，起起落落，但足下石滑，徐徐迈步，小心翼翼。空中有些迷蒙，是瀑布飘落而下的水雾，随风舞曳，时弱时强，恍惚不定。步行越近，水雾越大，终成细雨，纷飞而下。

壮哉！水流从高七十余米处倾泻，如白带抛空，抖落成声。又如碎玉撞

> 1992年秋，来新夏先生在贵阳参加"黎庶昌国际学术研讨会"后到黄果树瀑布参观

击，溅起层层白屑。置身其境，恍若幻梦。时为秋季，水量不是最大，但直泻而来，撞入犀牛潭内，依然声传数里。

瀑布后面隐藏一洞，长达百米，是名副其实的"水帘洞"。

先生兴起，纵然衣服被水淋湿，也要一探究竟。而置身洞内，果然别有景致。从洞中外窥，匹练如雪，彩虹映空，自有听涛、摸瀑之趣，而环抱于瀑布的全景，也能尽收眼底！

第二站，泛舟龙宫。

龙宫是一个造型奇特的溶洞，位于贵州安顺南二十里。集溶洞、峡谷、瀑布、峰林、绝壁、溪河、石林、漏斗、暗河等于一体，是贵州喀斯特地貌形态展示最为全面、集中的景区。

有语曰：黔地无闲草，龙宫多灵药。

龙宫区域植物丰富，如银杏、木槿、高丽参、党参、半夏、金银花等中草药，着实令人赞叹。

众人乘舟泛游，见钟乳壁挂，形姿千奇百怪，或狮或象，或神或女，或童或叟……摹其想象，各尽神态，当真目不暇接。

船行暗洞，闪避躲让，操纵自如。而环游出洞，豁然开朗，若重返人间。临行回望，先生仍是不舍。此地气候清爽，水汽氤氲，颇足怡性养身，如何不让人留恋？

第三站，游阳明洞。

该洞位于修文县，是明代王阳明讲学之地。

先生年少时，曾读王阳明《瘗旅文》。当年，王氏被贬为贵州龙场驿丞，见有主仆三人死于赴任途中，为之哀，为之葬。

文曰："冲冒雾露，扳援崖壁，行万峰之顶，饥渴劳顿，筋骨疲惫，而又瘴疠侵其外，忧郁攻其中，其能以无死乎？"王阳明自哀其身，处这般绝境，"以五斗之米而易其七尺之躯"，怎能安稳？

先生观阳明洞，虽非《瘗旅文》描述得那般凄惨，但也的确失于修整，颇有几分荒凉。

拾级而上，有王文成祠，祠后，有四合院小楼，当年，蒋介石囚禁张学良于此。伤心人复伤心人，果真一片伤心地。王、张二位，各有人生困厄。

最后一站，在红枫湖。

这是一处占地近六十平方公里的人工湖，位于清镇、平坝两县交界处，渔产丰盛。

友人于湖边设宴款待，为之做全鱼宴。只觉味道鲜美，大快朵颐，而难以记清名目。饭后泛舟，于碧波荡漾间，赏岸边红花，湖中水鸟。一时间，荣辱偕忘，化身于山水间矣。

傍晚，泊宿一岛，名曰"侗苗冲"。一队少男少女，身着民族服饰，吹奏芦笙，载歌载舞以迎来客。先生等住进一处木结构的民宿。该民宿依山而建，层层向上，仰望所居，真有天上人间之隔。

晚餐设于另外一个小岛，仍需泛舟而行。

月光，桨橹，还有潺潺水声，融合一处，静谧而清新……

先生等舍船登岸，在用餐处的门口被一群侗族姑娘所拦，只有喝下"拦门酒"，才允许跨过路障而入。酒为牛角所装，路障是板凳、背篓之类。毫无办法，只好一饮而尽。

进门，抬眼见一高耸的鼓楼，这是侗族的议事场所和娱乐中心。有十数层高，采用接榫和悬柱结构，涂以彩绘，加以雕饰，有直上透空的旋转铁梯。

同行中，有勇者，两三人，沿铁梯攀爬而上，但爬到一半，就有放弃的，头晕足颤，不得不停。于是成功登顶之人，志得意满，在楼顶击鼓，以示胜利。

大家哈哈大笑，鼓掌祝贺。

饭后，在鼓楼下举行篝火晚会。

舞台上，歌舞融融，两位侗族少女手持绣球，这是在表演过去招亲的习俗。台下人头攒动，都在等候运气临头，而先生则何其幸也，一下被绣球砸中。那侗族姑娘赠与先生一个斗笠，留作纪念，同时，先生也赢得了点燃篝火的权利。

火焰翻滚，烈烈迎风。

众客携手成圈，男男女女，围着篝火起舞，婆娑绕行。

在这个夜里，先生仿佛重焕青春，和大家一起舞蹈，并被要求吹响芦笙。于是他佝偻着身子，鼓动双腮，管他吹出的是什么音调，但求尽兴而已。

舞之，唱之，直至篝火将尽，暮色深沉……

这次黔游，得来远比书卷生动，先生对贵州的误解，也算彻底解开。这里钟灵毓秀，人杰地灵，焉能不"贵"？

临行不舍，但愿重逢！